高等院校应用型国际经济与贸易专业精品教材

外贸单证实务

徐丹丹◎主　编　姚　丹◎副主编　刘　铁　李林芝◎参　编

電子工業出版社
Publishing House of Electronics Industry
北京 · BEIJING

图书在版编目（CIP）数据

外贸单证实务 / 徐丹丹主编. —北京：电子工业出版社，2021.9

ISBN 978-7-121-41734-4

Ⅰ. ①外… Ⅱ. ①徐… Ⅲ. ①进出口贸易－原始凭证－高等学校－教材 Ⅳ. ①F740.44

中国版本图书馆 CIP 数据核字（2021）第 157150 号

责任编辑：刘淑敏　　　　特约编辑：田学清
印　　刷：天津千鹤文化传播有限公司
装　　订：天津千鹤文化传播有限公司
出版发行：电子工业出版社
　　　　　北京市海淀区万寿路 173 信箱　　　邮编：100036
开　　本：787×1092　1/16　印张：13.25　字数：298 千字
版　　次：2021 年 9 月第 1 版
印　　次：2021 年 9 月第 1 次印刷
定　　价：49.80 元

凡所购买电子工业出版社图书有缺损问题，请向购买书店调换。若书店售缺，请与本社发行部联系，联系及邮购电话：（010）88254888，88258888。

质量投诉请发邮件至 zlts@phei.com.cn，盗版侵权举报请发邮件至 dbqq@phei.com.cn。

本书咨询联系方式：（010）88254199，sjb@phei.com.cn。

前言

近年来，随着“一带一路”倡议的提出及进口博览会的举办，我国对外开放力度不断加大，国际贸易进一步发展，越来越多的企业从事外贸业务，企业对单证业务人员的需求也日益增多。同时，随着国际贸易的进一步发展，我国对外贸易政策和有关国际贸易惯例出现了新变化。例如，2013 年国际商会银行委员会对《关于审核跟单信用证项下单据的国际标准银行实务》（简称《ISBP745》）重新修订，对《跟单信用证统一惯例》（简称《UCP600》）的规则进行了解释和补充；2018 年 8 月，我国海关启用新版报关单，新版报关单对布局结构进行了优化，增减或修改了部分栏目；自 2018 年 4 月 20 日起，为落实国务院机构改革方案，我国原出入境检验检疫部门正式并入海关总署，我国对外贸易货物检验检疫的管理制度和机构发生相应变化等，以上变化对外贸单证业务知识体系提出了新的挑战，对外贸单证从业人员的岗位能力提出了更高的要求。

本书在新的对外贸易政策的指导下，以进出口业务流程为主线，以外贸业务员的日常工作任务为引领，以培养学习者职业岗位能力为核心，将内容分为 8 章，包括外贸单证概述、信用证、商业单据、运输单据、官方单据、保险单据、其他单据及外贸单证业务中的计算。全书以合作企业的外贸岗位和真实工作环节及新的外贸政策为背景，注重实际操作技能的培养与训练，要求学习者完成签订合同，审核信用证，填制商业发票、包装单据、保险单据、运输单据、官方单据及其他单据等任务，从而为学习者相关岗位的就业打下坚实的基础。

本书具有以下特点。

（1）主线清晰。在编排顺序上，本书以进出口业务流程为主线，按业务顺序详细阐述一笔外贸业务从合同签订到货款收付所需要的单证，有利于学习者将各种单证与实际业务相联系，同时熟悉和掌握外贸业务流程。

（2）内容新颖。所有单证范本采用新版本，尤其是采用了新版报关单和填制规范，与真实业务中的单证相符。

（3）单证案例资料详细，图表丰富。本书引用了大量的单证案例资料和图表，单证格式规范。

本书由徐丹丹任主编，姚丹任副主编，刘铁、李林芝参编。各章的编写分工为：徐丹丹编写第 1 章、第 3 章、第 4 章、第 6 章、第 7 章、第 8 章；姚丹编写第 5 章；刘铁、李林芝编写第 2 章。

本书可作为应用型本科院校、应用型高职高专院校的国际贸易、国际经济、国际商务、报关与国际货运等专业的教材，也可作为物流单证员、跟单员、报关报检员、船舶大副、外贸行业单证岗位的培训教材。

本书在撰写过程中参考了大量的国内外论著、教材，在此对这些专家和学者表示衷心的感谢。由于编者水平和能力有限，本书中的错误与遗漏在所难免，敬请专家、学者和广大读者批评指正，以促进我们对本书内容的进一步充实和完善。

编　者

目录

第1章 外贸单证概述

学习目标

⇨ 了解外贸单证的含义及作用；
⇨ 掌握外贸单证的分类及外贸单证业务的基本要求；
⇨ 重点掌握外贸单证业务的流程，包括出口合同的履行流程和进口合同的履行流程；
⇨ 能用英文缮制国际货物买卖合同。

摘要

国际贸易作为商业行为通常表现为商品和资金的双向交流，从贸易合同的签订，到货物的装运、保险的办理，再到货物的报检、报关、货款的支付，直至进口商的提货，每个环节都需要相应的单证缮制、处理、交接和传递，以满足贸易企业、运输公司、银行、保险公司、海关等多方面的需要。外贸单证既是买卖双方凭以收付货款的依据，又是进行进出口贸易不可或缺的手段。在国际贸易中，如果不了解、不熟悉外贸单证知识，就不能顺利完成进出口贸易程序。本章通过介绍外贸单证的含义、作用、分类及基本要求，让学习者对外贸单证业务有基本的认知，然后从交易前准备、交易磋商、签订书面合同和履行合同四个阶段出发，重点讲述了整个外贸单证业务流程。

1.1 外贸单证业务认知

1.1.1 外贸单证的含义及作用

1. 外贸单证的含义

外贸单证（Foreign Trade Documents）是在国际贸易中使用的各种单据、文件与证书的统称，对外贸易的相关各方通过这些单证来处理国际货物的交付、运输、保险、报检、报关、结汇等操作环节。

外贸单证有广义和狭义两种概念。广义的单证是指国际贸易整个交易过程中涉及的各种文件、证书；狭义的单证仅指信用证（Letter of Credit，L/C）和信用证项下的各种结汇单据。单证工作贯穿于整个国际贸易的操作过程中，该工作除买卖双方外，还与交通运输部门、保险公司、海关、银行、外汇管理局、税务局等发生联系，单证之间环环相扣，互相影响，互为条件。

2. 外贸单证的作用

（1）外贸单证是合同履行的必要手段。

在国际贸易中，买卖双方必须以单据作为交换的媒介，国际贸易主要表现为单据的买卖。卖方交单意味着交付了货物，买方付款以得到物权凭证为前提，以单证为核心。根据《国际贸易术语解释通则 2020》中的规定，国际贸易中常见的 CIF、CFR、FOB 合同，卖方需要既交货又交单，买方需要凭单付款而不是凭货付款，实行的是单据和付款对流的原则。所以，国际贸易货物的单据化，使货物买卖可以通过单据买卖来实现，即卖方通过交付单据来表示交付货物，买方通过付款赎单来提取货物。

（2）外贸单证是国际结算的基本工具。

国际贸易是跨国进行的商品买卖，主要表现为货物和单据的相互流动。在实际业务中，无论采用哪一种结算方式，买卖双方要实现货物和货款的转换都必须通过单据的交付来实现。在以信用证作为支付方式的外贸业务中，卖方向客户收取货款的凭证不是实际货物，而是与信用证要求完全相符的一整套单据。《UCP600》规定，在信用证业务中，各有关方面当事人处理的是单据而不是有关的货物、服务或其他行为。即使采用跟单托收或汇付等其他支付方式，单据同样起着不可忽视的作用。

（3）外贸单证是进出口企业提高经济效益的重要保证。

在国际贸易业务中，单证工作是为贸易全过程服务的。贸易合同的内容、信用证条款、货源衔接、商品品质、交货数量、运输安排及交单议付等业务管理上的问题，最后都会在单证工作上集中反映出来。单证工作是外贸企业经营管理中非常重要的环节，单证工作的优劣直接关系到外贸企业的经营效益。如果单证管理工作出现差错，不能及时交单，或致使客户延迟付款造成利息损失；如果单证制作出现差错，或导致客户（或银行）拒绝付款，从而造成货款难以收回的损失。由此可见，单证就是外汇，单证工作是外贸企业经营管理的重要环节，正确地缮制进出口单证是出口方安全收汇、进口方按时收货的基础。

案例分析

某公司出口浴巾一批，信用证内商品的规格是“13cm × 30cm”，实际出运的货物完全相符，但是制单时误将“30”打成“39”。由于出口方事先没有发现，单证到了国外，因市场情况不好，进口方抓住该公司发票上的一字之错，拒付货款。几经磋商不成，该公司最后只好把货物运回，造成货价和来回运费的损失。

分析：该案例中出口方的损失是由外贸业务员制单失误导致的，这充分体现了单证工作在外贸收汇中的重要作用。

1.1.2 外贸单证的分类

根据我国国际贸易单证标准化指南，国际贸易单证通常分为官方单证、商务单证、运输单证及金融单证四大类。联合国贸易和发展委员会（UNCTAD）联合国贸易便利化与电子业务中心（UN/CEFACT）又将它们按照业务类型分为生产、订购、销售、银行、保险、运输、运输代理、进口、出口和转口九大类。根据 UN/CEFACT 的统计与测算，国际贸易单证的平均费用约占国际贸易货值的 5%～10%。一单货物平均要涉及 27 个贸易参与方、40 种单证、400 份单证的拷贝。

在实际的外贸业务中，外贸单证的分类可以根据不同的依据来划分。

1. 按交易双方涉及的单证来划分

按交易双方涉及的单证来划分，外贸单证可分为进口单证和出口单证。进口单证是指进口国的企业及有关部门涉及的单证，包括进口许可证、进口报关单、保险单、信用证等。出口单证是指出口国的企业及有关部门涉及的单证，包括出口许可证、出口报关单、包装单据、商业发票、保险票据、汇票等。

2. 按单证的性质来划分

按单证的性质来划分，外贸单证可分为金融单据和商业单据。金融单据包括汇票（Bill of Exchange）、支票（Check）、本票（Promissory Note）等用以取得款项的凭证。商业单据包括发票、运输单据和保险单据等。

3. 按单证的用途来划分

按单证的用途来划分，外贸单证可分为商业单据、运输单据、保险单据、官方单据、附属单据、资金单据等。

（1）商业单据。

商业单据，即出口商出具的单据，包括商业发票(Commercial Invoice)、海关发票（Customs Invoice）等各种名称的发票，以及装箱单（Packing List）、重量单（Weight Memo）、尺码单（Measurement List）等各种名称的包装单据。

（2）运输单据。

运输单据，即各种货运单据的统称，如海运提单（Bill of Lading）、海运单（Sea Waybill）、租船合约单（Charter Party Bill）、航空运单（Air Waybill）、铁路联运运单（Through Rail Waybill）、内河运输单据（Inland River Transport Document）、快递单（Express Delivery Note）和邮政收据（Post Receipt）等。

（3）保险单据。

保险单据，即保险公司出具的保险单（Insurance Policy）或保险凭证（Insurance Certificate）、预约保险单（Open Policy）等。

（4）官方单据。

官方单据，即国家对外贸易主管机构规定或出具的单据和证明，如海关发票、领事发票（Consular Invoice）、检验证书（Inspection Certificate）、原产地证书（Certificate of Origin）等。

（5）附属单据。

附属单据，包括受益人证明（Beneficiary's Certificate）、装运通知（Shipping Advice 或 Shipping Note）、寄单证明（Beneficiary's Certificate for Despatch of Documents）、寄样证明（Beneficiary's Certificate for Despatch of Shipment Sample）及其他机构出具的证明等。

（6）资金单据。

资金单据，包括汇票、本票、支票等信用票据。

1.1.3 外贸单证业务的基本要求

在外贸业务中，从签订合同到履行合同的全过程，每一个环节都需要单证的缮制、处理、交换和传递。这一过程不能有丝毫差错，否则就有可能给企业带来经济损失。制单水平的高低，事关出口方能否安全迅速地结汇、收汇，以及进口方能否及时接货。所以，缮制单证必须符合国际贸易惯例和有关法律法规的规定及进出口双方的实际需要，其基本要求包括正确性、完整性、及时性、简洁性和清晰性。

1. 正确性

“正确”是单证工作的前提，是安全收汇的保证，其基本内涵是做到四个“一致”。

（1）证、同一致。

在以信用证为付款方式的交易中，买方开给卖方的信用证，其基本条款应该与合同内容保持一致，否则卖方应要求买方修改信用证，以维护合同的严肃性。

（2）单、证一致。

银行在处理信用证业务时应坚持严格相符的原则，卖方提供的单据，即使一字之差，也可成为银行及其委托人拒绝付款的理由。

（3）单、单一致。

《UCP600》规定，单据之间表面上互不一致者，将被认为表面上不符合信用证条款。例如，货运单据上的运输标志（Shipping Mark）如与装箱单上的运输标志存在差异，银行就可拒绝付款，尽管信用证上并没有规定具体的运输标志。

（4）单、货一致。

单据必须真实地反映货物，如果单据上的货物品质、规格、数量与合同、信用证完全相符，而实际发运的货物以次充好或以假乱真，这就有悖于“重合同、守信用”的基本商业准则。尽管在信用证业务中，银行所处理的是单据而不是与单据有关的货物，只要单、证相符，单、单相符，银行就应付款，但是，如果所装货物与合同条款要求不符，买方在收货检验后仍然有权根据合同向卖方索赔和追偿损失。

2. 完整性

单据的完整性是指信用证规定的各项单据必须齐全，不可缺少，即单据的种类、每种单据的份数和单据本身的必要项目都必须完整，且避免单、证不符。具体来说，单据的完整性主要体现在以下几个方面。

（1）单证的内容要完整。

单证本身的内容（包括单据本身的格式、项目、文字、签章、背书等）必须完备齐全，不得有遗漏，否则就不能构成有效文件。比如，信用证要求提供“Manually Signed Commercial Invoice”（手签商业发票），如果出口方在商业发票上只盖章不签字，那么银行会因为单据与信用证要求不符而拒付。

（2）单证的种类要完整。

在国际贸易过程中，卖方向银行议付时提交的单据往往是成套的，即意味着不是一种单据。各种所需单证必须齐全，不得短缺。例如，在 CIF 交易过程中，卖方除提交发票、提单、保险单等相关单据外，还必须提交一些附属单据，如检验证书、装箱单、原产地证书、受益人证明等，以保证全套单据的完整性。在信用证结算过程中，卖方提交的单据务必完全与信用证的要求相符。

（3）单证的份数要完整。

各种单据的份数要按照要求备齐，尤其是提单的份数，更应按照要求出齐，避免多出或少出。比如信用证规定“Signed Commercial Invoice In Triplicate”，表示卖方所提供的签署的商业发票是三份。又如，有些信用证仅要求出具“单份提单”（Sole B/L），如果企业还是按通常习惯出具两份，便会被银行视为出单不符而拒绝接受。

信用证或合同对单据份数的规定通常有以下几种情况。

① 明确规定几份正本、几份副本。例如，“1 Original Commercial Invoice Plus 1 Copy”（商业发票正本 1 份、副本 1 份）。

② 笼统规定一式几份。例如，“Commercial Invoice in 6 Copies”（商业发票副本 6 份）。《UCP600》第十七条第 e 款规定，如果信用证使用诸如“一式两份”“两张”“两份”等术语要求提交多份单据，可以提交至少一份正本，其余份数以副本来满足，但是单据本身另有相反指示者除外。

③ 笼统规定提供全套单据。例如，“Full Set of Bill of Lading”（全套提单）。这种规定方法须视出单人的实际出具份数而定。如果出单人习惯出具两份单据，则两份构成全套；如果出单人习惯出具一份单据，根据惯例规定，一份也能构成全套。

3. 及时性

外贸单证工作的时间性很强，必须紧紧掌握装运期、交单期、信用证有效期，及时出单，即处理单证要在一定时间内完成。一般来讲，外贸单证的及时性要求主要包含以下三个方面的内容。

（1）各种单据的出单日期必须符合逻辑。

外贸业务中各种单据的出单时间应结合业务履行环节的先后顺序而定。发票是出口业务中最早开出的单据，备货完毕即应开立发票，因为在业务履行的各个环节（例如租船订舱、出口保险、出口报检、出口报关等）都需要用到发票，因此发票的出单日期应早于其他单据的日期，也可以早于信用证的开证日期，但是一般不能早于合同的签发日期。出口保险、报检、报关、申请原产地证明这些业务一般在货物装运前申请办理，因此，相应的保险单、报检申请单、出口报关单、原产地证书的出单日期都应早于货物的装运日期，即运输单据的出单日期。《UCP600》第二十八条第 e 款规定，保险单据的日期不得晚于货物的发运日期，除非保险单据表明保险责任不迟于发运日生效。另外，每种单据的出单日期都不能晚于信用证规定的有效期限或按商业习惯规定的合理日期，如果填错就会造成出单不符。

（2）交单议付不得超过信用证规定的交单有效期。

信用证一般都有装运期和有效期的规定，前者是对运输单据装运日期的限制，后者是对卖方向银行交单期的限制；一经逾越，就失去信用证保证履行付款责任的条件，银行可以拒绝接受。如信用证不做规定，按《UCP600》规定，银行将拒绝接受迟于运输单据出单日期 21 天后提交的单据，但是无论如何，单据也不得迟于信用证到期日提交。

（3）赶先不拖后。

单证的处理，除合同、信用证有特殊规定外，原则上应力求赶先不拖后。早出运、早交货、早结算可以加速货物和资金的流通，符合买卖双方的共同利益。

案例分析

国外开来不可撤销信用证，证中规定最迟装运期为 2020 年 6 月 30 日，议付有效期为 2020 年 7 月 15 日。我方按证中规定的装运期完成装运，并取得签发日为 2020 年 6 月 10 日的提单。当我方备齐议付单据于 2020 年 7 月 4 日向银行议付交单时，银行以我方单据已过期为由拒付货款。问：银行的拒付是否有理？

分析：银行的拒付是有理的。本案中，我方取得了签发日期为 2020 年 6 月 10 日的提单，于 2020 年 7 月 4 日到银行交单议付。尽管我方未超过信用证规定的有效期（2020 年 7 月 15 日）到银行议付，但是我方提交的提单已构成了过期提单。根据《UCP600》规定，如果单据中包含一份或多份……正本运输单据，则须由受益人或其代表在不迟于本惯例所指的发运日之后的 21 个工作日内交单，但是在任何情况下都不得迟于信用证的截止日。因此，我方提交的过期提单银行是有权拒付的。本案中，我方若在 2020 年 7 月 1 日（10+21）前交单的话，银行应当议付。

4. 简洁性

单证的内容应力求简洁，避免不必要的烦琐。具体要求包括单证格式的规范化，内容排列的行次整齐、字迹清晰、纸面洁净、格式美观等。各类单证的性质不同，反映的内容也各有侧重。例如，商业发票主要反映出运货物的情况，关于货物的名称、规格、成分等内容就要详细描述；装箱单作为商业发票的补充，主要反映货物的装箱情况，因此包装材料、包装方式及总件数应详尽列明。

5. 清晰性

单证的清晰性主要是指单证表面清洁、整齐；布局美观、大方；单证上的字迹清楚、易认；单证的内容无更改或涂改等。应尽量避免更改单据的内容，如必须更改，在更改的地方要加盖校对图章。对于一些重要的单据，如海运提单、汇票，以及单据的主要项目如金额、数量、重量等不宜改动，如有差错，需要重新制单。

知识链接

《UCP600》简介

《UCP600》是《跟单信用证统一惯例》(The Uniform Customs and Practice for Documentary Credits)(2007 年修订本，国际商会第 600 号出版物)的简称，它是一套规则，适用于所有的其文本中明确表明受本惯例约束的跟单信用证(下称信用证)(在其可适用的范围内，包括备用信用证)。除非信用证明确修改或排除，本惯例各条文对信用证所有当事人均具有约束力。

《UCP600》共有 39 项条款，比《UCP500》减少 10 条，但是比《UCP 500》更准确、清晰，更易读、易掌握、易操作。它将一个环节涉及的问题归集在一项条款中；将 L/C 业务涉及的关系方及其重要行为进行了定义，如第二条的 14 个定义和第三条对具体行为的解释。

《ISBP745》简介

《ISBP745》是《关于审核跟单信用证项下单据的国际标准银行实务》(International Standard Banking Practice, ISBP)的简称，是国际商会银行委员会在信用证结算过程中为了防止因开证行和进口商滥用不符点进而拒付而制定的国际惯例，用以规范出口商制单和银行审单。该惯例首次于 2002 年编撰(国际商会第 645 号出版物，简称《ISBP645》)，2007 年 4 月 26 日进行了简单修订(国际商会第 681 号出版物，简称《ISBP681》)，2013 年再次修订(国际商会第 745 号出版物，简称《ISBP745》)。

《ISBP745》对《UCP600》中的规则进行了大量的解释和补充，解决了《UCP600》实施以来的诸多空白和影响。《ISBP745》包括引言及 200 项条文，它不仅规定了信用证单据制作和审核所应遵循的一般原则，而且对目前跟单信用证的常见条款和单据做出了具体的规定。

《ISBP745》是各国银行、各进出口公司在信用证业务中单据处理的必备工具，是《UCP600》必不可少的补充。

1.2　外贸单证业务的流程

一般来说，买卖双方履行合同的过程就是国际贸易单证的流转过程，因此外贸单证业务的流程伴随着进出口合同的履行过程。在国际贸易过程中，买卖双方进行市场调研后经过磋商达成协议，签订书面合同，并以书面合同为法律依据，遵循各自的权利与义务，完成合同的履行。在一般交易条件下，进出口交易流程可以分为四个阶段：交易前的准备，交易磋商，签订书面合同，合同的履行（出口合同的履行和进口合同的履行）。进出口业务交易流程如图 1-1 所示。

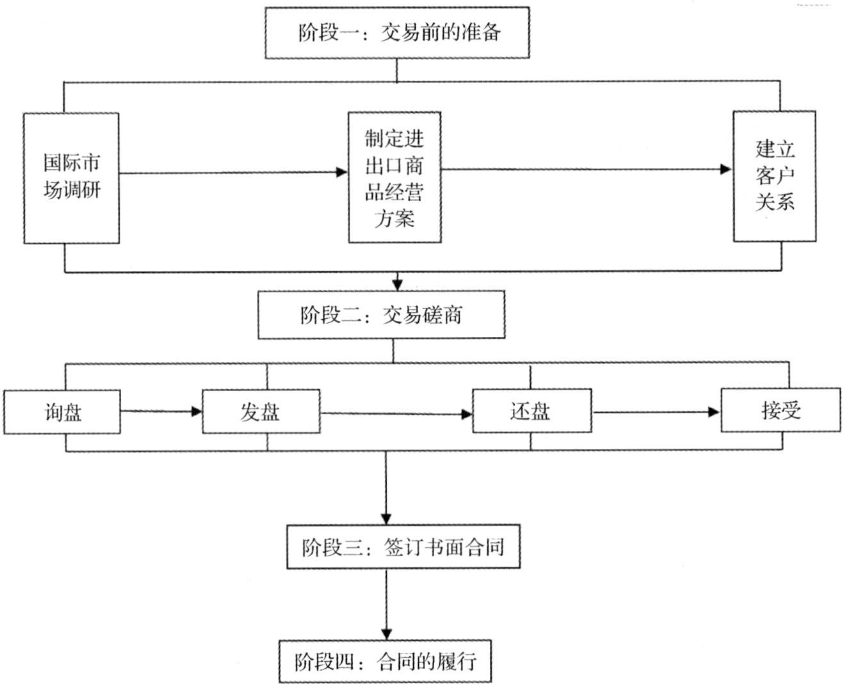

图 1-1　进出口业务交易流程

1.2.1　交易前的准备

1. 国际市场调研

国际市场调研是指运用科学的调研方法与手段，系统地搜集、记录、整理、分析有关国际市场的各种基本状况及其影响因素，以帮助企业制定有效的市场营销策略，实现企业经营目标。在现代营销观念指导下，国际市场调研以满足消费者需求为中心，研究产品从生产领域拓展到包括消费领域的全过程。

（1）国际市场调研的目的。

进行国际市场调研的目的在于了解某一商品在其他国家的消费状况，以便有效地推销企业自身的产品。从一般情况看，调研的目的主要包括以下几点。

① 掌握国际市场总体趋势。由于各国的社会、政治、经济、文化等存在较大的差异，可通过市场调研，比较和评估各国的市场潜力，并作为企业销售渠道的借鉴和参考，从而确定目标市场。

② 了解目标市场的主要需求。不同的目标市场因各种因素的制约，其需求有所不同。企业通过市场调研可以发现当地消费者对企业产品是否有所需求，需求量有多大，以及需求的变化趋势等，以便制定销售策略。

③ 比较外来产品与当地产品的差别和竞争状况。目前绝大多数产品的市场处于买方

市场，一国的同类产品的市场竞争者常常有国内与国外多家生产者与销售者。作为外国销售者，进行市场调研的目的之一就是要找到其产品与当地同类产品有哪些差别，同类产品之间的竞争程度如何，以此为基础，才有可能制定出比较科学的营销方案。

④ 了解目标市场的其他因素。一国市场的销售状况的影响因素，除与销售者本身有关外，还与该国的其他因素有关，特别是该国针对外国商品的相关政策与法律规定，调研中应对此有所认识并加以重视，否则有可能导致事倍功半的后果。

（2）国际市场调研的内容。

不同的出口商可能因其推销的产品不同，而对调研内容的侧重点有所不同，如化工产品的出口商可能对进口国的宗教信仰不太关注，但是食品出口商应对此极为重视，否则有可能导致巨额损失。尽管各有侧重，但是总体而言，调研内容主要包括以下几个方面。

① 国别（地区）调研。国别（地区）调研是指对某一个国家（地区）的一般情况做广泛了解，尤其要对与贸易有关的情况做重点调查研究，一般包括以下四个方面：政治情况，包括政治制度、对外政策、政党活动、对我国的态度等；经济情况，包括财政政策、货币政策、失业情况、自然资源等；文化情况，包括风俗习惯、商业习惯、消费习惯等；对外贸易情况，包括进出口商品结构、数量、金额、贸易对象、外汇管制、关税和商检情况，以及与我国的贸易关系等。

② 商品市场调研。商品市场调研主要是调研相关商品在国际市场的生产、销售、价格等情况，以便掌握商品的市场信息。一般包括：拟销商品在当地的生产量、消费量及厂商数量等；拟销商品在当地的进出口状况，如进出口量、贸易商、贸易渠道与方式等；当地潜在竞争对手的状况，如商品的质量、规格、价格，厂商的数量、规模、差异等；当地企业的组织结构及与外资企业合资、合作的可能性；当地常用的付款方式及资信状况；当地习惯使用的广告媒体及其效果等。

③ 市场供求调研。国际商品市场的供求关系是经常变化的，影响供求关系变动的因素很多，如生产周期、产品销售周期、消费习惯、消费水平、质量要求等，应该结合我国市场对商品的供需，选择适宜的国际市场，获取供给信息、需求信息和价格信息等。

（3）国际市场调研的渠道和方法。

市场调研是一项复杂、细致的工作，必须有科学、严格的运作程序，一般可以通过下列渠道和方法进行。

① 查阅有关文件、文献资料获取信息。

② 通过各种媒体（报纸、杂志、广播、电视、互联网等）查找资料。

③ 通过驻外机构、有关国家的银行、商会和咨询公司进行调查。

④ 利用交易会、展览会、技术交流会、学术研讨会进行了解。

⑤ 派出国外代表、推销小组等进行调查。

⑥ 利用私人关系（已有的国外客户）进行调查。

2. 制定进出口商品经营方案

国际市场中各类商品竞争非常激烈，企业在进入国际市场之前，必须结合具体情况，制定周密的进出口商品经营方案。商品的种类不同，经营方案的内容也会有所不同。一般来说，进出口商品经营方案的主要内容如下。

① 商品和货源情况：包括商品的特点、品质、包装，国内生产数量，可供出口数量，当前库存及国内需求量。

② 国外市场情况：包括国外商品生产、消费、贸易情况，主要进出口国家的交易情况，未来发展变化的趋势，国外主要市场经营该商品的基本做法、销售渠道等。

③ 经营历史情况：包括进出口商品在国际市场中所处的地位，主要进出口地区及销售情况，国外客户的具体反馈，经营该商品的经验、教训等。

④ 进出口计划安排：主要包括进出口商品的数量、金额，对某国或地区出口或进口的数量、进度等。

⑤ 经营策略：包括应采取的措施、贸易方式、价格条件、进出口销售的原则等。

3. 建立客户关系

进出口企业在进行市场调研之后，就应该考虑选择客户并与之建立业务关系。企业需要对客户的资金状况、信誉、经营产品的种类及范围、从业人员的数量、技术水平、管理水平、售后服务等进行综合分析，进而选择经营作风好、经营能力强、态度友好的客户作为业务对象并与之建立业务关系。

在国际贸易过程中，买卖双方业务关系的建立是通过信函、传真或电子邮件（E-mail）的形式完成的。

1.2.2 交易磋商

交易磋商是指买卖双方通过直接洽谈或函电的形式，就某项交易的达成进行协商，以求完成交易的过程。交易磋商是国际贸易的重要环节之一，也是合同签订的必经阶段，一旦买卖双方对各项交易条件达成一致，合同即告成立，交易双方都要受合同的约束。

1. 交易磋商的形式

交易磋商从形式上可以分为口头磋商和书面磋商。

（1）口头磋商。

口头磋商是指在参加各种交易会、洽谈会及贸易小组出访、邀请客户来访等洽谈交易时，在谈判桌上面对面地谈判达成交易的形式。另外，双方通过国际长途电话进行的交易磋商也属于口头磋商。口头磋商可以直接交流，便于了解对方的诚意和态度，也可以根据业务进展情况及时调整策略，这对于内容复杂、数额巨大的交易更为适用。

（2）书面磋商。

书面磋商是指通过电子邮件、电报（Cable）、电传（Telex）及传真（Fax）等通信方式来洽谈交易的形式。目前，多数企业使用电子邮件和传真磋商交易。书面磋商简便易行，费用低廉，是日常业务中的通常做法。应注意的是，传真件容易褪色，不能长期保存，而且容易做假；电子数据文件的法律效力在国际范围内容易存在争议，因此，通过电子邮件或传真达成交易后，应以信函补寄正本文件或另行签订合同，以掌握合同成立的可靠证据。

2. 交易磋商的内容

交易磋商的内容，即买卖合同的各项交易条款，包括商品名称、品质、数量、包装、价格、装运、保险、支付，以及检验、索赔、仲裁、不可抗力等，其中，前八项为主要交易条件。买卖双方要想达成交易、订立合同，必须至少就上述八项交易条件达成一致意见。其他的交易条件，如检验、索赔、仲裁、不可抗力等，如果对方没有异议，可作为一般交易条件，提前印制在固定格式的合同中，以便节省磋商时间和费用开支。

3. 交易磋商的程序

在国际贸易过程中，交易磋商的程序一般分为询盘、发盘、还盘和接受四个环节。其中发盘和接受是达成交易、订立合同必不可少的两个环节。

（1）询盘（Inquiry）。

询盘又称询价，是指贸易的一方向另一方询问买卖一定商品的交易条件，或就交易条件提出带有保留意见的建议。询盘可以由买方发出，也可以由卖方发出；可以采用口头形式，也可以采用书面形式。询盘在法律上称为“要约邀请”，对交易双方无法律约束力，不是交易磋商的必经环节。具体的询盘内容见【样单 I-1-1】询盘示例。

【样单 I-1-1】询盘示例

发件人：CHUANBEN@NFX.com
收件人：AIGE ZHANG@ZJY.com
日期：2020.7.21　20:20:08
主题：Inquiry

21 July　2020
AIGE IMPORT & EXPORT COMPANY
ROOM 2501, JIAFA MANSION, BEIJING WEST ROAD, NANJING 210005, P.R.CHINA
Dear AIGE ZHANG:
Seeing your ad in WWW.POCIB.COM we become interested in your WOOD CARVING CRAFTS. Please quote us for the supply of the items listed on the enclosed query form and give your prices CIF NAGOYA,JAPAN. It would be appreciated if you include your earliest delivery date, terms of payment, and discounts for regular purchases.

Looking forward to your early reply.

Yours faithfully
CHUANBEN
RIQING EXPORT AND IMPORT COMPANY
P.O.BOX 1589, NAGOYA, JAPAN

（2）发盘（Offer）。

发盘又称发价，法律上称为“要约”，是交易的一方向另一方提出购买或出售某种商品的各项交易条件，并愿意按照这些条件与对方达成交易、订立合同的行为。发盘可由卖方提出（卖方发盘），也可由买方提出（买方发盘，或称递盘或订单）；发盘既可以是口头形式的，也可以是书面形式的。发盘既是一种商业行为，也是一种法律行为。

一项法律上有效的发盘，须具备以下三个条件：发盘是向一个或几个特定受盘人提出的订立合同的建议；发盘的内容十分确定，一旦受盘人接受，合同即告成立；发盘人须表明承受按发盘条件与对方成立合同的约束意旨。

因此，一个有效的发盘除内容明确、重要交易条件必须完备外，发盘所表明的态度还应是终局性的。具体的发盘内容见【样单 I-1-2】发盘示例。

【样单 I-1-2】发盘示例

发件人：AIGE ZHANG@ZJY.com
收件人：CHUANBEN@NFX.com
日期：2020.7.22　20:10:20
主题：Offer

22 July 2020
RIQING EXPORT AND IMPORT COMPANY
P.O.BOX 1589, NAGOYA, JAPAN
Dear CHUANBEN,

Thank you for your inquiry of July 21,2020. We are glad to receiving it and to learn of the inquiries you have had for our WOOD CARVING CRAFTS. Our WOOD CARVING CRAFTS is particularly suitable for everyone and during the past year we have supplied this range to dealers in several tropical countries. From many of them we have already had repeat orders, in some cases more than one.

For the quantities you mention we are pleased to quote as follows:
Product No.: 04010
Product: WOOD CARVING CRAFTS
Description: PACKING: 1 PC/BOX, 30 PCS/CARTON
Unit Price: JPY 472 PER PC CIF NAGOYA,JAPAN
Quantity: 44640 PCS
Amount: JPY 21070080
Quality: AS PER SAMPLE SUBMITTED BY SELLER
Payment: D/A AT 30 DAYS AFTER SIGHT
Packing: 30 PCS/CARTON
Means of Transport: BY SEA
Shipping Mark: N/M
Shipment: IMMEDIATE SHIPINGMENT
Port of Shipment: NANJING CHINA
Port of Destination: NAGOYA,JAPAN
Insurance: FOR 110 PERCENT OF THE INVOICE VALUE COVERING ALL RISKS AS PER OCE- AN MARINE CARGO CLAUSES,INSTITUTE WAR CLAUSES,INSTITUTE STRIKES CLAUSES
This quotation is valid for 10 days.
We feel you may be interested in some of our other products and enclose descriptive booklets for use with your customer.

续

We are looking forward to receiving your order. Yours truly AIGE ZHANG AIGE IMPORT & EXPORT COMPANY ROOM 2501, JIAFA MANSION, BEIJING WEST ROAD, NANJING 210005, P.R.CHINA

（3）还盘（Counter-offer）。

还盘又称还价，是受盘人对发盘内容不完全同意而提出修改或变更的表示，是对发盘条件进行添加、限制或其他更改的答复。还盘既可以针对价格，也可以针对其他条件。交易过程中可以多次还盘与反还盘。

（4）接受（Acceptance）。

接受是指受盘人在发盘的有效期内，无条件地同意发盘中提出的各项交易条件，愿意按这些交易条件和对方达成交易的一种表示。构成有效的接受要具备以下四个条件。

① 接受必须由受盘人做出。这一条件与发盘的条件是相呼应的，即接受只能由受盘人做出才具有效力，其他人对发盘表示同意，不能构成接受。

② 受盘人表示接受，要采取声明的方式即以口头或书面的声明向发盘人明确表示出来，除此之外，也可以用行为表示接受。

③ 接受的内容要与发盘的内容相符。也就是说，接受应是无条件的。但在业务中，常有这种情况，受盘人在答复中使用了接受的字眼，但也对发盘的内容做了增加、限制或修改。这在法律上称为有条件的接受，不能称为有效的接受，而属于还盘。

④ 接受的通知要在发盘的有效期内送达发盘人才能生效。这一期限有双重意义：一方面，它约束发盘人，使发盘人承担义务，在有效期内不能任意撤销或修改发盘的内容，过期则不再受其约束；另一方面，发盘人规定有效期，也是约束受盘人，只有在有效期内做出接受，才有法律效力。

具体的接受内容见【样单 I-1-3】接受示例。

【样单 I-1-3】接受示例

发件人：CHUANBEN@NFX.com 收件人：AIGE ZHANG@ZJY.com 日期：2020.7.24　20:15:10 主题：Acceptance
24 July 2020 AIGE IMPORT & EXPORT COMPANY ROOM 2501, JIAFA MANSION, BEIJING WEST ROAD, NANJING 210005, P.R.CHINA Dear AIGE ZHANG: Thank you for your letter of July the 22th. We have accepted your offer on the terms suggested. For the quantities you mention we are pleased to quote as follows:

续

Product No.: 04010 Product: WOOD CARVING CRAFTS Description: PACKING: 1 PC/BOX, 30 PCS/CARTON Unit Price: JPY 472 PER PC CIF NAGOYA,JAPAN Quantity: 44640 PCS Amount: JPY 21070080 Quality: AS PER SAMPLE SUBMITTED BY SELLER Payment: D/A AT 30 DAYS AFTER SIGHT Packing: 30 PCS/CARTON Means of Transport: BY SEA Shipping Mark: N/M Shipment: IMMEDIATE SHIPINGMENT Port of Shipment: NANJING CHINA Port of Destination: NAGOYA,JAPAN Insurance: FOR 110 PERCENT OF THE INVOICE VALUE COVERING ALL RISKS AS PER OCE- AN MARINE CARGO CLAUSES, INSTITUTE WAR CLAUSES, INSTITUTE STRIKES CLAUSES Please send us your contract and thank you for your cooperation. Yours faithfully CHUANBEN RIQING EXPORT AND IMPORT COMPANY P.O.BOX 1589, NAGOYA, JAPAN

1.2.3 签订书面合同

经过交易磋商，一方的发盘或还盘被对方有效接受后，双方之间就确立了合同关系。但在实际业务中，按照惯例，买卖双方还应通过签订书面合同或确认书的形式，将双方的责任、权利、义务及各项交易条件加以明确，从而更加有效地约束交易各方。

1. 合同的形式

买卖双方经过交易磋商，对交易的条件或条款取得一致意见后，即可签订书面合同。书面合同在国际贸易过程中并不是合同有效成立的必要条件，只要双方互相遵守诚信原则，一方交货另一方付款，贸易过程就已结束。但是，由于国际关系复杂、政局变幻莫测，再加上各国风俗习惯各异、宗教信仰不一、联络通信不便、贸易对手的信用不能完全保证等因素或导致日后发生纠纷，签订合同则可以避免，所以，最好以书面形式订立合同。

进出口贸易的书面合同并没有特定的名称限制，我国习惯采用的是销售合同（Sales

Contract）和销售确认书（Sales Confirmation）这两种形式。此外，协议书（Agreement）和备忘录（Memorandum）也是法律规定的书面合同形式。在实践中，一些国家或地区会采用卖方提供的形式发票（Proforma Invoice）或买方的订单（Order）作为一种要约形式。

（1）销售合同。

交易成立后，由当事人的一方将交易内容制成合同，然后由双方共同签署，这种合同的内容翔实、全面、完整，不仅包括交易的主要条件如品名、规格、数量、包装、价格、交货条件、支付条款，还包括保险、商品检验、索赔、仲裁、不可抗力等条款。卖方草拟出的合同称为“销售合同”，买方草拟出的合同称为“购货合同”。销售合同一般用于买卖金额比较大或买卖双方彼此不了解的情况。

（2）销售确认书。

销售确认书是合同的简化形式，通常由一方制作确认书一式两份，拟好并签名后寄给对方，对方经审核同意后签字确认，保留一份，同时将另一份寄还。由卖方制作的称为“售货确认书”，由买方制作的称为“购货确认书”，确认书的法律效力与合同完全相同。销售确认书一般用于买卖金额比较小而且买卖双方比较熟悉的情况。

（3）形式发票。

出口商有时应进口商的要求，发出一份列有出售货物的名称、规格、单价等非正式参考性发票，供进口商向其本国贸易管理当局或外汇管理当局申请进口许可证或批准给予外汇支付、开立信用证等之用，这种发票叫作形式发票。形式发票不是一种正式发票，不能用于托收和议付，它所列的单价等，也仅仅是进口商根据当时情况所做的估计，对双方都无最终的约束力，所以说形式发票只是一种估价单，正式成交还要另外重新缮制商业发票。然而，现在有很多国外的客户是很少签正式出口合同的，因此形式发票往往起着合同的作用，所以还须将可能产生分歧的条款一一详列清楚，要买方签字确认。

（4）订单。

订单是采购商向供应商发出的订货单，也是针对该合同所做出的邀约，卖方对订单的内容若无异议，可签名后再寄还一份给买方，此时订单即具备成交签约的法定效力。

2. 合同的内容

拟定合同是一项复杂的工作，它既涉及法律条约和国际惯例，又涉及专业和外语知识。在实际业务中，必须重视货物买卖合同的名称（英文）和合同的基本内容（英文表达）。一份完整的国际货物买卖合同一般由约首、主体和约尾三部分组成。

（1）约首。

约首包括合同的名称、合同编号、订约日期、订约地点及订约双方的名称、地址等。

（2）主体。

主体包括品名、品质、数量、包装、价格、保险、运输、支付、检验、不可抗力、索赔、仲裁，以及根据不同的交易情况需要加列的其他条款。

（3）约尾。

约尾包括合同的份数、使用的文字和效力、合同生效的时间、合同适用的法律，以及双方当事人的签字等。

3. 合同的缮制

合同一般都由出口商或进口商自行制作，形式上各有不同，但主要内容基本一致，这里以销售确认书作为样本说明缮制要点。具体见【样单 I-1-4】合同示例。

【样单 I-1-4】合同示例

SALES CONFIRMATION					
Messrs			No.		
			Date		
Product No.	Description	Quantity	Unit	Unit Price	Amount
02003	WOOD CARVING CRAFTS PACKING:1PC/BOX,30PCS/CARTON	44640	PCS	JPY472 CIF NAGOYA, JAPAN	JPY21070080
Total		44640	PCS	JPY21070080	
Say Total: JPY TWENTY ONE MILLION SEVENTY THOUSAND EIGHTY ONLY					
Payment	D/A AT 30 DAYS AFTER SIGTH				
Packing	30 PCS/CARTON				
Port of Shipment	NANJING, CHINA				
Port of Destination	NAGOYA, JAPAN				
Shipment	Shipment in August By vessel				
Shipping Mark	N/M				
Quality	AS PER SAMPLE SUBMITTED BY SELLER				
Insurance	FOR 110 PERCENT OF THE INVOICE VALUE COVERING ALL RISKS AS PER OCEAN MARINE CARGO CLAUSES,INSTITUTE WAR CLAUSES,INSTITUTE STRIKES CLAUSES				
Documents	1.Signed commercial invoice in 1 original and 3 copies. 2.Insurance Policy/Certificate in 1 original and 3 copies.				
BUYERS			SELLERS		
(Manager Signature)			(Manager Signature)		

（1）合同上方两行空白栏。

填写出口商公司的英文名称及地址，第一行写名称，第二行写地址。

（2）Messrs.

详细填列进口商的名称及地址。

（3）No..

合同编号，通常由“部门代码＋年份＋顺序号”组成，以便存储归档管理之用。卖方可以自行编设合同编号，但是不能重复。

（4）Date.

签约日期，国际上最常用的写法是美式的“月-日-年”和英式的“日-月-年”，如 Sep.18,2020 可以写成 09-18-2020。

（5）Product No..

产品货号，销售合同中应列明各种货物编号。

（6）Description.

描述，此栏应详细写明各项商品的英文名称、规格及其他要求。

（7）Quantity.

交易的货物数量，这是买卖双方交接货物及处理数量争议时的依据。

（8）Unit.

货物数量的计量单位，应以适合该货物计量的单位为准。

（9）Unit Price.

价格条款。货物的价格，通常针对一个销售单位的货物，单价包括了贸易术语、计价货币与单价金额等内容。

（10）Amount.

金额，包括币种及各项商品总金额。

（11）Total.

总计，分别填入所有货物累计的总数量和总金额（包括相应的计量单位与币种）。

（12）Say Total.

以文字（大写）写出该笔交易的总金额，必须与数字表示的货物总金额一致。

（13）Payment.

支付方式。在国际贸易过程中，支付方式包括 L/C、TT、D/P、D/A 等，不同支付方式下买卖双方承担的风险以及对买卖双方的权利和义务要求不同，须根据实际情况谨慎选择。

（14）Packing.

包装条款，一般包括包装材料、包装方式和每件包装中所含物品的数量或重量等内容。

（15）Port of Shipment.

启运港名称，为出口商所在国港口之一。

（16）Port of Destination.

目的港名称。

（17）Shipment.

装运条款，包括装运时间、运输方式（海运、空运）、分批装运和转运，以及集装箱类型的选择。有的还规定卖方交付单据的时间和有关装运通知的条款。

（18）Shipping Mark.

运输标志，即装运唛头，通常由一个简单的几何图形和一些英文字母、数字及简单的文字组成，一般包括收货人代号、参考号（合同号、信用证号等）、目的港（地）名称、件数或批号等。如没有唛头则应填“No Mark”或“N/M”。

（19）Quality.

品质条款，对商品的质量、等级、规格等的具体规定。

（20）Insurance.

保险条款。在 FOB、CFR、FCA、CPT 条件下，由买方投保，只需填写 TO BE COVERED BY THE BUYER；在 CIF、CIP 条件下，由卖方投保，应具体载明投保的险别、保险金额等事项。

（21）Documents.

所需单据，包括所需单据的种类和正本、副本份数。

（22）Buyers.

进口商公司负责人签名。

（23）Sellers.

出口商公司负责人签名。

1.2.4　合同的履行之出口合同的履行

目前，我国出口合同大多数为 CIF 合同或 CFR 合同，并且一般采用信用证付款方式。卖方在履行这类合同时，必须切实做好货（备货）、证（催证、审证、改证）、运（托运、报关、保险）、款（制单结汇）、税（国际收支申报和出口退税）五个基本环节的工作；同时还应密切注意买方的履约情况，以保证合同最终得以圆满履行。出口合同的履行流程如图 1-2 所示。

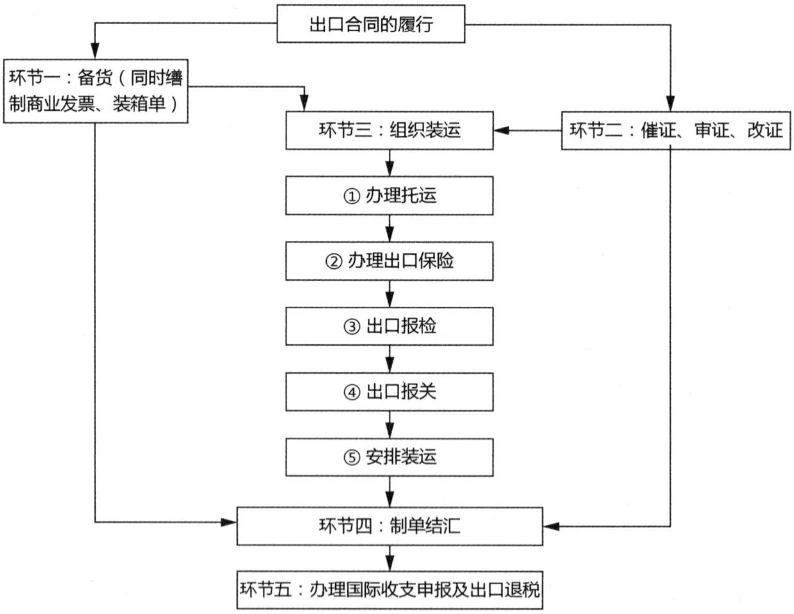

图 1-2　出口合同的履行流程

1. 备货

备货是指出口单位根据合同或信用证的规定，向生产加工及仓储部门或国内工厂下达联系单或购销合同，并对货物进行清点、加工整理、刷制运输标志，以及办理申报检验和领证等工作。安排好货物是保证卖方按时、按质、按量履行合同的前提条件。

备货过程中应注意以下问题：所备货物的品质必须与出口合同的规定一致；掌握货物的标准，要改技术标准为用户标准，改生产标准为贸易标准；货物的数量、包装也必须与出口合同的规定一致；货物备妥时间应与信用证装运期限相适应。

出口单位备好货物后，制单人员应尽早缮制出该票货物的商业发票和装箱单等商业单据，供后续办理托运、报检、报关、保险、申请产地证等使用。

2. 催证、审证、改证

信用证的落实关系到受益人能否按时履约、安全收汇。因此，落实信用证（包括催证、审证、改证）是履行出口合同的一项重要工作。

（1）催证。

在出口合同中，按时开证是买方应尽的义务，也是卖方发货的前提。但在实际业务中，当遇到市场变化或资金发生短缺的情况时，国外进口商往往会拖延开证。因此，卖方应催促买方迅速依照合同规定办理开证手续，必要时还可请驻外机构或有关银行协助催证。

（2）审证。

国外买方开来的信用证应与合同一致，但在实践中，因种种原因，如工作的疏忽、电文传递的错误、贸易习惯的不同、市场行情的变化或买方有意利用开证的主动权加列对其有利的条款等，往往会出现信用证条款与合同规定不符的情况。对此卖方应当依据合同并参照《UCP600》进行核对与审查。

（3）改证。

通过审核，卖方如发现有影响合同履行的条款，就必须要求买方改证，并在收到由原开证银行发送的修改通知后，才能发货。

3. 组织装运

在出口贸易过程中，如果按照 CIF 或 CFR 条件成交，卖方必须按照合同的规定做好办理托运、办理出口保险、出口报检、出口报关及安排装运等事项。

（1）办理托运。

出口方委托有权受理对外货运业务的单位办理海、陆、空等出口运输业务叫托运。出口单位直接或通过货运代理公司向承运单位洽订运输工具叫订舱。托运或订舱需要提供必要的资料，例如货物的名称、标志、件数、毛重、净重、体积、装运期和目的地、可否转运和分批等。

租船订舱的一般程序是：首先，出口商填制订舱委托书，委托货运代理公司向运输公司办理订舱手续；其次，船公司在货运代理公司提供的托运单上填写运单号、运输工具名称、航次号等，表示确认订舱。

（2）办理出口保险。

出口贸易如使用 CIF 或 CIP 价格条款，应由出口单位办理投保并承担保费。投保时出口单位须向保险公司填送投保单，保险公司据以缮制和签发保险单。投保手续应在货物离仓向装运场所移动前办理，以避免运输途中的货物处于“漏保”的状态。

（3）出口报检。

在我国，对于法检商品或合同规定检验的出口货物，在装运前，出口商或其代理报检单位应登录“中国国际贸易单一窗口”或“互联网＋海关”等电子平台填制出境货物报检数据，向海关进行电子报检。

（4）出口报关。

报关是指货物出运之前，卖方如实向海关申报货物情况，并交验规定的单据文件，接受海关监管。出口报关须在货物进入装货码头仓库（海关监管区）后进行，一般在装货的24 小时以前向海关申报。在我国，出口商或其代理报关企业须登录“中国国际贸易单一窗口”或“互联网＋海关”等电子平台录入货物的报关数据，并向海关提供发票、装箱单及其他海关要求的特殊监管证件（如出口许可证等）。

目前，我国海关已实现报检与报关的一次申报，避免了货物信息的重复填写，既减轻了报关人员的工作量，又提高了工作效率。

（5）安排装运。

在货物通关后，卖方或货运代理凭海关的放行通知与港方货场和理货人员（代理船方）办妥交接手续，安排装运；在货物装船后，由大副签署收货单，交给理货员，理货员将其交托运人，用以换取正式提单。

在货物装船后，出口方应立即向进口方发送装船通知，方便进口方办理运输保险、报检报关和付款赎单接货等后续工作。

4. 制单结汇

在货物发运后，卖方按照信用证的规定，缮制各种单据，在信用证规定的交单期内，送交银行办理收结汇手续。结汇是指将出口货物销售获得的某种币制的外汇，按收汇之日的本国银行外汇牌价的买入价卖给银行。我国出口结汇的方式有收妥结汇、押汇和定期结汇。

（1）收妥结汇。

议付行收到卖方的出口单据后，经审查无误，将单据寄交国外付款行索取货款。待收到付款行将货款拨入议付行账户的贷记通知书时，即按当日外汇牌价，折合成人民币拨给卖方。

（2）押汇。

押汇又称买单结汇，是指议付行在审单无误的情况下，按信用证条款买入单位的汇票和单据，从票面金额中扣除从议付日至估计收到票款之日的利息，将余款按议付日外汇牌价折合成人民币拨给卖方。

（3）定期结汇。

议付行根据向国外付款行索偿所需时间，预先确定一个固定的结汇期限，到期后主动将票款金额折合成人民币拨给卖方。

5. 办理国际收支申报及出口退税

根据国务院、国家外汇管理局及国家税务总局的有关规定，我国出口企业在货物装运出口及制单结汇以后，应及时办理出口国际收支网上申报和出口退税手续。

（1）国际收支网上申报。

国家外汇管理局对出口货物的收汇情况进行监测。自 2012 年 8 月 1 日起，我国要求出口企业须登录国际收支网上申报系统申报出口收汇数据。因此，出口商应在货物出口后及时办理申报手续。

（2）出口退税。

出口退税是国家对某些出口商品在商品出口后，按照不同的出口退税率将本国内已征收的增值税和消费税退还给出口商的一种制度。出口退税是世界各国的通行做法，因为商品出口到他国时，通常进口国还要对进口商品再次征税，为避免双重征税，出口国通常制定出口退税政策，将该出口商品在国内已征收的国内税退还给出口商，以降低出口商的经营成本，以公平价格参与国际竞争。

我国出口货物申请退税应满足以下基本条件：必须是报关离境的出口货物；必须是财务上作为出口销售处理的货物；必须是属于增值税、消费税征税范围内的货物。可以办理出口退税的货物，出口商应及时登录“出口退税申报系统”办理出口退税。

1.2.5　合同的履行之进口合同的履行

目前，我国进口合同大多以 FOB 条件成交，以信用证方式结算货款。履行这类进口合同的一般程序是：开立信用证、托运及投保、审单及付款、进口报关报检、索赔等，进口商应与各有关部门密切配合，逐项完成。进口合同的履行流程如图 1-3 所示。

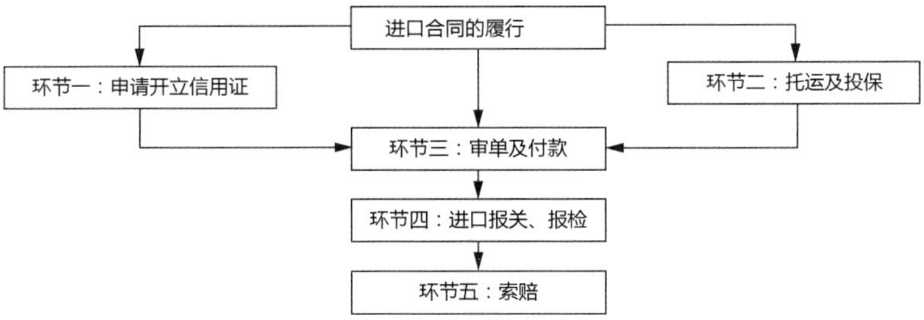

图 1-3　进口合同的履行流程

1. 申请开立信用证

以信用证为付款方式的进口贸易，在合同规定的期限内进口方须按合同条款向开证银行申请开立信用证。

进口方向开证行申请开证时，银行会根据开证申请人在银行的信用情况，要求开证人缴纳一定比例的开证保证金，或者提交适当的担保文件后方能正式对外开证。信用证开出后，进口方如果发现内容与开证申请书不符，应立即通知开证行修改。

2. 托运及投保

（1）托运。

按 FOB 价格条件成交的进口合同，应由进口方负责办理托运，订立运输合同。进口货物的租船、租机及订舱工作可委托货运代理公司办理，也可自行联系承运单位办理。租船订舱时应注意以下事项。

① 租船订舱应按合同及信用证的规定及时办理，大宗货物一般在交货期前 45 天向运输机构提出，零星货物在交货期前 30 天提出。

② 在办理租船订舱时，要根据商品流向和船期表填写托运单，船公司收到托运单后，根据配载原则安排船只或舱位。

③ 为了防止船货脱节和出现船等货的情况，进口方应随时了解和掌握出口方的备货和装船前的准备工作情况，及时检查督促卖方按时装运。

（2）投保。

FOB 条件下的进口合同，需要进口方办理运输保险。在我国，进口货物运输保险可分为预约保险和逐笔投保两种形式。

① 预约保险。为了防止进口货物在国外装运港装运后，因信息传递不及时而发生漏保或迟保等情况，进口方通常与保险公司签订预约保险合同，或称预约保险单。并在保险合同中规定，凡属于预约保险合同规定范围内的进口货物，一经起运，保险公司即自动按预约保险合同所订立的条件承保。我国进口货物通常都采用预约保险方式。

② 逐笔投保。进口方接到出口方的发货通知后，向保险公司办理该批货物的投保手续，否则，货物于投保之前在运输途中发生损失时，保险公司不承担赔偿责任。

保险公司对海运货物的保险责任期限，一般从货物在国外装运港装上海轮起生效，到卸货港载运单据载明的国内目的地收货人仓库为止。

3. 审单及付款

出口商在发货后，应及时把代表货物的相关单据通过银行转交给进口方。货物单据不仅是进口方付款的依据，也是出口方提供货物是否符合合同要求的凭证。对代表货物的单据进行审核是进口商或银行履行合同的重要环节。

在进口业务中，信用证项下的货运单据经银行审核后送交进口单位，再经进口单位审核认可后，银行即对外付款或承兑；托收（例如 D/P）项下的货运单据也由银行转寄给进口单位，但不管是出口方的托收银行还是进口方的代收银行均不负单据审核之责，进口单位更有必要加强审核。无论是信用证还是托收，就我国的情况来看，进口单位的审核往往是终局性的。经过审核，如发现单据不符，应通过银行及时提出拒付或拒绝承兑。

4. 进口报关、报检

进口方向开证行付款赎单后，凭海运提单到运输公司换取提货单（Delivery Order，D/O），为办理后续的报关、提货手续做准备。

货物运达指定目的地后，进口方或其代理人办理进口报检、报关等手续。

凭进口货物报关单、贸易合同、进口发票、装箱单和运输单据等副本向进口地海关申报进口，经海关查验单据和货物相符，核定进口关税，进口单位付清关税及相关税费后即可凭正本运输单据或有关证明向承运单位或其代理提货。

5. 索赔

买方在进口货物经过检验后如发现有属卖方责任的数量短缺或质量不符等情况，须在合同索赔有效期内向卖方提出索赔，索赔时须提供检验证明书和发票、提单等货运单据的副本。

知识链接

关于提货单

提货单又称小提单，是收货人凭正本提单或副本提单随同有效的担保向承运人或其代理人换取的凭证，也是收货人向海关申报进口及向港口装卸部门提取货物的凭证。

关于进口报检

自 2018 年 4 月 20 日起，原中国出入境检验检疫部门正式并入中国海关。自 2018 年 6 月 1 日起，海关总署全面取消通关单。根据我国现行《中华人民共和国进出口商品检验法》和其他相关法规的规定，列入法定检验范围的进口商品必须按规定由国家商检部门施行强制性检验。需要实施检验的商品必须检验合格领得证书后，才能办理通关提货。对不属于法定检验的进口商品，检验机构可以抽样检验并实施监督管理。

本章小结

外贸单证是在国际贸易中使用的各种单据、文件与证书的统称。在实际业务中，外贸单证有着不同的分类，按交易双方涉及的单证划分，分为进口单证和出口单证；按单证的性质划分，分为金融单据和商业单据；按单证的用途划分，分为商业单据、运输单据、保险单据、官方单据、附属单据和资金单据。一般来说，在外贸业务中，买卖双方履行合同的过程就是国际贸易单证流转的过程，而进出口业务流程包括四个阶段，分别为：交易前的准备、交易磋商、签订书面合同和合同的履行（出口合同的履行和进口合同的履行），其中前三个阶段是合同履行阶段的前提和基础，而合同履行阶段又需要各种外贸单据作为支撑。由此可见，外贸单证在整个国际贸易中有着非常重要的作用。

第2章 信用证

学习目标

- ⇨ 了解信用证的含义及性质、特点；
- ⇨ 掌握信用证的基本分类；
- ⇨ 熟悉信用证的主要内容；
- ⇨ 重点掌握信用证的业务流程，包括申请开立、审核及修改等；
- ⇨ 能缮制信用证开证申请书。

摘要

信用证是在国际贸易中使用频率比较高的结算方式，也是国际贸易业务流程中的重要环节。信用证业务包括申请开证、开证、通知、审证、改证、交单、议付、索偿、偿付、赎单等程序。其中开证申请书的填写、信用证的审核及信用证的修改直接体现了外贸业务员的制单水平，也决定着外贸业务流程能否顺利进行。本章通过介绍信用证的含义、种类、性质、特点及信用证的常用条款，让学习者对信用证有基本的认知，然后结合信用证业务流程，重点讲述信用证的开证申请、信用证的审核与信用证的修改。

2.1 信用证认知

2.1.1 信用证的含义与种类

1. 信用证的含义

信用证是银行（开证行）依照进口商（开证申请人）的要求和指示所签发的，在满足信用证要求的条件下，银行凭信用证规定的单据向出口商（受益人）付款的一项书面凭证。

信用证的形式可分为信开本和电开本。信开本（To Open by Airmail）是指开证行采用印好的信函格式的信用证，开证后由航空邮寄通知行。电开本（To Open by Cable）是指开证行使用电报、电传、传真、SWIFT 等各种电信方式将信用证条款传达给通知行。

知识链接

SWIFT 简介及 SWIFT 信用证标准化格式（见表 2-1）

SWIFT 是环球银行金融电信协会（Society for Worldwide Interbank Financial Telecommunication）的英文简称。该组织采用会员制，会员共享协会数据交换平台等资源。会员银行利用 SWIFT 数据交换平台开立的信用证称为 SWIFT 信用证。它的特点是标准化、固定化、格式统一化，而且速度快、成本低，现已被世界各国银行广泛使用。SWIFT 信用证的开立格式代号为 MT700 和 MT701，对 SWIFT 信用证的修改采用 MT707 标准格式传递。

表 2-1 SWIFT 信用证标准化格式

状 态	标 号	栏 位 名 称
M	27	Sequence of total 总页数
M	40A	Form of documentary credit 跟单信用证格式
M	20	Documentary credit number 跟单信用证号
O	23	Reference to pre-advice 预先通知号码
O	31C	Date of issue 签发日期
O	40E	Applicable rules 适用的惯例
M	31D	Date and place of expiry 到期日及地点
O	51a	Applicant bank 申请人银行
M	50	Applicant 申请人
M	59	Beneficiary 受益人
M	32B	Currency code,amount 货币符号，金额
O	39A	Percentage credit amount tolerance 跟单信用证金额公差百分数
O	39B	Maximum credit amount 最大信用证金额
O	39C	Additional amounts covered 相关附加金额
M	41a	Available with…by…付款方式和指定银行
O	42C	Draft at…汇票期限
O	42A	Drawee 受票人
O	42M	Mixed payment details 混合支付细节
O	42P	Deferred payment details 延期支付细节
O	43P	Partial shipments 分批装运
O	43T	Transshipment 转运
O	44A	Loading on Board/Despatch/Taking in Charge at/from 由……装船/发运/承运地点
O	44B	Place of final destination/of delivery 运至地

续表

状　态	标　号	栏 位 名 称
O	44C	Latest date of shipment 装运最迟日期
O	44D	Shipment period 装运期限
O	45A	Description of goods and/or services 货物和/或服务描述
O	46A	Documents required 所需单据
O	47A	Additional conditions 附加条件
O	71B	Charges 费用
O	48	Period for presentation 交单期限
M	49	Confirmation instructions 保兑指示
O	53a	Reimbursing bank 偿付行
O	78	Instructions to the paying/accepting/negotiating bank 对支付/承兑/议付行的指示
O	57a	“advise through” bank 通知经由行
O	72	Sender to receiver information 附言（发报方给收报方）

注：M=必选　O=可选

2. 信用证的性质与特点

（1）信用证是一种银行信用。

信用证由开证银行以自己的信用做出付款保证，开证银行承担第一付款责任，即只要受益人提交了符合信用证规定的单据，开证银行就必须付款。《UCP600》第七条明确规定，信用证是一项约定，根据此约定，开证行依照开证申请人的要求和指示，在规定的单据符合信用证条款的情况下，向受益人或其指定人进行付款，或支付或承兑受益人开立的汇票；也可授权另一银行进行该项付款，或支付、承兑或议付该汇票。

（2）信用证是一种自足文件。

信用证虽然是依据销售合同开立的，但是一经开立，就成为独立于销售合同之外的另一种契约。销售合同是买卖双方之间签订的契约，只对买卖双方有约束力；信用证是开证行和受益人之间的契约，开证行和受益人以及参与信用证业务的其他银行均受信用证的约束，但这些银行当事人和销售合同无关，因此信用证不受销售合同约束。对此，《UCP600》第四条第 a 款明确规定，信用证与其可能依据的销售合约或其他合约是性质上不同的业务。即使信用证中包含有关于该合约的任何援引，银行也与该合约完全无关，并不受其约束。

（3）信用证是一种纯单据业务。

银行处理信用证业务只凭单据，不管货物的状况如何。银行以受益人提交的单据是否与信用证条款严格相符为依据，来决定是否付款。只要单据符合信用证的规定，即使货物没有如期运到目的港，银行也要付款；反之，只要受益人提交的单据与信用证规定不符，即使货物完好无损地到达目的港，银行也不会付款。

3. 信用证的种类

（1）以信用证项下的汇票是否有货运单据来划分。

根据信用证项下的汇票是否有货运单据划分，信用证可以分为跟单信用证（Documentary Credit）和光票信用证（Clean Credit）两种。跟单信用证是指凭跟单汇票或仅凭单据付款的信用证。此处的单据是指代表货物所有权的单据（如海运提单等），或证明货物已交运的单据（如铁路运单、航空运单、邮包收据等）。光票信用证是凭不随附货运单据的光票付款的信用证。银行凭光票信用证付款，也可要求受益人交一些非货运单据，如发票、垫款清单等。在国际贸易的货款结算中，绝大部分使用跟单信用证。

（2）以开证行所负的责任为标准来划分。

以开证行所负的责任为标准来划分，信用证可以分为不可撤销信用证（Irrevocable L/C）和可撤销信用证（Revocable L/C）两种。不可撤销信用证是指信用证一经开出，在有效期内，未经受益人及有关当事人的同意，开证行不能片面修改和撤销，只要受益人提供的单据符合信用证规定，开证行必须履行付款义务。可撤销信用证是指开证行不必征得受益人或有关当事人同意而有权随时撤销的信用证，应在信用证上注明“可撤销”字样。《UCP500》规定，只要受益人依信用证条款规定已得到了议付、承兑或延期付款保证时，该信用证即不能被撤销或修改。它还规定，如信用证中未注明是否可撤销，应视为不可撤销信用证。最新的《UCP600》规定银行不可开立可撤销信用证。

（3）以有无另一银行加以保证兑付为依据来划分。

以有无另一银行加以保证兑付为依据来划分，信用证可以分为保兑信用证（Confirmed L/C）和不保兑信用证（Unconfirmed L/C）两种。保兑信用证是指开证行开出的信用证，由另一银行保证对符合信用证条款规定的单据履行付款义务。对信用证加以保兑的银行，称为保兑行。不保兑信用证是指开证行开出的信用证没有经另一家银行保兑。

（4）以付款时间的不同来划分。

根据付款时间的不同来划分，信用证可以分为即期信用证（Sight L/C）、远期信用证（Usance L/C）和假远期信用证（Usance Credit Payable at Sight）三种。即期信用证是指开证行或付款行收到符合信用证条款的跟单汇票或装运单据后，立即履行付款义务的信用证。远期信用证是指开证行或付款行收到信用证的单据时，在规定期限内履行付款义务的信用证。假远期信用证是指信用证规定受益人开立远期汇票，由付款行负责贴现，并规定一切利息和费用由开证人承担。这种信用证对受益人来讲，实际上仍属即期收款，在信用证中有“假远期”条款。

（5）以受益人对信用证的权利可否转让来划分。

根据受益人对信用证的权利可否转让来划分，信用证可以分为可转让信用证（Transferable L/C）和不可转让信用证（Non-Transferable L/C）两种。可转让信用证是指信用证的受益人（第一受益人）可以要求授权付款、承担延期付款责任，承兑或议付的银行（统称“转让行”），或当信用证是自由议付时，可以要求信用证中特别授权的转让银行，将信用证全部或部分转让给一个或数个受益人（第二受益人）使用的信用证。开证行在信用证中要明确注明“可转让”（transferable），且只能转让一次。不可转让信用证是指受益人不能将信用证的权利转让给他人的信用证。凡是信用证中未注明“可转让”的，即不可转让信用证。

4. 信用证的基本内容

一般来讲，不同银行开立的信用证的格式有所不同，但是，信用证的主要内容基本一致，包括信用证本身的规定、汇票的规定、单据的规定、货物的规定、运输的规定和其他规定等六个方面。

（1）信用证本身的规定。

① 信用证的类型（Form of Credit）。信用证的类型一般规定为是否可撤销或是否可转让。《UCP600》规定，信用证一经开立，即构成开证行的不可撤销的兑付承诺。同时《UCP600》还规定，如果信用证中未规定是否可转让，应视为不可转让信用证。

② 信用证的号码（Credit Number）。

③ 开证日期（Date of Issue）。进口商一般应根据合同中规定的开证日期申请开立信用证，如果合同中未规定，进口商应结合货物的装运期及时将信用证开出给出口商。

④ 信用证的货币和金额（Currency and Amount）。信用证的货币和金额应与合同规定的一致。如果合同中规定货物数量允许有一定幅度的溢短装，那么信用证的金额也应规定有相应幅度的增减。信用证中规定的金额是开证行能够支付的最高金额，出口商发运货物的总金额不能超过信用证规定的金额。

⑤ 有效到期日和到期地点（Expiry Date and Place）。信用证必须规定有效期或到期日，没有规定有效期的信用证应视为无效信用证。信用证的有效期应在装运期后的合理时间内。另外，信用证中还应规定一个有效截止日前交单的有效地点，通常规定在受益人所在国家交单。

⑥ 开证行（Opening/Issuing Bank）。开证行是接受开证人的申请开立信用证的银行。

⑦ 通知行（Advising/Notifying Bank）。通知行通常是接受开证行的委托，将信用证通知给受益人的银行。《UCP600》规定，通知行在通知信用证时，除非已对信用证加具保兑，通知行通知信用证不构成兑付或议付的承诺。通过通知信用证，通知行即表明其认为信用证的表面真实性得到满足，且通知准确地反映了所收到的信用证的条款及条件。如开证行利用一家通知行的服务将信用证通知给受益人，它也必须利用同一家银行的服务通知修改书。

⑧ 开证申请人（Applicant/Opener）。通常是国际货物买卖合同的进口商。

⑨ 受益人（Beneficiary）。通常是国际货物买卖合同的出口商。

⑩ 单据提交期限（Presentation Period）。信用证中通常会规定一个受益人交单的最迟期限，该交单期应规定为装运期后的一段合理时间，便于受益人有充足的时间制作、准备单据。一般规定在装运日后 15 日内交单比较合理。如果时间过短，则可能影响受益人及时交单。单据提交期限并不是信用证的必要项目，如果未规定，受益人应在运输单据的签发日期之日起 21 日内交单，并不得超过信用证的有效期。

（2）汇票的规定。

信用证中是否规定汇票条款，须根据信用证的类型确定。例如，议付信用证、承兑信用证通常会规定汇票条款；延期付款信用证通常不需要汇票；即期付款信用证无强制规定，是否需要汇票取决于信用证当事人的规定。有些混合付款（Mixed Payment）的信用证，还会规定出具两份汇票，例如 30%的金额即期付款，70%的金额远期付款，这样的信用证中通常会规定受益人出具两份汇票，每份汇票的付款时间和金额均不相同。

信用证中关于汇票的规定通常包括以下内容。

① 出票人（Drawer）。信用证项下汇票的出票人应是出口商，它属于商业汇票，而非银行汇票。

② 受票人（Drawee）或付款人（Payer）。信用证中银行承担第一付款责任，因此，信用证项下汇票的受票人应是信用证的开证行或其指定的付款行，而非进口商。

③ 付款期限（Tenor）。根据货物买卖合同规定的付款期限设定。

（3）单据的规定。

《UCP600》规定，信用证业务中，银行处理的是单据，而不是单据所涉及的货物、服务或其他行为。因此，信用证是单据的买卖。通常，信用证中会规定受益人需提交的单据种类、内容和份数等，主要涉及以下几种。

① 商业发票。商业发票是出口商应提供的基本单据，是发运货物名称、规格、数量、价格的总说明。

② 装箱单、重量单或磅码单。有外包装的货物，出口商通常应提供装箱单。散装或裸装货物，出口商通常应提供重量单或磅码单等单据。

③ 提单或运单。出口商应提供由运输公司签发的有效的提单或运单等运输单据。

④ 保险单或保险凭证。是否需要提供保险单或保险凭证，应根据合同中的贸易术语确定。当使用 CIF 或 CIP 时，受益人需提供保险单；其他情况下，出口商不必提供此单据。

⑤ 原产地证明书。

⑥ 其他单据（Other Documents）。例如海关发票、装运通知、受益人证明等。

（4）货物的规定。

信用证中关于货物的规定通常包括以下内容。

① 品名、货号和规格。

② 数量、包装和单价。当信用证金额、数量或单价前有“约”或“大约”等字样时，应解释为允许有关金额、数量或单价有不超过 10%的增减幅度。当信用证未以包装单位、件数或货物自身件数的方式规定货物数量时，只要总支取金额不超过信用证金额，货物数量允许有 5%的增减幅度。

（5）运输的规定。

① 装货港（Port of Shipment/Loading）。

② 卸货港或目的地（Port of Discharge/Destination）。

③ 装运期限（Latest Date of Shipment）。

④ 可否分批装运（Partial Shipment Allowed/Not Allowed）。

⑤ 可否转船运输（Transshipment Allowed/Not Allowed）。

（6）其他规定。

① 特别条款（Special Conditions）。

② 开证行对议付行的指示（Instructions to Negotiating Bank）。

③ 背书/签注条款（Endorsement Clause）。

④ 偿付方式和寄单方式（Method of Reimbursement and Method of Despatching

Documents）。

⑤ 开证行付款保证（Engagement Clause）。

⑥ 惯例适用条款（Subject to UCP Clause）。

⑦ 开证行签字（Signature）。

2.1.2 信用证内容的常见英文表达

1. 信用证当事人的表述

（1）开证申请人的表达用语有 Applicant、Principal、Accountee、Opener 等，有时，在信用证中也用短语表示开证人的身份，如 At the request of ×××（应×××的请求）、By order of ×××（按×××的指示）、For account of ×××（由×××付款）或 At the request of and for account of ×××（应×××的请求并由×××付款）等。

（2）信用证中受益人的表达常用“Beneficiary：×××”表示，或者以短语 In favor of ×××（以×××为受益人）表示。

（3）开证行的表达方式有 Opening Bank、Issuing Bank 或 Establishing Bank。

（4）议付行常用 Negotiating Bank 或 Negotiation Bank 表示。

（5）付款行常用 Paying Bank 或 Drawee Bank 表示。

2. 信用证到期日和到期地点的表述

有效的信用证都会注明到期日和到期地点，常见的表述方式有以下几种。

（1）直接写明到期日和到期地点名称。例如：

① Expiry date：Mar.07,2020 in the country of the beneficiary for Negotiation.（有效期：2020 年 3 月 7 日前，在受益人国家议付有效。）

② Expiry date：Jul.17,2020 in the country of the beneficiary unless otherwise stated.（除非信用证另有规定，本证于 2020 年 7 月 17 日前在受益人所在国议付有效。）

（2）以“交单日期”“汇票日期”等来表达信用证的有效期限。例如：

① Drafts drawn under this credit must be negotiated in China on or before Sep.03,2020 after which date this credit expires.（凭本证项下开具的汇票要在 2020 年 9 月 3 日或该日以前在中国议付，该日以后本证失效。）

② Bill of exchange must be negotiation within 15 days from the date of bill lading but not later than May.05,2020.（汇票须自提单日起 15 天内议付，但不得迟于 2020 年 5 月 5 日。）

3. 金额和币制的表述

金额和币制（Amount and Currency of Credit）是信用证的核心内容，在信用证中的表达方式大致相似。例如：

① Amount Currency：USD2000.00（金额 2000.00 美元）。

② A sum not exceeding total of USD10 000.00（总金额不超过 10 000.00 美元）。

4. 汇票条款的表述

信用证对汇票的表述通常有以下几种。

（1）直接规定汇票的付款期限和付款人。例如：

DRAFTS AT　　42C:AT 90 DAYS AFTER SIGHT

DRAWEE　　42D:INDUSTRIAL BANK OF KOREA

这种表述通常出现在 SWIFT 信用证中，简洁明了，是目前外贸实践中最常用的一种表达方式。

（2）其他表述。例如：

① This credit is available with any bank in China by negotiation drafts at sight drawee Hong Kong and Shanghai Banking Corporation Ltd., London.（此信用证在中国境内凭以汇丰银行伦敦分行作为付款人的即期汇票在任何一家银行议付有效。）

② Drafts are to be drawn in duplicate to our order bearing the clause "Drawn under Bank of China, Singapore Irrevocable Letter of Credit No.194956 dated Jul.17,2020".（汇票一式两份，以我行为抬头，并注明"根据中国银行新加坡分行 2020 年 7 月 17 日第 194956 号不可撤销信用证项下开立"。）

需要注意的是，并非所有的信用证都有汇票的规定，比如延期付款信用证通常不要求提供汇票。

5. 单据条款的表述

一份信用证必然规定受益人需要提交的单据，常见的表达如下。

（1）Documents required as following.（须提交以下单据。）

（2）Drafts must be accompanied by the following documents marked "×".（汇票须随附下列注有"×"标志的单据。）

（3）...Available against surrender of the following documents bearing the credit number.（提交下列单据须注明信用证号。）

（4）Full set of clean on board ocean bills of lading made out to order and blank endorsed, notify: applicant（full address）marked freight prepaid.（全套清洁已装船海运提单，做成"凭指示"抬头，空白背书，通知：（所有地址）开证申请人，注明运费预付。）

（5）Hand signed insurance policy/certificate in duplicate covering all risks as per CIC for 110PCT of the invoice amount.（手签的保险单或凭证一式两份，根据中国保险条款按照发票金额的 110%投保一切险。）

6. 单据份数的表述

要求提交单据的份数有以下几种表示方法：in two copies（一式两份）、in three fold（一式三份）、in duplicate（一式两份）、in triplicate（一式三份）、in quadruplicate（一式四份）、in quintuplicate（一式五份）、in sextuplicate（一式六份）、in septuplicate（一式七份）等。例如：

Signed commercial invoices in duplicate.（签字商业发票一式两份。）

7. 装运条款的表述

（1）装运期（Date of Shipment）。例如：

① Shipment from Chinese port to New York not later than Mar.08,2020.（自中国口岸装

运货物驶往纽约，不得迟于 2020 年 3 月 8 日。）

② Bill of lading must be dated not before the date of this credit and not later than Jul.17,2020.（提单日期不得早于本信用证开具日期，并且不得迟于 2020 年 7 月 17 日。）

（2）装运地、目的地（Shipment/Destination）。例如：

① Shipment from Chinese main port for transshipment to Osaka, Japan.（自中国主要港口运往日本大阪。）

② Shanghai China for transport to Dublin, Ireland, Latest date of shipment Sep.03,2020.（由中国上海装运至爱尔兰都柏林，最迟装运日期为 2020 年 9 月 3 日。）

（3）分批/转运条款（Partial Shipments/Transshipment）。例如：

① Partial shipment is allowed and transshipment is allowed.（允许分批装运和转运。）

② Partial shipment is allowed and transshipment is authorized at Hong Kong only.（允许分批装运，仅允许在香港转运。）

③ Transshipment is allowed provided "Through Bill of Lading" are presented.（如果提交联运提单，允许转运。）

8. 特别条款的表述

信用证中的特别条款（Special Clauses/Conditions）主要是依据银行和买卖双方交易的具体需要，以及进口国的政治、经济和贸易政策的变化而确定的。

（1）议付和偿付条款（Negotiation Reimbursement）。议付和偿付条款一般是开证银行对于议付行的指示，涉及各方的利益，常见的条款如下。

① Upon presentation of the documents strictly complied with all credit terms, we authorize you to draw on our H/O reimbursement A/C value five working days later under authenticated SWIFT advice to us without any charges on our part. [收到单证严格相符的单据后，我们（开证行）授权贵行向我总行索偿，5 个工作日起息，SWIFT 通知我行，费用由贵方承担。]

② At maturity, we shall pay to the negotiating bank as instructed by T/T for documents which are in compliance with credit terms and conditions. Telex charges are for account of beneficiary.（如单证严格相符，到期日我行将用电汇方式偿付贵行，此电报费由受益人承担。）

③ In reimbursement, please drawn on our head office account with your London office.（偿付办法：请从我总行在贵行伦敦分行的账户内支取。）

④ Negotiating bank may claim reimbursement by T/T on the Bank of China New York branch certifying that the credit terms have been complied with.（议付行证明本信用证条款已履行，可按电汇索偿条款向中国银行纽约分行索回货款。）

（2）佣金/折扣条款（Commission and Discount）。信用证中常常有佣金和折扣条款，其表现形式各不一样，有的称为明佣，有的称为暗佣，在信用证中的表示举例如下。

① Signed commercial invoice must show 5% commission.（经签署的商业发票须显示 5%的佣金。）

② The price quoted include a discount of 5% which must be shown on your final invoice, but is to be the subject of a separate credit note, the amount of which is to be deducted from your drafts.（信用证所列价格包括 5%折扣在内，最后发票应开列未扣除 5%折扣的价格，但须另出一份扣佣通知书，汇票金额则扣除此项折扣金额。）

（3）费用条款（Charges）。信用证业务产生的银行费用由谁支付，通常会在信用证上明确规定。多数信用证规定，开证行的费用由开证人负担，开证国或地区以外的银行费用由受益人承担。例如：

① All banking charges outside Korea and reimbursing charge are for account of beneficiary.（所有韩国以外的银行费用及偿付费用由受益人承担。）

② All your commission and charges are for beneficiary's account including reimbursement bank payment commission and charges.（所有你方的费用及佣金由受益人承担，包括偿付行的费用在内。）

③ Port congestion surcharges, if any, at the time of shipment is for opener's account.（装运时如产生港口拥挤费，须由开证人承担。）

（4）其他条款。

① If the documents presented with any discrepancies we shall claim USD80.00 for each discrepancy.（如果提示的单据有不符点，每一不符点，我们将扣除 80 美元。）

② If the terms and conditions of this credit are not acceptable to you, please contact the openers for necessary amendments.（如你方不接受本信用证条款，请与开证人联系以做出必要的修改。）

③ Negotiation of this credit is restricted to yourselves.（本信用证限由你行议付。）

④ This letter of Credit is transferable in China only, in the event of a transfer, a letter from the first beneficiary must accompany the documents for negotiation.（本信用证仅允许在中国转让，如有转让，第一受益人须有书面转让文书连同单据一起议付。）

9. 开证行"保证条款"（Warranties of Issuing Bank）的表述

在信用证中通常会有开证行或付款行保证付款的承诺语句，表示如下：

We hereby undertake all drafts drawn under and in compliance with the terms and conditions of this letter of credit will be duly honored on presentation at this office.（凡按本信用证所列条款开具并提示的汇票，我行保证到期兑付。）

当前常用的 SWIFT 信用证已省略此条款，但这并不意味着开证行无承诺保证付款，只要受益人提交的单据符合信用证的规定，开证行就有付款的义务。

10. 适用的国际惯例的表述

Except as otherwise expressly stated herein, this credit is subject to the Uniform Customs and Practice for Documentary Credits UCP（2007 Revision） International Chamber of Commerce Publication No.600.（除非另有规定，本信用证根据国际商会 2007 年修订本第 600 号出版物《跟单信用证统一惯例》办理。）

2.2 信用证的申请开立

在国际贸易过程中，如果进出口双方在合同中约定采用信用证方式结算货款，那么，合同一经签订，进口商就必须按照合同规定的时间办理信用证。一般来说，信用证的办理流程包括申请开证、开证、通知、审证、改证、交单、议付、索偿、偿付、赎单等程序。具体如图 2-1 所示。

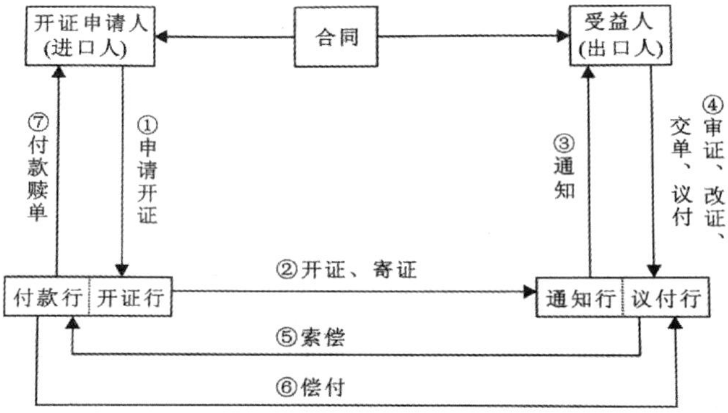

图 2-1 信用证办理流程

在信用证的办理流程中，申请开证是非常关键的环节。申请开证是整个信用证办理流程的第一个环节，进口方应根据合同规定的时间或在规定的装船前一定时间内申请开证，并填制开证申请书。开证行根据有关规定收取开证押金和开证费用后开出信用证。一般来讲，开证申请包括向开证行递交合同副本及所需附件、填写开证申请书、缴付保证金和开证手续费等环节，具体如图 2-2 所示。在申请开证的程序中，开证申请书的内容、填制规范和注意事项是值得注意的。

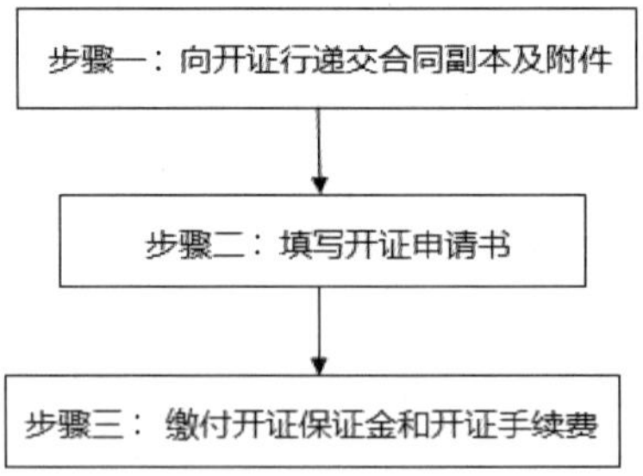

图 2-2 申请开立信用证的程序

2.2.1 开证申请书的内容

开证申请人（进口方）在向开证行申请开证时必须填制开证申请书。开证申请书是开证申请人对开证行的付款指示，也是开证申请人与开证行之间的一种书面契约，它规定了开证申请人与开证行的责任。在这一契约中，开证行只是开证申请人的付款代理人。

开证申请书主要依据贸易合同中的有关主要条款填制，申请人填制后附合同副本一并提交银行，供银行参考、核对。但信用证一经开立则独立于合同，因而申请人在填写开证申请时应审慎查核合同的主要条款，并将其列入申请书中。

一般情况下，开证申请书都由开证银行事先印就，以便申请人直接填制。开证申请书通常为一式两联，申请人除填写正面内容外，还须签具背面的“开证申请人承诺书”。也就是说，开证申请书的主要内容包括两部分。第一部分是正面，正面是要求开立信用证的内容，即开证人按合同要求开证行在信用证上列明的条款，也是开证行凭以向受益人或议付行付款的依据。第二部分是背面，背面是开证人对开证行所作的声明，其基本内容是承认在开证人付清货款前，银行对单据及其所代表的货物拥有所有权；承认银行可以接受“表面上合格”的单据，对于伪造单据、货物与单据不符等，银行概不负责；开证行保证单据到达后，要如期付款赎单，否则，开证行有权没收开证人所交的押金和抵押品等；开证人应向开证行交纳一定比率的押金及手续费（一般费率为 1.5‰）。关于开证申请书的详细内容可以参见【样单 II-2-1】开证申请书正面内容和【样单 II-2-2】开证申请书背面内容。

【样单 II-2-1】开证申请书正面内容

中国建设银行

China Construction Bank

APPLICATION FOR IRREVOCABLE DOCUMENTARY CREDIT

TO:CHINA CONSTRUCTION BANK

____________________BRANCH

L/C NO.

Date:

Subject to the ICC Uniform Customs and Practice for Documentary Credits (latest revision), and to the terms and conditions overleaf, please issue an irrevocable documentary credit with term stated below by (please mark “×” in □).

□Full teletransmission　□Mail/Airmail

□Brief teletransmission followed by mail confirmation

Expiry Date and Place of

Advising Bank(if blank, any bank at your option)	Applicant (full name & address)	
Beneficiary(full name & address)	Amount(in figures and words)	
Shipment from　to Latest date of shipment Price term: □FOB　□CFR　□CIF　□__.	Partial shipment □allowed □not allowed	Transshipment □allowed □not allowed
Credit available by □negotiation　□acceptance □sight payment □deferred payment with____.		
Draft(s) drawn on issuing bank at_____sight for_____% of invoice value. Documents required: □Signed Commercial Invoice in_____copies indicating L/C No. and Contract No.. □Signed Packing List in_____copies. □Full set of clean on board Bill(s) of Lading marked “□Freight Prepaid □Freight Collect” made out to		

续

order of_____,notifying □applicant□____. □Clean Air Waybills showing “□Freight Prepaid □Freight Collect” and consigned to____, notifying □applicant□____. □Rail Waybills showing “Freight Prepaid” and consigned to____. □Insurance Policy/Certificate in duplicate bland endorsed for 110% of the invoice value showing claims payable at destination in currency of the draft, covering ALL RISKS and War Risks and____. □Certificate of Origin in____copies issued by____. □Other documents required:
Description of Goods(brief description without excessive detail):
Additional instructions: □All banking charges outside the Issuing Bank including reimbursing charges are for account of Beneficiary. □Documents must be presented within_______days after the date of issuance of the transport documents but within the validity of the credit. □Both credit amount and shipment quantity_______% more or less are allowed. □Third party as shipper is not acceptable. □Short From/Blank Back B/L is not acceptable. □Other terms and conditions(if any)
In case of queries, please contact________. Tel. No. Fax No. □To be continued on separate continuation sheet(s).

【样单 II-2-2】开证申请书背面内容

信用证开证申请人承诺书

公司已依法办妥一切必要的进口手续，兹请贵行为我公司依照申请书所列条款开立不可撤销跟单信用证，并承诺如下：

一、在申请开证时我公司（请用“×”选择其一）

□使用贵行与我公司签订的编号为__________《贸易融资额度合同》项下的

□信用证开证额度　　　□信托收据额度

□使用编号为 _________《信用证开证合同》

□存入贵行开证保证金，开证保证金比例为开证金额（含溢装金额的___%），即开证保证金金额为（币种、大写）________，并使用贵行与我公司签订的编号为________《贸易融资额度合同》项下的______额度，币种、金额为（大写）______。

□存入贵行开证保证金，开证保证金比例为开证金额（含溢装金额）的 100%。

二、同意贵行依照国际商会《跟单信用证统一惯例》（最新版本）等办理该笔信用证业务，并同意承担由此产生的一切责任。

续

三、信用证项下的人民币和外币结算均通过贵行办理。

四、根据贵行要求，及时提供有关销售合同等文件及资料。

五、我公司承诺对贵行所负债务履行偿付义务。本条所称债务包括但不限于信用证下应付货款、有关手续费、电信费、杂费、因贵行发生信用证项下垫付我公司应付的逾期利息、违约金、赔偿金、国外受益人拒绝承担的有关银行费用及贵行实现债权的费用。

六、如信用证需修改，由公司向贵行提出书面信用证修改申请。我公司保证支付因信用证修改而产生的一切费用（包括国外受益人拒绝承担的有关银行费用）。

七、在贵行信用证单据通知书规定的期限内，书面通知贵行办理对外付款/承兑/确定迟期付款/拒付手续，我公司愿承担由此引起的一切责任和后果。

八、我公司如因单据有不符之处而拟请贵行拒绝付款/承兑/确认迟期付款时，将在贵行单据通知规定的期限内，向贵行提出书面拒付请求及理由，依次列明所有不符点，同时将贵行交给我公司的资料全部退回贵行。对单据存在的不符点，贵行有独立的最终认定权和处理权，贵行有权确定是否对外付款/承兑/确认迟期付款。

九、如我公司申请开立的为即期信用证，且贵行认为单证无不符点，我公司承诺在贵行发出信用证单据通知书后三个银行工作日内，向贵行付清所有款项及有关费用。

如我公司申请开立的为远期信用证，则我公司在付款到期日前，向贵行付清所有款项及有关费用。

十、对外付款时，贵行有权从我公司在贵行开立的保证金账户直接划收或从我公司在中国建设银行系统开立的其他账户划收。如我公司未付清应付款项，则贵行有权行使担保权或采取其他措施实现债权。

十一、我公司发生名称、法定代表人（负责人）、住所、经营范围、注册资金变更等事项，将及时通知贵行。

十二、我公司发生承包、租赁、股份制改革、联营、合并、兼并、分立、合资、申请停业整顿、申请解散、申请破产等足以影响贵行债权实现的情形，将提前书面通知贵行，征得贵行同意，并按贵行要求落实债务的清偿及担保。

十三、我公司发生停业、歇业、被注销登记、被吊销营业执照、法定代表人或负责人从事违法活动、涉及重大诉讼活动、生产经营出现严重困难、财务状况恶化等情形，足以影响贵行债权实现的，均应立即书面通知贵行，并按贵行要求落实债务的清偿及担保。

十四、不与任何第三方签署有损于贵行权益的合同。

十五、由于开立信用证所基于的基础合同发生纠纷或由于第三方原因造成贵行损失的，我公司同意承担赔偿责任。

十六、贵行对任何文电、信函或单据传递中发生延误、遗失所造成的后果，或对于任何电信传递过程中发生的延误、残缺或其他差错，概不负责。

十七、信用证开立申请书应当用英文填写的部分及信用修改申请书一律用英文填写。如用中文填写而引起的歧义，贵行概不负责。

十八、因信用证开立申请书、信用证修改申请书字迹不清或词义含混而引起的一切后果均由我公司负责。

十九、贵行已应我公司要求做了相应的条款说明，我公司已全面、准确地理解本申请书的各项条款。我公司特做出上述承诺，并严格遵守。

续

二十、是否接受本公司的开证申请，由贵行根据有关规定办理。
二十一、本承诺书与正面信用证开立申请书为一份完整文本，我公司在正面开证申请书上的签字盖章对本承诺书同样有效力。

2.2.2 开证申请书的填制规范

开证申请书是进口商按照销售合同的规定，为了履行合同要求银行代其向出口商开立信用证时所递交的书面申请文件。开证申请书是开证受理申请并开立信用证的依据，信用证中除格式性条款外，其余条款都是参照开证申请书的内容而规定的。现在结合【样单II-2-3】开证申请书，说明开证申请书的填制规范。

【样单 II-2-3】开证申请书

IRREVOCABLE DOCUMENTARY CREDIT APPLICATION

TO: THE BANK OF TOKYO-MITSUBISHI,LTD. DATE:2020-08-29

<table>
<tr><td colspan="2">☒Issue by airmail ☐Issue by express delivery
☐With brief advice by teletransmission
☐Issue by teletransmission(which shall be the operative instrument)</td><td>Credit No.

Date and place of expiry 20201003 CHINA</td></tr>
<tr><td colspan="2">Applicant
RIQING EXPORT AND IMPORT COMPANY
P.O.BOX 1589,NAGOYA,JAPAN</td><td>Beneficiary(Full name and address)
AIGE IMPORT & EXPORT COMPANY
ROOM 2501, JIAFA MANSION,BEIJING WEST ROAD,NANJING 210005,P.R.CHINA</td></tr>
<tr><td colspan="2">Advising Bank
BANK OF CHINA
10 BAIZI PAVILION,NANJING,CHINA</td><td>Amount
JPY 21070080
JPY TWENTY ONE MILLION SEVENTY THOUSAND EIGHTY ONLY</td></tr>
<tr><td>Partial shipments
☒allowed ☐not allowed</td><td>Transhipment
☒allowed ☐not allowed</td><td rowspan="3">Credit available with
ANY BANK IN CHINA
By
☒sight payment ☐acceptance ☐negotiation
☐deferred payment at________
against the documents detailed herein
☐and beneficiary'draft(s) for 100 % of invoice value at _____ sight
drawn on ISSUE BANK</td></tr>
<tr><td colspan="2">Loading on board/dispatch/taking in charge at/from
NANJING,CHINA
not later than 20201001
For transportation to:NAGOYA,JAPAN</td></tr>
<tr><td colspan="2">☒FOB ☐CFR ☐CIF
☐or other terms_______________</td></tr>
<tr><td colspan="3">Documents required:(marked with ×)
1.(×)Signed commercial invoice in___1___original(s) and___3___copy(copies) indicating L/C No. and Contract No. contract01______.
2. (×)Full set of clean on board Bills of Lading made out to order and blank endorsed,marked “freight [×]to collect/[ ]prepaid[ ]showing freight amount” notifying The Applicant___________.</td></tr>
</table>

续

( )Clean Air Waybill consigned to__________________________, marked “freight [ ]to collect/[ ]prepaid[ ]showing freight amount” notifying__________________. 3.( )Insurance Policy/Certificate in_____original(s) and____copy(copies) for____% of the invoice value showing claims payable in_____in currency of the draft,blank endorsed,covering______________. 4. (×)Packing List Memo in__1__original(s) and__3__copy(copies) indicating quantity,gross and weights of each package. 5.(×)Certificate of Quantity/Weight in __1__original(s) and__3__copy(copies). 6.(×) Certificate of Quality in __1__original(s) and__3__copy(copies). 7.( ) Certificate of Origin in _____original(s) and____copy(copies). Other documents,if any 1.(×)Certificate of phytosanitary in __1__original(s) and__3__copy(copies). 2.(×)Health Certificate in __1__original(s) and__3__copy(copies). 3.(×)Certificate of Origin Form A in __1__original(s) and__3__copy(copies). Description of goods: 01006 CANNED LITCHIS 850G×24TINS/CTN QUANTITY:1000CARTONS PRICE:JPY1200 Additional instructions: 1.(×)All banking charges outside the opening bank are for beneficiary’s account. 2.(×)Documents must be presented within_7__days after date of issuance of the transport documents but within the validity of this credit. 3.(×)Third party as shipper is not acceptable,Short Form/Blank B/L is not acceptable. 4.(×)Both quantity and credit amount__5__% more or less are allowed. 5.( )All documents must be forwarded in__________________. 6.( )Other terms,if any

1. TO

填写开证行的名称。

2. Date

申请开证日期，须符合日期格式且在合同日期之后。

3. 开证方式的选择

开证方式有以下四种。

（1）Issue by airmail.

信开形式开立信用证，此方式开证行将信用证航空邮寄给通知行。

（2）With brief advice by teletransmission.

简电开形式开立信用证，此方式开证行将信用证主要内容发电预先通知受益人，随后寄出完整的正式信用证。

（3）Issue by express delivery.

信开形式开立信用证，此方式开证行以快递将信用证寄给通知行，与第一种方式的唯一区别在于传递信用证的方式。

（4）Issue by teletransmission（which shall be the operative instrument）.

全电形式开立信用证。此方式开证行将信用证的全部内容加注密押后发出。

目前，普遍采用“全电开证”，且广泛使用 SWIFT 方式。

4. Credit NO.

信用证号码，由银行填写。

5. Date and place of expiry

信用证有效期及地点。有效期通常控制在装运期后 15 天之内，日期格式为（YYYYMMDD）；到期地点一般在议付行所在地，即受益人所在地。

6. Applicant

开证申请人名称和地址。向银行提出申请开立信用证的人一般就是买卖合同的双方。

7. Beneficiary(Full name and address)

受益人全称和详细地址。受益人指信用证上所指定的有权使用该信用证的人，一般就是合同中的卖方。

8. Advising Bank

通知行。如果该信用证需要通过开证行以外的另一家银行转递、通知或加具保兑后给受益人，则该项目内填写该银行。

9. Amount

信用证金额。填写合同币别和合同金额，分别用数字小写和文字大写。以小写输入时须包括币种与金额，如：USD81 600 与 USD EIGHTY ONE THOUSAND SIX HUNDRED ONLY.

10. Partial shipments

分批装运条款。填写跟单信用证条件下是否允许分批装运。

11. Transhipment

转运条款。填写跟单信用证条件下是否允许转运。

12. Loading on board/despatch/taking in charge at/from

填写装运港名称。

13. Not later than

最迟装运期。一般为 8 位日期格式，并在开证日期之后、信用证有效期之前，例如：20210616。

14. For transportation to

填写目的港名称。

15. 贸易术语（价格条款）

根据合同内容选择贸易术语。在 CIF、FOB、CFR 或 or other terms（其他术语）中选择。

16. Credit available with

填写此信用证可由 XX 银行即期付款、承兑、议付、延期付款，即押汇银行（出口地银行）名称。如果信用证为自由议付信用证，银行可用“ANY BANK IN…（地名/国名）”表示，而且对议付地点也无限制时，可用“ANY BANK”表示。“by”后可根据约定或实际情况选择以下四种之一。

（1）sight payment.

即期付款信用证。受益人根据开证行的指示开立即期汇票，或无须汇票仅凭运输单据即可向指定银行提示请求付款的信用证。

（2）acceptance.

承兑信用证。受益人开立以开证行或允许的其他银行为付款人的远期汇票，并于到期日付款的信用证。

（3）negotiation.

议付信用证。开证行邀请其他银行买入汇票及/或单据，允许受益人向某一指定银行或任何银行交单议付。由受益人（出口商）选择任何愿意议付的银行，提交汇票、单据给所选银行请求议付的信用证称为自由议付信用证，反之为限制性议付信用证。

（4）deferred payment at.

延期付款信用证。它是指不需要汇票，仅凭受益人交来单据经审核相符的信用证，且从确定银行承担延期付款责任起，延长一段时间至到期日付款的信用证。如果开具这类信用证，需要写明延期多少天付款，例如：at 60 days from payment confirmation（60 天承兑付款）、at 60 days from B/L date（提单日期后 60 天付款）等。

在申请人填写信用证申请书的过程中，如果合同中付款方式后的期限选择“AT 30 DAYS AFTER SIGHT”等远期付款期限，则可选择承兑信用证（acceptance）、议付信用证（negotiation）、延期付款信用证（deferred payment at）。

Against the documents detailed herein and beneficiary’s draft(s) for ___% of invoice value at___sight drawn on ___.

此栏为汇票信息，意思为：连同下列单据，受益人按发票金额___%，做成限制为___天，付款人为________的汇票。

17. Documents required

信用证需要提交的单据。申请人需要在所需要的单据前的括号内打“×”，以及填写份数和其他选项。

（1）（ ）经签字的商业发票（Commercial Invoice）一式___正本(original)和___副本（copy），标明信用证号和合同号。

（2）（ ）全套清洁已装船海运提单（Clean on Board Bills）,做成空白抬头、空白背书，注明运费[ ]待付/[ ]已付，[ ]标明运费金额，并通知____。

（ ）空运提单（Air Waybill）收货人为____，注明运费[ ]待付/[ ]已付，[ ]标明运费金额，并通知____。

（3）（ ）保险单/保险凭证（Insurance Policy/Certificate）一式___正本和___副本,按发票金额的___%投保，注明赔付地在___，以汇票同种货币支付，空白背书，投保___。

（4）（ ）装箱单（Packing List）一式___正本和___副本，注明每一包装的数量、毛重和净重。

（5）（ ）数量/重量证书（Certificate of Quantity/Weight）一式_正本和___副本。

（6）（ ）品质证书（Certificate of Quality）一式___正本和___副本。

（7）（ ）一般原产地证书（Certificate of Origin）一式___正本和___副本。

Other documents, if any

其他需要的单据。

（1）（ ）植物检疫证书（Certificate of Phytosanitary）一式___正本和___副本。

（2）（ ）健康证书（Health Certificate）一式___正本和___副本。

（3）（ ）普惠制产地证（Certificate of Origin Form A）一式___正本和___副本。

18. Description of goods

货物描述。一般包括商品编号、商品英文名称、与合同一致的商品描述、商品销售数量、商品单价等。

19. Additional instructions

附加条款，是对以上各款未述之情况的补充和说明，且包括对银行的要求等（可选）。

（1）（ ）开证行以外的所有银行费用由受益人担保。

（2）（ ）所需单据须在运输单据出具日后___天内提交，但不得超过信用证有效期。

（3）（ ）第三方为托运人不可接受，简式/背面空白提单不可接受。

（4）（ ）数量及信用证金额允许有___%的增减。

（5）（ ）所有单据须指定船公司___。

（6）（ ）其他条款___。

2.2.3 申请开证的注意事项

1. 选择开证行

开证行必须是受益人能够接受的、信誉良好的银行，以及在受益人的所在地有分支机构或有代理行关系的银行。开证申请人在开证行要有足够的授信额度，或者须向银行缴纳开证金额一定比例的保证金。

2. 注意开证日期

如合同规定有开证日期，买方就必须在规定期限内开立信用证；如合同规定有最迟装运期，那么买方应在合理的时间内开证，一般掌握在合同规定的交货期前一个月或一个半月。总之，买方在时间上要让卖方在收到信用证后能在合同规定的装运期内装运货物。

3. 开证前要落实进口批准手续

对列入进口管制、需要申请进口许可等批准文件的商品，进口商在开证前，应提前落实进口批准手续，方可开立信用证。

4. 开证时要注意证同一致

进口商必须以对外签订的正本合同（包括修改后的正本合同）为依据，按合同规定需要在信用证上明确的条款都必须在信用证上列明，不能使用“参阅合同第 XX 号”或“第 XX 号合同项下的货物”等条款，也不能将有关合同作为信用证样单附在信用证后，因为信用证是一个独立的文件，不依附于贸易合同。

2.3　信用证的审核与修改

在进出口商品交易中，如采用信用证方式支付货款，进口商根据信用证办理流程，在开证行申请如期开出信用证；之后，出口商应对照合同仔细审核信用证，经审核无误之后，方可发货；出口商如发现信用证的规定与合同不符，或者存在出口商无法做到的规定，则应及时联系进口方对信用证做出修改。

2.3.1　信用证的审核

信用证是依据合同开立的，信用证内容应该是与合同条款一致的。但在实践中，由于种种因素，如工作的疏忽、电文传递的错误、贸易习惯的不同、市场行情的变化或进口商有意用开证的主动权加列有利于己方利益的条款等，往往会出现开立的信用证条款与合同规定不符的情况。所以，出口商在收到国外开证行的信用证后，应认真审核，消除收汇风险。

在实际业务中，通知行和出口商共同承担审核信用证的义务。其中，银行侧重审查开证行的政治背景、资信能力、付款责任和索汇路线等；出口商侧重审核信用证的内容。

1. 审证依据

在审核信用证过程中，一般要结合外贸合同、跟单信用证统一惯例和外贸业务实际情况等进行审核。

（1）外贸合同。

外贸合同是外贸单证员审核信用证的一个最重要的依据。信用证是依据外贸合同开立的，一旦开立之后就独立于外贸合同之外。开证行在开立信用证后，是否承担付款责任，依据的是信用证，而不是外贸合同。因此，外贸单证员应根据外贸合同审核信用证，查看外贸合同的内容是否在信用证中得以体现。

（2）跟单信用证统一惯例。

《跟单信用证统一惯例》（最新版为《UCP600》），是开证行判断出口商交付的单据是否与信用证相符、是否给予付款的重要依据之一。因此，外贸单证员在审核信用证时，也应参考《UCP600》中的相关规定。

（3）外贸业务实际情况。

如果信用证中有些条款无法从外贸合同和《UCP600》中找到依据，外贸单证员则需根据业务实际来判断信用证条款的合理性。

2. 审证步骤

外贸单证员在审核信用证时，应遵循以下步骤：

（1）熟悉外贸合同各条款内容；

（2）对照合同审核信用证通知书和信用证；

（3）检查信用证有无遗漏条款；

（4）列出信用证的不符条款。

3. 审证的侧重要点

审核信用证一般从以下几个方面进行。

（1）信用证的种类。

审核是否有不可撤销字样，如果未规定，根据《UCP600》第 3 条规定，信用证是不可撤销的，即使信用证中对此未做说明也是如此。

如果合同规定开立保兑信用证，应审核信用证中有无“保兑”字样及保兑行的名称和保兑行的保兑条款，缺少其中任何一项，应要求修改信用证。

如果贸易合同规定开立可转让信用证，要审核信用证有无“可转让”字样的转让行的名称。

如果规定开立循环信用证，须注明循环字样，以及恢复信用证循环的条件，否则应要求修改信用证。

（2）开证申请人和受益人的名称、地址。

在实际业务中，企业的注册地和实际办公场所可能会不同，如审核有异，应及时修改信用证，以免影响收汇。

（3）信用证的金额及货币。

信用证中商品的单价要与贸易合同中的规定一致，总金额应该与单价和数量的乘积相等。如果贸易合同对货物数量和金额规定了增减幅度，信用证也应规定相应的增减。如果在数量和金额前有“类似”（Approximately）、“大约”（About）等词汇，根据《UCP600》中的规定，可允许有 10%的增减。另外还要审核信用证的币制是否与合同规定的一致。

（4）信用证的货物描述。

货物的名称、规格、数量、金额、贸易术语必须与合同一致；金额不能低于合同总价，如有溢短装的规定，要注意数量与总金额的增减幅度是否一致。另外，根据《UCP600》中的规定，对大宗或散装货物，除非信用证规定数量不得增减，在支取金额不超过信用证金额的前提下，交货数量可以有 5%的增减幅度，但此项规定不适用于以包装单位或以个数、件数为计量单位的货物。

（5）信用证有效期、到期地点、装运期、交单期。

信用证应规定有效期（Date of Validity）或到期日（Expiry Date）。有效期一般可规定为最迟装运日后的一段合理时间内，不能早于最迟装运日。未规定有效期的信用证无效，应要求修改。

信用证应规定一个有效期内交付单据的地点，即到期地点。到期地点一般都要求在受益人所在国内，如规定在受益人之外的其他国家到期，因不好掌握寄单时间，一般应要求修改信用证。

信用证的装运期（Shipment Date）应与合同规定一致。如因进口方开证太迟而影响出口方不能按时装运，应及时电请买方延展装运期。如信用证未规定装运期，可以在信用证的到期日前完成装运即可，此时可理解为信用证的有效期和装运期同时到期，俗称“双到期”信用证。对“双到期”信用证，是否需要修改，由出口方根据实际情况判断。

另外，信用证还应规定一个受益人交单的最迟期限，即交单期（Period of Presentation）。习惯上都规定在装运日后的15天内交单，交单期的规定不能过短，否则可能使出口方没有足够的时间交单结汇。信用证如未规定交单期，根据《UCP600》中的规定，出口方的交单期限不得超过运输单据上标明的装运日后的21天且无论如何不得超过信用证的有效期。

（6）信用证对运输条款的规定。

信用证对货物的装运港/地、目的港/地、装运时间、是否转船、是否分批装运等规定应与合同的规定相符。

（7）信用证对保险条款的规定。

信用证对保险条款的规定通常体现在单据条款中。在CIF或CIP条件下，出口方代办保险并提供保险单据，因此在信用证中应有保险单的规定，同时还应规定保险金额和保险险别。根据《UCP600》中的规定，在CIF或CIP条件下，保险金额一般至少应为发票CIF或CIP金额的110%，如果低于110%，则银行可视为投保不足而拒付。如果规定的投保金额超过110%，出口商应征得保险公司的同意后才能接受，同时要注明增加的保费由进口商承担，否则应要求改证。

保险险别的规定应与合同规定一致，如未规定，根据惯例，出口商只需投保最低险别即可。在FOB、FCA、CFR或CPT等条件下，保险由进口方自行决定是否投保，因此无须在信用证中规定保险单。如果规定了保险单，出口商则应要求从信用证删除此条款。另外，如果在信用证中指定了保险勘察代理人（Survey Agent），出口商应要求改证。保险勘察代理人必须由保险公司选定。

（8）信用证对单据的要求。

出口商对信用证中要求提供的单据种类、份数、填写内容、文字说明、填写方法等都要认真审核并确认是否能按照要求提供。例如，一些需要认证的单据（特别是需要使馆认证的）是否能及时办理和提供；由官方机构或其他部门出具的文件如出口许可证、运费收据、检验证明等能否及时提供；信用证中指定船龄、船籍、船公司或不准在某港口转船等条款能否办到等。凡是要求的单据与我国政策相抵触或根本办不到的，出口商应及时联系对方修改信用证。

（9）信用证的规定是否矛盾。

例如，航空运输却要求提供海运提单，价格条款是 FOB 却要求受益人提供保险单，贸易术语是 CIF 却要求在提单上标注“运费到付”（Freight to Collect）等，出口商都应该提出修改信用证。

（10）银行费用的承担。

信用证中规定的有关费用如运费或检验费等，双方应事先协商一致，否则，受益人对于额外的费用原则上不应承担。开证费用、通知费用等银行费用如事先未商定，应由双方分摊。

（11）有无陷阱条款。

一些信用证条款存在陷阱，具有很大的风险，出口商必须提出修改信用证，举例如下。

① 信用证规定 1/3 正本提单直接寄送进口商，出口商如果接受此条款，将面临货、款两空的危险；

② 信用证规定商检证由开证申请人或其指定人签发；

③ 规定信用证的生效以进口商取得有关进口文件为前提条件；

④ 规定装运日期由进口商通知开证行，开证行再以信用证修改的形式通知受益人；

⑤ 规定货物运抵目的港后，由进口地检验检疫部门检验合格并出具相关证书后才履行付款责任。

2.3.2 信用证的修改

出口商在审证过程中，如发现信用证内容与合同规定不符，应区别问题的性质，分别同有关部门研究，做出妥善的处理。凡是属于不符合我国对外贸易方针政策、影响合同执行和安全收汇的情况，出口商都必须要求进口商通过开证行进行修改，并坚持在收到银行修改信用证通知书后方能发货，以免发生货物装运后而修改通知书未收到的情况，造成出口商工作上的被动和经济上的损失。

1. 改证的程序

（1）出口方收到通知行传递的信用证，根据合同等审核信用证。

（2）出口方找出信用证的不符点，函电向进口方提出修改。

（3）进口方向开证行申请改证。

（4）开证行修改信用证并将信用证修改书通过原通知行通知给受益人。

2. 申请改证的原则

根据外贸实践，申请修改信用证应遵循以下原则。

（1）对于不可撤销信用证的修改，须征得信用证有关当事人的全部同意才能进行。

（2）非改不可的坚决要改，可改可不改的酌情处理。

（3）开证行发出改证通知后不能撤回。

（4）保兑行有权对修改不保兑，但其必须不延误地将该情况通知开证行及受益人。

（5）受益人应对开证申请人提出的修改发出接受或拒绝的通知。

根据《UCP600》中的规定，受益人如果拒绝接受信用证的修改，可通过以下两种方式表示：出具一份拒绝修改的声明书，由通知行寄交开证行；向银行交单时，随附一份拒绝修改的声明，同时仅提交与未经修改的原信用证条款相符的单据。

（6）对一份信用证的多处修改申请，原则上应一次提出。对一份修改书的多项内容，要么全部接受，要么全部拒绝，不能只接受一部分而拒绝另一部分。

（7）修改书必须经原通知行传递方始有效。

3. 常用的信用证修改条款

对于信用证与合同的不符之处或其他意见，出口商需要向进口商传送规范、具体的改证函，内容一般包括三个层次：首先感谢对方开来的信用证并提出要求修改信用证，如"We are very pleased to receive your L/C No.xxx issued by xxx...please instruct your bank to amend the L/C ASAP."；然后列明不符之处并说明如何修改，如"The L/C contains the following discrepancies, it is to be amended as follows:..."；最后感谢对方合作，并希望早日开到信用证修改书，如"Thank you for your kind cooperation. Please see to it that the L/C amendment reach us before xxx..."。

根据外贸实践经验，信用证常出现的修改条款主要有：

（1）延长信用证有效期或更改信用证到期地点，如"Extend the dates of validity to..."或"The place of expiry to be changed to..."。

（2）更改受益人名称及地址，如"Amend the beneficiary's name and address to read..."。

（3）增加或减少信用证金额，如"This credit amount to be increased by...making a total of..."。

（4）修改为准许分批装运或转运，如"Partial shipments are allowed."。

（5）更改装卸地名，如"Shipment to be made from...to..."。

（6）延长装运期，如"Extend the dates of shipment to...,validity to..."。

（7）修改货物名称或规格，如"Merchandise to be changed to read as..."或"Amend commodity description to read..."。

（8）增加或减少货物数量，如"Decrease the quantity of commodity by...to..."。

（9）修改或删除所需单据中的某项，如"Delete the certificate by... to..."。

（10）删除信用证条款，如"Delete the clause..."或"Item of special instructions to be deleted and substituted as..."。

知识链接

申请改证的信函示例

Dear Sirs,

The Pajamas you ordered under your Order No.222 are ready for shipment, but unfortunately, we found that the design of some pajamas cannot match that of your samples. In order to ensure the quality of goods, we have to reproduce these goods.

In view of the above, we should like to request you to extend your shipment date from May 15 to June 15, and validity from May 30 to June 30.

We hope you will understand our situation and let us have your amendment notice soon.

Truly yours

《UCP600》对修改信用证的相关规定

（1）除第三十八条另有规定外，未经开证行、保兑行（如有的话）及受益人同意，信用证既不得修改，也不得撤销。

（2）开证行自发出修改之时起，即不可撤销地受其约束。保兑行可将其保兑扩展至修改，并自通知该修改时，即不可撤销地受其约束。但是保兑行可以选择将修改通知受益人而不对其加具保兑。若然如此，其必须毫不延误地将此告知开证行，并在其给受益人的通知中告知受益人。

（3）在受益人告知通知修改的银行其接受该修改之前，原信用证（或含有先前被接受修改的信用证）的条款对受益人仍然有效。受益人应提供接受或拒绝修改的通知，如受益人未能给予通知，当交单与信用证以及尚未表示接受的修改的要求一致时，即视为受益人已做出接受修改的通知，并且从此时起，该信用证被修改。

（4）通知修改的银行应将任何接受或拒绝的通知转告发出修改的银行。

（5）对同一修改的内容不允许部分接受，部分接受将被视为拒绝接受修改的通知。

（6）修改中关于除非受益人在某一时间内拒绝修改，否则修改生效的规定应被不予理会。

案例分析

我国某公司出口一批货物到美国纽约，合同规定的装运期是2020年10月，开证行开来的信用证规定最迟装运期为2020年10月15日，我方公司审证时发现了这一不符点，且预计我方不能在2020年10月15日或之前交货，于是就向开证申请人提出延长装运期至10月31日。开证申请人随即回电：同意延长装运期至10月31日，有效期顺延。我方公司以为信用证已被修改，于10月30日将货物装船，取得10月30日的提单。当我方持全套单据向银行议付时，遭银行拒付，理由是受益人提交的提单日期超过了信用证规定的装运期。

分析：此案中，只是开证申请人同意修改信用证，并没有经过开证行修改，所以银行不承认开证申请人将装运期延长至10月31日，还是按照信用证规定的最迟装运期2020年10月15日行事，受益人持10月30日的提单议付，当然会遭拒。

本章小结

信用证是银行（开证行）依照进口商（开证申请人）的要求和指示所签发的，在满足信用证要求的条件下，银行凭信用证规定的单据向出口商（受益人）付款的一项书面凭证。在实际业务中，信用证根据不同的标准有着不同的分类。以信用证项下的汇票是否有货运单据来划分，信用证可以分为跟单信用证和光票信用证两种；以开证行所负的责任为标准来划分，信用证可以分为不可撤销信用证和可撤销信用证两种；以有无另一银行加以保证兑付为依据来划分，信用证可以分为保兑信用证和不保兑信用证两种；以付款时间的不同来划分，信用证可以分为即期信用证、远期信用证和假远期信用证三种；以受益人对信用证的权利可否转让来划分，信用证可以分为可转让信用证和不可转让信用证两种。一般来说，信用证的办理流程包括申请开证、开证、通知、审证、改证、交单、议付、索偿、偿付、赎单等程序。其中，信用证的申请开证、信用证的审核及信用证的修改等环节起着至关重要的作用。

第3章

商业单据

学习目标

- ⇨ 了解发票的含义、作用及类型；
- ⇨ 重点掌握商业发票和海关发票的缮制要求；
- ⇨ 了解包装单据的类型；
- ⇨ 重点掌握装箱单的缮制要求及规范；
- ⇨ 能根据合同及相关要求熟练填制商业发票。

摘要

商业单据是指由出口方填写、签发的，说明与合同项下货物有关的，诸如货物名称、数量、规格、重量、体积、包装、价格等方面内容的单据。在国际贸易过程中，商业单据一般包括发票和包装单据。其中，发票中最常见的为商业发票，包装单据中最常见的为装箱单。商业发票是出口贸易结算单据中最重要的单据之一，所有其他单据都应以它为中心来缮制。商业发票常常是卖方陈述、申明、证明和提示某些事宜的书面文件，也是作为进口国确定征收进口关税的基本资料。装箱单是发票的补充单据，它列明了信用证或合同中买卖双方约定的有关包装事宜的细节，便于进口方在货物到达目的港时供海关检查和核对货物，通常可以将其有关内容加列在商业发票上，但是在信用证有明确要求时，就必须严格按信用证约定制作。本章主要介绍了商业发票和装箱单的含义、类型，重点讲述了它们的缮制要求及规范，使学习者掌握它们的缮制方法。

3.1　发票的认知

3.1.1　发票的含义、作用及类型

1. 发票的含义与作用

发票是在发货时出口方对进口方开立的发货价目清单及对整个交易和装运货物的总体说明。它是出口方向进口方索取货款的证明，全面反映了合同的内容。虽然发票不是物权凭证，却是全套单据的中心。

发票的主要作用是供进口商凭发票核对货物的有关情况、收取货物，以及凭以支付货款和作为进出口商记账、报关、纳税的依据。具体来说，发票的作用主要有：

（1）发票是全部结汇单据的中心，是出口商装运货物的总说明。发票是由出口商缮制的，全面表述了装运货物及交货条件，是全部结汇单据的中心，其他单据的内容应与发票一致或不相矛盾。尤其是信用证项下的发票，应根据信用证规定和条款制作，是出口商收汇的基本单据之一。

（2）发票是进口商核对装运货物是否符合合同或信用证规定的依据。发票上记载了买卖合同中的主要条款，即品名、品质规格、数量、价格等内容，方便进口商凭以核查出口商是否履行合同规定的内容，是否按质、按量交货，以维护自身的利益。

（3）发票是进出口商在当地报关缴税的计算依据。货物发运前，出口商必须向海关递交发票凭以报关，发票上载明的货物及金额是海关定税的依据，也是海关放行的主要凭证。同时，发票也是进口商所在地海关核定税金，并使进口商得以提货的主要凭证。

（4）发票是进出口双方记账的凭证。发票是销售货物的凭证，进出口双方均需要根据发票的内容，逐笔登记入账。对出口商来说，通过发票可以了解销售收入，核算盈亏，掌握经济效益情况；对进口商来说，根据发票可以按时结算货款，履行付款义务，并逐笔记账。

（5）在不使用汇票的结算业务中，发票可代替汇票作为结算货款的依据。

（6）商业发票是出口商向银行办理结汇的单据之一。

除上述作用外，发票还是索赔与理赔的凭据、保险索赔时的价值证明，以及统计的凭证等。

2. 发票的类型

发票是国际贸易中最常用的一类单据。根据不同的作用，发票可以分为商业发票（Commercial Invoice）、海关发票（Customs Invoice）、领事发票（Consular Invoice）、形式发票（Proforma Invoice）、厂商发票（Manufacturer’s Invoice）、联合发票（Combined Invoice）等。其中，商业发票是常见且重要的一类发票。

（1）商业发票。

商业发票是由出口商签发给进口商，证明将一定数量的货物销售给进口商的单据。其

内容包括编号、签发日期、买卖双方的名称和地址、商品名称、规格型号、单价、数量、金额等。

（2）海关发票。

海关发票是由出口商应进口国海关要求出具的一种单据，其基本内容同普通的商业发票类似，其格式一般由进口国海关统一制定并提供，主要用于进口国海关统计、核实原产地、核查进口商品价格的构成等。

（3）领事发票。

领事发票是由进口国驻出口国的领事出具的一种特别印制的发票。这种发票证明出口货物的详细情况，进口国用以防止外国商品在本国的低价倾销，同时可用作进口税计算的依据，有助于货物顺利通过进口国海关。出具领事发票时，领事馆一般要根据进口货物的价值收取一定费用。这种发票主要在拉美国家采用。

（4）形式发票。

形式发票是由出口商向进口商提供的，供进口商申请进口许可证或进行进口货物申报使用的单据，一般规定有“出口商最后确认为准”的保留条件，不具有法律效力。一些发展中国家为管制进口，控制外汇支出及掌握进口来源地，要求进口商凭出口商提供的形式发票申请进口许可证。

（5）厂商发票。

厂商发票是由厂商出具给出口商的销售货物的凭证。若进口商要求提供厂商发票，其目的是检查是否有削价倾销行为，以便确定是否应征收反倾销税。

（6）联合发票。

联合发票是一种对港澳地区出口习惯使用的发票，其内容可包括商业发票、装箱单、产地证和保险单的内容，但商检证书不包括在内。

3.1.2 商业发票的缮制要求

商业发票大多是出口企业自行拟制的，因此没有统一的格式，但其基本栏目大致相同。发票在结构上分为首文、本文、结尾三部分。首文部分包括发票名称、号码、出口商的名称和地址、信用证和合同号码、发票抬头人、运输工具等。本文部分包括唛头、货物描述、单价和总值等。结尾部分包括对发票加注的各种证明、发票制作人签章等。现以目前较通用的商业发票为例，介绍商业发票的基本内容和制作方法。具体见【样单 III-3-1】商业发票。

【样单 III-3-1】商业发票

ISSUER	商业发票 COMMERCIAL INVOICE
TO	

续

<table>
<tr><td colspan="2" rowspan="3">TRANSPORT DETAILS</td><td colspan="2">NO.</td><td>DATE</td></tr>
<tr><td colspan="2">S/C NO.</td><td>L/C NO.</td></tr>
<tr><td colspan="3">TERMS OF PAYMENT</td></tr>
<tr><td>Marks and Numbers</td><td>Description of Goods</td><td>Quantity</td><td>Unit Price</td><td>Amount</td></tr>
<tr><td colspan="2"></td><td colspan="2">[ ]</td><td></td></tr>
<tr><td></td><td></td><td></td><td></td><td></td></tr>
<tr><td colspan="5">Total:[ ][ ] [ ][ ]

SAY TOTAL:________________________________</td></tr>
</table>

1. Issuer

出票人。本栏填写出口商的英文名称和地址，在信用证支付方式下，应与信用证受益人的名称和地址保持一致。出口商是开立发票给进口商的出票人，也称出单人。除“Issuer”外，实务中还可使用“Exporter”“Seller”“Shipped by”等名称来表示出票人，其名称与地址通常在发票正上方表示。许多出口企业在制作单据时已将出票人内容编入程序。

2. To

发票抬头人，也称抬头人，通常情况下填写进口商的名称和地址。在信用证业务中，按照《UCP600》第十八条的规定，如果信用证没有特别规定，商业发票的抬头人应与开证申请人或开证人的名称和地址一致。如信用证无规定，即将信用证的申请人或收货人的名称、地址填入此项。如信用证中无申请人名称则用汇票付款人名称和地址。在其他支付方式如托收或汇付下，可以按合同规定列入买方的名称和地址。

3. No.

发票号码。本栏由出口公司自行编制。作为最基本的商业票据之一，发票号码也往往被作为相应的汇票号码，还有如出口报关单的申报单位编号、托运单的号码及其他合同项下的单据编号都可用发票号码代替，同时发票内容也是制作其他单据的重要依据，因此发票号码尤其重要。为了便于查对，发票号码一般采用顺序号。例如，某出口公司的商业发票号码的编号为“17HYF0001”，其中号码的前两位数字为年份，第三、四位字母表示该公司名称的缩写，第五位字母表示公司部门的代码，最后四位数字表示发票顺序的号码。这样既有利于按规律统一存档，也便于随时查找。

4. Date

发票日期。在全套单据中，发票是签发日期最早的单据，它只要不早于合同的签订日期，不迟于提单的签发日期即可。在信用证业务中，发票的出票日期一般规定在信用证开证日期之后、信用证装运日期之前。《UCP600》第十四条第 i 款规定，如果信用证没有特别规定，银行可以接受签发日期早于开证日期的发票。但通常有很多信用证明确规定："Any documents prior to the date of issuance of this Letter of Credit are not acceptable"（任何早于信用证开立日期的单据不可接受）。尤其要注意，不应使发票签发日期迟于提单的签发日期，也不应晚于信用证规定的交单到期日（Expiry Date for Presenting Documents）。

5. Transport Details

运输说明。填写运输工具或运输方式、运输航线，要按货物运输实际的起讫地点填写。如果货物需要转运，转运地点也应明确地表示出来。例如，货物采用海运方式于 2020 年 7 月 1 日从上海经香港转船至利物浦，这一栏目填写如下："From Shanghai to Liverpool via Hong Kong on July1,2020 By vessel."

6. S/C No.

合同号。发票的出具都以买卖合同作为依据，但买卖合同不都以"S/C（Sales Confirmation /Contract）"为名称，有时出现"Order""P.O.（Purchase Order）""Contract"等。因此，当合同的名称不是"S/C"时，应将本项的名称修改后，再填写该合同的号码。

7. L/C No.

信用证号码。在信用证业务中此栏填写信用证号码，在非信用证业务中此栏可以空白或删去。

8. Terms of Payment

支付条款。填写合同支付方式和期限，格式为："支付方式＋期限"。如，T/T 30% in advance and 70% within 30 days after shipment date；L/C at sight；D/P at sight；D/A at 30 days after sight。

9. Marks and Numbers

唛头，即运输标志（Shipping Marks），在各种国际贸易单据上往往写作"Marks and Numbers"或"Marks & Nos."，通常情况下只需填写唛头或与唛头有关的内容。凡信用证中列有关于唛头的规定，就必须依照规定制唛，并应与提单、托运单据保持严格一致。唛头一般由收货人、有关参考号码、目的地、件号和件数组成。例如，信用证规定唛头是"CH CO./17HYF0001/Liverpool/NO.1-88"，则应在发票该栏打印：

CH CO.
17HYF0001
Liverpool
NO.1-88

如果信用证中未规定唛头，出口人可自行设计唛头；如果无唛头，填写"N/M"或"No Mark"。如为裸装货，注明"NAKED"或散装"In Bulk"。

10. Description of Goods

货物的描述。货物描述一般包括货物的名称、品质、规格、包装、款式、搭配等内容。在信用证支付方式下，这一栏的内容应与信用证的有关内容严格一致，即与信用证条款“45A”项下内容严格一致。商品名称必须按照信用证原词填写，不得使用统称，除非信用证另有规定。如果货物有不同规格或者各种规格的价格不同，则各种规格的数量、重量应分别列出。货物以包装单位计价时，要表示货物包装单位的数量或件数。《UCP600》第十八条第 c 款规定，商业发票中的货物、服务或履约行为的描述必须符合信用证中的描述，而在所有其他单据中，货物的描述可使用统称，但不得与信用证中货物的描述有抵触。当不使用信用证支付货款时，合同中有关货物内容的条款应如实地反映在发票的这一栏中。

11. Quantity

货物的销售数量，与计量单位连用，如 500 PCS（注意单位的单复数）。注意该数量和计量单位既要与实际装运货物情况一致，又要与信用证要求一致。

12. Unit Price

单价，包括四个部分：计价货币、计量单位、单位数额和贸易术语。如果信用证有规定，应与信用证保持一致；若信用证没有规定，则应与合同保持一致。其中，贸易术语填于上方空白栏中，填写格式为：“贸易术语+港口名，国家”，如“FOB Nanjing，China”。

13. Amount

金额小计。列明币种和各项商品总金额，是发票上列明的单价与数量的乘积（金额小计=单价×数量）。如果合同中包含佣金，信用证未加规定而实际上其总金额中已扣除了佣金，则发票应反映扣佣的全过程，即同时表示出含佣价、佣金和净价；但如果信用证金额内未扣除佣金，而且信用证内也未提及佣金事宜，则发票不宜显示佣金事项，而应待货款收回后另行汇给买方。另外，在 CFR 和 CIF 价格条件下，佣金一般应按扣除运费和保险费之后的 FOB 价计算。

14. Total

货物总计，分别填入所有货物累计的总数量和总金额（包括相应的计量单位与币种）。

注意：一笔合同中可以同时交易同一商品属类的多种商品，如果这些商品的销售单位不同，如同时有 Sets 和 Pieces 时，则合计中单位栏应填“Packages”。

15. Say Total

总金额大写。总金额用文字大写（Amount in Words）来书写，要求顶格，不留任何空隙，且须与小写的货物总金额一致。

16. Special Terms

特殊条款。在相当多的信用证中，除要求一般的发票内容外，还要求在发票中证明某些事项的条款。在缮制发票时，可将上述内容打在发票的商品描述栏内或者发票下面空白处。在实际业务中，常见的要求有：列明货物的 FOB 金额、运费及保险费、注明货物的原产地是中国，以及要求提供“证实发票”等。例如，信用证中规定“COMMERCIAL

INVOICE IN 5 FOLD,ALL DULY SIGNED AND CERTIFYING THAT THE GOODS ARE OF CHINESE ORIGIN."。(商业发票一式 5 份，签署并证明商品系中国生产。)这样，商业发票上就必须有以下信息"WE HEREBY CERTIFY THAT THE ABOVE MENTIONED GOODS ARE OF CHINESE ORIGIN."。

17. Signature

签名。根据《UCP600》第十八条的规定，商业发票无须签署，但如果信用证要求提交签署的发票或手签的发票，则发票必须签署，且后者还必须由发票授权签字人手签。我国出口企业一般手签或手签盖章。

知识链接

《ISBP745》对发票的规定

信用证要求"发票"，但是未对"发票"做进一步定义，则提交任何形式的发票都可以（如商业发票、海关发票、税务发票、领事发票等）。但是，"临时发票""预开发票"或类似的发票是不可接受的。当信用证要求提交商业发票时，标为"发票"的单据是可以接受的。

发票中的货物、服务或履约行为的描述必须与信用证的规定一致，但并不要求一字不差。例如，货物细节可以在发票中的若干地方表示，当合并在一起时与信用证规定一致即可。

发票中的货物、服务或履约行为的描述必须反映实际装运的货物。例如，信用证的货物描述显示两种货物——10 辆卡车和 5 辆拖拉机，如果信用证不禁止分批装运，而发票表明只装运 4 辆卡车，是可以接受的。列明信用证规定的全部货物描述，然后注明实际装运货物的发票也是可以接受的。

发票必须表明装运货物的价值。发票中显示的单价（如有的话）和币种必须与信用证中的一致。发票必须显示信用证要求的折扣或扣减。发票还可显示信用证未规定的与付款或折扣等有关的扣减额。

如果贸易术语是信用证中货物描述的一部分，或与货物金额联系在一起表示，则发票必须显示信用证指明的贸易术语，而且如果货物描述提供了贸易术语的来源，则发票必须表明相同的来源（如信用证条款规定"CIF 新加坡 Incoterms 2000"，那么"CIF 新加坡 Incoterms"就不符合信用证的要求）。费用和成本必须包括在信用证和发票中标明的价格术语所显示的金额内，不允许任何超出该金额的费用或成本。

除非信用证要求，发票无须签字或标注日期。

发票显示的货物数量、重量和尺寸不得与其他单据显示的同种数值相矛盾。

发票不得表明：

（a）溢装（《UCP600》第三十条第 b 款规定的除外）；

（b）信用证未要求的货物（包括样品、广告材料等），即使注明免费。

> 信用证要求的货物数量可以有 5%的溢短装幅度。但如果信用证规定货物数量不得超额或减少，或信用证规定的货物数量以包装单位或个数计算时，不适用此条。货物数量在 5%幅度内的溢装并不意味着允许支取的金额超过信用证金额。
>
> 即使信用证禁止分批装运，只要货物全部装运，且单价（如信用证有规定的话）没有减少，则发票金额有 5%的减幅是可以接受的，如果信用证未规定货物数量，发票的货物数量即可视为全部货物数量。
>
> 如果信用证要求分批装运，则每批装运必须与分批装运计划一致。

3.1.3　海关发票的缮制要求

海关发票由出口商填写，其格式由进口国具体规定。此类发票包含的主要项目有货物的生产国别、货物名称、数量、唛头、出口地市价及出口售价等。海关发票的格式和名称虽各不相同，但大致内容基本一致。需要注意的是，每个国家的海关发票都有其固定格式，必须按规定填制，用错格式将构成单证不符。下面以美国海关发票为例，介绍其主要栏目及填制要点。具体见【样单 III-3-2】海关发票样本。

【样单 III-3-2】海关发票样本

<table>
<tr><td colspan="6">DEPARTMENT OF THE TREASURY
UNITED STATES CUSTOMS SERVICE　　**SPECIAL CUSTOMS INVOICE**　　From Approved
19U.S.C.1481.1482　　(Use separate invoice for purchased and non-purchased goods.)　　O.M.B. NO.48-RO342</td></tr>
<tr><td colspan="2" rowspan="2">(1)SELLER</td><td colspan="2">(2)DOCUMENT NO.</td><td colspan="2">(3)INVOICE NO. AND DATE</td></tr>
<tr><td colspan="4">(4)REFERENCES</td></tr>
<tr><td colspan="2" rowspan="2">(5)CONSIGNEE</td><td colspan="4">(6)BUYER(if other than consignee)</td></tr>
<tr><td colspan="4">(7)ORIGIN OF GOODS</td></tr>
<tr><td colspan="2">(8)NOTIFY PARTY</td><td colspan="4">(9)TERMS OF SALE,PAYMENT,AND DISCOUNT</td></tr>
<tr><td colspan="5">(10)ADDITIONAL TRANSPORTATION INFORMATION</td><td>(11)CURRENCY USED</td></tr>
<tr><td colspan="5">(12)EXCHANGE　RATE(if fixed or agreed)</td><td>(13)DATE ORDER ACCEPTED</td></tr>
<tr><td>(14)MARKS AND NUMB-
ERS
ON SHIPPING PACKA-
GES</td><td colspan="2">(15)NUMBER OF
PACKAGES</td><td colspan="2">(16)FULL DESCR-
IPTION OF GOO-
DS</td><td>(17)QUANTITY</td></tr>
</table>

续

<table>
<tr><td colspan="2">UNIT PRICE</td><td rowspan="2">(20)INVOICE TOTALS</td><td rowspan="2">(21)☐ If the production of these goods involved furnishing goods or services to the seller (e.g., assisted such as dies, molds, tools, engineering work)and the value is not included in the invoice price, check box (21) and explain below.</td></tr>
<tr><td>(18)HOME MARTET</td><td>(19)INVOI-CE</td></tr>
<tr><td colspan="2">(22)PACKING COSTS</td><td colspan="2">(27)DECLARATION OF SELLER/SHIPPER (OR AGENT)</td></tr>
<tr><td colspan="2">(23)OCEAN OR INTERNATIONAL FREIGHT</td><td>I declare: (A) ☐If there are any rebates, drawbacks or bounties allo-wed upon the exportation of goods, I have checked box(A) and itemized separately below.</td><td>(B)☐If the goods were not sold or agreed to be sold, I have checked box(B) and have indicated in column (19) the price I would be willing to receive.</td></tr>
<tr><td colspan="2">(24)DOMESTIC FREIGHT CHARGES</td><td rowspan="3">(C) I further declare that there is no other invoice differing from this one (unless otherwise described below) and that all statements contained in this invoice and declaration are true and correct.</td><td rowspan="3">SIGNATURE OF SELLER/SHIPP-ER (OR AGENT)</td></tr>
<tr><td colspan="2">(25)INSURANCE COSTS</td></tr>
<tr><td colspan="2">(26)OTHER COSTS (specify below)</td></tr>
<tr><td colspan="4">(28)THIS SPACE FOR CONTINUING ANSWERS</td></tr>
<tr><td colspan="4">THIS FORM OF INVOICE REQUIRED GENERALLY IF RATE OF DUTY BASED UPON OR REGULATED BY VALUE OF GOODS AND PURCHASE PRICE OR VALUE OF SHIPMENT EXCEEDS USD500, OTHERWISE USE COMMERCIAL INVOICE.</td></tr>
</table>

1. Seller

卖方。填写出口商的名称和地址。

2. Document No.

单据编号。通常为发票编号，可不填。

3. Invoice No. and Date

发票编号和日期。填写该商业发票编号和出单日期，可不填。

4. References

有关资料。填写信用证编号、合同编号等，可不填。

5. Consignee

收货人。填写收货人的名称和地址。如提单未提供收货人名称，应填开证申请人或信用证规定的实际收货人。托收或汇款项下填写合同的买方。

6. Buyer

买方。如果买方不是收货人，则此栏填买方，如果买方与收货人为同一人，则此栏填“Same as Consignee”。

7. Origin of Goods

货物原产地。

8. Notify Party

通知方。填写提单通知方，亦可不填。

9. Terms of Sale, Payment, and Discount

价格条件、支付条款和折扣。价格条件根据商业发票填写。支付条款填付款的方式，如“L/C”“Collection”“Remittance by T/T”等。如有折扣，则填写具体的折扣，如“Discount 1%”；没有折扣，则填“No discount”，或不填。

10. Additional Transportation Information

货物运输的补充说明。填启运港、目的港、船名、开航日、转船或途经港口等。

11. Currency Used

使用货币。填写发票使用的货币，如“USD”。

12. Exchange Rate

汇率。使用外币时应填写当时的汇率。

13. Date Order Accepted

接受订单日期。通常填订单日期，没有订单，则不填。

14. Marks and Numbers on Shipping Packages

唛头和箱号。根据商业发票上的唛头和箱号填写。

15. Number of Packages

包装件数。根据商业发票上的包装件数填写。

16. Full Description of Goods

货物的详细说明。根据商业发票上的货物描述填写。

17. Quantity

数量。根据商业发票上的数量填写。

18. Home Market Unit Price

国内市场价格。如信用证无特殊要求，此栏可以不填。

19. Invoice Unit Price

发票价格。根据商业发票所列价格逐项填写。

20. Invoice Totals

发票总金额。根据商业发票上的总金额填写。

21. If the production of these goods involved furnishing goods or services to the seller(e.g., assisted such as dies, molds, tools, engineering work)and the value is not included in the invoice price, check box(21)and explain below

如果货物的生产涉及压型、模具、工具、工程设计等，且这些成本未包括在发票价值之内，则在本栏方格内注“√”标记，并在下面（28）栏说明。

22. Packing Costs

包装费用。

23. Ocean or International Freight

海洋或国际运费。

24. Domestic Freight Charges

国内运费。

25. Insurance Costs

保险费。

26. Other Costs

其他费用。

（22）至（26）栏均应按实际填写。注意各项费用合计应与货款总金额协调一致。

27. Declaration of Seller/Shipper(or Agent)

卖方/托运人（或其代理人）声明。本栏分以下三项内容。

（A）If there are any rebates, drawbacks or bounties allowed upon the exportation of goods, I have checked box(A) and itemized separately below.

如货物出口享受回扣、退税或补助津贴，则在本栏方格内注“√”标记，并在下面（28）栏内分别列明。

（B）If the goods were not sold or agreed to be sold, I have checked box(B) and have indicated in column(19) the price I would be willing to receive.

如货物未售出或同意售出，则在本栏方格内注“√”标记，并在（19）栏注明愿意接受的价格。

（C）I further declare that there is no other invoice differing from this one(unless otherwise described below)and that all the statements contained in this invoice and declaration are true and correct.

本人进一步声明，没有与此不同的其他发票（除非下文另有说明），且此发票内的一切声明和申报都是真实和正确的。

Signature of Seller/Shipper(or Agent)

卖方/托运人（或其代理人）签字：要手签，不能盖章。

28. This Space for Continuing Answers

需要继续说明的问题。

3.2 包装单据的认知

3.2.1 包装单据的含义及类型

包装单据（Packing Documents）是指一切记载或描述商品包装情况的单据，是商品发票的补充，也是货运单据中的一项重要单据。包装单据通常用于进口方在货物到达目的港时核对货物和海关检查验收货物，也是买卖双方结算货款的依据之一。除散装货物外，包装单据一般为不可或缺的文件。

包装单据的种类很多，常见的有装箱单（Packing List/Packing Slip）、包装说明（Packing Specification）、详细装箱单（Detail Packing List）、包装提要（Packing Summary）、重量单（Weight List/Weight Note）、重量证书（Weight Certificate/Certificate of Weight）、磅码单（Weight Memo）、尺码单（Measurement List）、花色搭配单（Assortment List）等。其中，装箱单、重量单、尺码单比较多见。

1. 装箱单

装箱单是发票的补充单据，它列明了信用证或合同中买卖双方约定的有关包装事宜的细节，便于买方在货物到达目的地时供海关检查和核对货物。装箱单载明装箱货物的名称、规格、数量、重量、唛头、箱号、件数和包装情况等。如是定量包装，每件包装货物都是统一的重量，则只需说明总件数、单件重量和合计重量；若是不定量包装，则必须提供尽可能详细的装箱内容，逐件列出每件包装货物的细节，包括商品的货号、花色搭配、毛净重、尺码等。

2. 重量单

重量单是按照装货重量成交的货物，在装运时出口商向进口商提供的证明文件。重量单上所反映的内容除载明装箱单上的内容外，还须尽量清楚地表明商品每箱毛重、净重及总重量的情况，供买方参考。

3. 尺码单

尺码单是一种侧重于说明每件货物的尺码和总尺码的包装单据。它是在装箱单内容的基础上，再重点说明每件、每种不同规格项目的尺码和总尺码。如果不是同一规格尺码的，要逐一列明。

一般情况下，根据商品的不同、信用证要求的不同，出口商应根据需要提供适当的包装单据。包装单据的各项内容必须与其他单据保持一致，尤其是重量、件数或尺码等必须与提单一致，同时还要与实际货物相符。

3.2.2 包装单据的缮制要求

1. 包装单据的格式及内容

包装单据并无统一固定的格式，制单时可以根据信用证或合同的要求及货物的特点由卖方自行设计，但是包装单据应大致包含以下内容。

（1）包装单据的名称：包装单据是一份独立的单据，不与其他单据联合出具，应标明单据的名称，名称应根据信用证或合同的要求命名。

（2）相关参考号、出具日期：相关参考号，如发票号、合同号或信用证号码；包装单据的出具日期应不迟于发票日期，如无特殊要求，也可不注明出具日期。

（3）唛头：唛头应按照发票内容填写。

（4）货物名称、规格和数量：包装单据的货物名称应与其他单据一致，也可以使用货物的统称，但是不能与信用证规定的货物描述相抵触。

（5）包装件数及件号、包装件尺码。

（6）包装类别。

（7）货物毛/净重。

包装单据一般不记载货物的单价和总价、装运情况及收货人，除非特别规定。如果要求中性包装单据，也不必标明出单人名称。

如果信用证既要求装箱单，又要求重量单或尺码单，则可以利用装箱单分别冠以重量单、尺码单等不同名称，一次缮制，按照规定的份数提交。

如果进口商对包装单据有特殊的要求，也应一一注明。如某信用证要求“signed packing list one original and one copy”，则该装箱单必须要由出单人签署；又如，某信用证要求“detailed weight and measurement list showing the details of color, size and quantity in each carton and also gross weight and net weight”，则该包装单据应以“detailed weight and measurement list”命名，单据内应列明每箱货物的颜色、尺寸、数量、毛重、净重，还需要列明总的箱数、尺寸、数量、毛重、净重。

2. 包装单据的缮制规范

包装单据中最常用的是装箱单，本部分以装箱单为例，说明包装单据的缮制规范。具体见【样单 III-3-3】装箱单。

【样单 III-3-3】装箱单

<table>
<tr><td>ISSUER</td><td colspan="2">PL×××
装箱单
PACKING LIST</td></tr>
<tr><td rowspan="3">TO</td><td colspan="2"></td></tr>
<tr><td>INVOICE NO.</td><td>DATE</td></tr>
<tr><td></td><td></td></tr>
</table>

续

Marks and Numbers	Description of Goods	Package	G.W.	N.W.	Meas.
		[　　]	[　　]	[　　]	[　　]
	Total:	[　　]	[　　]	[　　]	[　　]
SAY TOTAL:________________________________					

（1）Issuer.

出单人。与商业发票的出票人相同，此栏填写出口商的名称与地址。在信用证支付方式下，此栏应与信用证受益人的名称和地址一致。

（2）To.

受单方。此栏通常填写进口商的名称和地址，与商业发票的受票人相同。在信用证业务中应与信用证开证申请人的名称和地址保持一致。在某些情况下也可不填，或填写“To whom it may concern”（致有关人）。

（3）Packing List.

装箱单。此栏一般含有装箱单号。装箱单号一般由出口企业自行编制。装箱单主要对商业发票起补充说明作用，因此为与发票保持一致，出口商往往把商业发票号码作为装箱单号，即在此栏中一般只需填写商业发票号码。

（4）Invoice No..

发票号。此栏填写商业发票号。

（5）Date.

日期。装箱单的缮制日期，往往与发票日期一致，在信用证业务中不能迟于信用证的有效期及提单日期。

（6）Marks and Numbers.

唛头。与商业发票一致，可以从发票中直接复制，有时也可以只注明“As per Invoice No. xxx”。

（7）Description of Goods.

货物描述。要求与商业发票一致。货名如有总称，应先注明总称，然后逐项列明详细的货名、规格、品种等内容。

（8）Package.

包装件数。在单位包装货量或品质不固定时，应分别填写每种货物的包装件数并注明编号，最后在合计栏处注明包装总件数，如 Carton No.1-6 装何种货物，Carton No.7-10 装何种货物等。

（9）G.W..

毛重（Gross Weight, G.W.），注明每个包装件的毛重和此包装件内不同规格、品种、花色的货物各自的毛重，最后在合计栏处注明总毛重。若信用证或合同未要求时，则不注明亦可。

（10）N.W..

净重（Net Weight, N.W.），注明每个包装件的净重和此包装件内不同规格、品种、花色的货物各自的净重，最后在合计栏处注明总净重。若信用证或合同未要求时，则不注明亦可。

（11）Meas..

外箱尺码（Measurement, Meas.），注明每个包装件的体积，最后在合计栏处注明总体积。若信用证或合同未要求时，则不注明亦可。

（12）Total.

总计，分别填入所有货物累计的总包装数、总毛重、总净重和总体积，包括相应的计量单位。

值得注意的是，一份装箱单中若是有同一商品属类的多种商品，如果这些商品的包装单位不同（如同时有 Bags、Cartons 时），合计中单位栏则应填写“Packages”。

（13）Say Total.

包装总数大写。以大写文字写明总包装数量，必须与数字表示的包装数量一致。

（14）Signature.

签名。与商业发票相同，装箱单一般无须签署，只要出口公司盖章即可。如信用证规定需签字，装箱单应由出口公司的法人代表或经办制单员代表公司在装箱单右下方签名并盖章；如信用证规定包装单位为“In Plain”或“In White Paper”，则在包装单内不应出现买卖双方的名称，也不能签章。

3.2.3 缮制包装单据的注意事项

1. 包装单据要符合信用证或合同的规定

包装单据在缮制过程中，其名称要符合信用证或合同的规定。如信用证要求“WEIGHT LIST”，名称就尽量不要打“WEIGHT NOTE”“WEIGHT MEMO”“WEIGHT CERTIFICATE”等字样。

如信用证要求出具中性装箱单据（NEUTRAL PACKING LIST），则单据上不可以显示出口制单方的名称、地址，也不能显示产地。

如信用证规定“不接受联合单据”（Combined documents is unacceptable），则可以利用装箱单分别冠以重量单和尺码单的单据名称，一次缮制，按照信用证规定的份数提供给银行即可。

如信用证规定要列明内包装情况（Inner Packing），则必须在单据中充分表示出来。比如，信用证规定，每件装一胶袋、每打装一盒、每 20 打装一纸箱，则须注明“Packing each piece in a poly bag, one dozen in a cardboard box and then 20 dozens in a carton.”。

2. 包装单据不显示货物的价格

包装单据一般不显示货物的单价、总价。因为人们不希望转售商品时，所交付的包装单据上泄露其购买成本。

3. 包装单据的货物描述可以使用统称

包装单据的货物描述可以使用统称，不需要完全按照商业发票的描述。

4. 包装单据要注意与其他单据的关联性

包装单据必须注意与其他单据的关联性，单据的号码、出单日期应与发票保持一致，制单日期可同于发票日期，但是不得早于发票日期。

知识链接

《UCP600》第十四条第 e 款规定

In documents other than the commercial invoice, the description of the goods, services or performance, if stated, may be in general terms not conflicting with their description in the credit.（除商业发票外，其他单据中的货物、服务或行为描述若需要规定，可使用统称，但不得与信用证规定的描述相矛盾。）

《ISBP745》对包装单据的相关规定

单据可以使用信用证规定的名称或相似名称，或不使用名称。例如，信用证要求“装箱单”，无论该单据冠名为“装箱说明”“装箱和重量单”或没有名称，只要单据包含了装箱细节，即为满足信用证要求。单据内容必须在表面上满足所要求单据的功能。

信用证列明的单据应作为单独单据提交。如果信用证要求提交装箱单和重量单，当提交两份独立的装箱单和重量单或提交两份正本装箱单和重量联合单据时，只要该联合单据同时表明装箱和重量细节，即视为符合信用证要求。

本章小结

商业单据是指由出口方填写、签发的，说明与合同项下货物有关的，诸如货物名称、数量、规格、重量、体积、包装、价格等方面内容的单据。在实际业务中，常见的商业单据包括商业发票和装箱单。商业发票是由出口商签发给进口商，证明将一定数量的货物销售给进口商的单据。装箱单是发票的补充单据，它列明了信用证或合同中买卖双方约定的有关包装事宜的细节，便于买方在货物到达目的地时供海关检查和核对货物。商业发票和装箱单的缮制都有一定的要求和规范。按照要求和规范缮制商业发票和装箱单是货物顺利出运的前提，有着非常重要的作用。

第4章

运输单据

学习目标

- ⇨ 了解运输单据的基本类型；
- ⇨ 掌握国际货物托运流程及国际货物托运委托书的缮制要求；
- ⇨ 重点掌握海运提单及航空运单的缮制要求；
- ⇨ 会缮制海运提单及航空运单。

摘要

运输单据是承运人收到承运货物签发给出口商的证明文件，它是交接货物、处理索赔与理赔以及向银行结算货款或进行议付的重要单据。有的运输单据是货物收据，又是承运人与发货人之间的运输契约；有的运输单据是货物所有权的凭证，可以在国际市场上流通转让。不同的运输方式有不同的运输单据，主要有海运提单、空运单、铁路运单、多式联运单据等，其中海运提单和航空运单的使用较为广泛，是本章的重点。

4.1 国际货物出运委托书认知

4.1.1 国际货物托运委托书的含义

国际货物托运委托书，简称托书，是进/出口商为了买卖商品，通过船公司和货代公司进行船运进行订舱的申请书。

国际货物托运业务中涉及的当事人，分别为货主（Cargo Owner）、货运代理人（Freight Forwarder）、承运人（Carrier）。

货主是指专门经营进出口商品业务的国际贸易商，或有进出口权的公司。它们为了履行国际贸易合同必须组织办理进出口商品的运输，是国际货物运输中的托运人（Shipper）或收货人（Consignee）。

货运代理人是指根据委托人的要求代办货物运输的业务机构。有的代表承运人向货主揽取货物，有的代表货主向承运人办理托运，有的兼营两方面的业务。它们属于运输中间人，在承运人和托运人之间起着桥梁作用。

承运人是指专门经营水上、铁路、公路、航空等客货运输业务的交通运输部门，如船公司、铁路或公路运输公司、航空公司等。它们一般都拥有大量的运输工具，为社会提供运输服务。

4.1.2　国际货物托运流程

国际货物托运业务流程如图 4-1 所示。

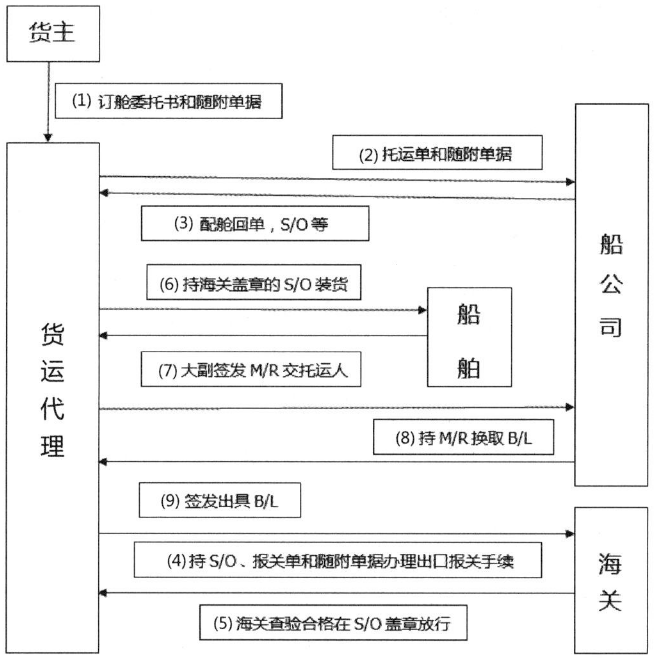

图 4-1　国际货物托运业务流程

（1）出口企业即货主，在货、证齐备后，填制订舱委托书，随附商业发票、装箱单等其他必要单据，委托货代代为订舱，有时还委托其代理报检、报关及货物储运等事宜。

（2）货代接受订舱委托书后，缮制货物托运单，随同相关单据向船公司办理订舱。

（3）船公司根据具体情况，如接受订舱则在托运单的几联单据上编上与提单号码一致的编号，填上船名、航次并签署，即表示已确认托运人的订舱，同时把配舱回单、装货单（SHIPPING ORDER, S/O）等与托运人有关的单据还给托运人。

（4）托运人持船公司签署的 S/O，填制出口货物报关单、商业发票、装箱单等，连同其他有关的出口单据向海关办理货物出口报关手续。

（5）海关根据有关规定对出口货物进行查验，如同意出口，则在 S/O 上盖章放行，并将 S/O 退还给托运人。

（6）托运人持海关盖章的由船公司签署的 S/O 要求船长装货。

（7）装货后，由船上的大副签收大副收据（MATA'S RECEIPT,M/R），交给托运人。

（8）托运人持 M/R，向船公司换取正本已装船提单。

（9）船公司签发正本提单并交给托运人凭以结汇。

特别提示：

（1）在托运业务中，货主与货代建立委托代理关系，即以统一的托运人身份出现，但此“托运人”概念与运输单据中的托运人不一样，后者是指出口方，即信用证的受益人。

（2）除上述程序外，在货物装船后，托运人应及时向国外收货人发出“装船通知”（Shipping Advice），以便对方准备付款赎单、办理进口报关和接货手续。如 CFR 和 FOB 合同由买方自办保险，则及时发出装运通知尤为重要。

4.1.3 国际货物托运单据种类

1. Shipping Note

订舱委托书，又称货物出运委托书，是进出口企业和货代之间委托代理关系的证明文件。根据运输方式的不同，常见的订舱委托书包括国际海运委托书和国际空运委托书。

2. Booking Note

托运单。托运单是货代接受进出口企业的订舱委托后向承运人或其代理人办理托运的书面凭证，是船公司缮制提单的主要背景资料，若缮制错漏就会影响运输单据的正确缮制和快速流转，影响安全收汇。

托运单通常做成一式多份，分别为货主留底、船代留底、运费通知、装货单、交纳出口货物港务费申请书、场站收据、货代留底、配仓回单、场站收据副本（大副联）等，如图 4-2 所示。

第 1 联：货主留底（D/R）	第 6 联：场站收据
第 2 联：船代留底	第 7 联：运费通知（1）
第 3 联：货代留底	第 8 联：运费通知（2）
第 4 联：装货单（S/O）	第 9 联：配仓回单（1）
第 5 联：收货单（M/R）	第 10 联：配仓回单（2）

图 4-2 托运单各联用途

其中比较重要的单据有以下几种。

（1）装货单。

装货单又称关单、下货纸，是船公司或其代理签发给货运托运人的一种通知船方装货的凭证，船公司收到托运单后根据船舶配载规则，结合货物和具体航线、港口的情况，安排船只和舱位，然后签发 S/O 表示船公司接受这批货物的承运。S/O 一经签发，承运托运双方即受其约束。

同时，托运人凭船公司签章的 S/O 要求船长将货物装船之前，还需先到海关办理货物装船出口的报关手续，经海关查验后，在 S/O 上加盖海关放行章，表示该票货物已允许装船出口，才能要求船长装货，这就是装货单习惯称关单的由来。

装货单的格式如【样单 IV-4-1】装货单所示。

【样单 IV-4-1】装货单

<table>
<tr><td colspan="6">中国外轮代理公司
CHINA OCEAN SHIPPING AGENCY
装货单 SHIPPING ORDER</td></tr>
<tr><td colspan="2">装货单号码
S/O #______________</td><td>日期
Date___________</td><td colspan="3">海关编号
Customs Ves. #_________</td></tr>
<tr><td colspan="2">船名
S.S.______________</td><td>航次
Voy.___________</td><td colspan="3">装往地点
Destination____________</td></tr>
<tr><td colspan="6">托运人
Shipper____</td></tr>
<tr><td colspan="6">收货人
Consignee____</td></tr>
<tr><td colspan="6">通知
Notify____</td></tr>
<tr><td rowspan="2">标记及号码
Marks and Numbers</td><td rowspan="2">件数
Quantity</td><td rowspan="2">货名
Description of Goods</td><td colspan="2">重量 Weight</td><td rowspan="2">尺码
Measurement</td></tr>
<tr><td>净重
Net</td><td>毛重
Gross</td></tr>
<tr><td></td><td></td><td></td><td colspan="2"></td><td></td></tr>
<tr><td colspan="3">合计
Total</td><td colspan="3">总计
SAY TOTAL</td></tr>
<tr><td colspan="6">请将上述完好之状况货物，予以装船，并希签署收货单为荷。
Please receive on board the above mentioned goods in good order and condition and sigh the accompanying receipt for same.
装入何舱
Stowed____
实　　收
Received____
理货员签名
Tallied By____
代理人
As agents__________________</td></tr>
</table>

（2）场站收据副本。

场站收据副本即传统的收货单，它是船方收到货物的凭证，在货物装船后由大副签署后退还给托运人，故又称大副收据。托运人凭此向船公司换取正本已装船提单。

如装船时，船方发现货物包装不良或有其他残损等缺陷，即在 M/R 上作各种批注，这些批注将全部转移到提单上，就成为不清洁提单，托运人不能凭有批注的收货单换取清洁提单，除非向船公司出具保函。

场站收据的格式如样单【样单 IV-4-2】场站收据。

【样单 IV-4-2】场站收据

<table>
<tr><td colspan="4">Shipper（发货人）</td><td colspan="3" rowspan="2">D/R NO.（场站收据编号）</td></tr>
<tr><td colspan="4">Consignee（收货人）</td></tr>
<tr><td colspan="4">Notify Party（通知人）</td><td colspan="3" rowspan="3">Received by the carrier the total number of containers or other packages or units stated below to be transported subject to the terms and conditions of the carrier's regular form of Bill of Loading（for combined transport or port to port shipment）which shall be deemed to be incorporated herein.
Date（日期）:</td></tr>
<tr><td colspan="4">Pre-carriage by（前程运输）
Place of Receipt（收货地点）</td></tr>
<tr><td colspan="4">Ocean Vessel（船名）Voy.No.（航次）
Port of Loading（装货港）</td></tr>
<tr><td colspan="2">Port of Discharge（卸货港）</td><td colspan="3">Place of Delivery（交货地点）</td><td colspan="2">场站章</td></tr>
<tr><td colspan="7">Final Destination Merchant's References（目的地）</td></tr>
<tr><td>Container NO.（集装箱号）</td><td>Seal NO.（封志号）
Mark & NOS.（标记与号码）</td><td>NO. of Containers or Packages（箱数或件数）</td><td colspan="2">Kind of Packages; Description of Goods（包装种类与货名）</td><td>Gross Weight [毛重（公斤）]</td><td>Measurement [尺码（立方米）]</td></tr>
<tr><td colspan="3">TOTAL NUMBER OF CONTAINERS OR PACKAGES（IN WORDS）（集装箱数或件数合计）</td><td colspan="4"></td></tr>
<tr><td colspan="7">Container NO.（集装箱号）Seal NO.（封志号）Packages（件数）
Received（实收） By Terminal Clerk（场站员签字）</td></tr>
<tr><td rowspan="2">FREIGHT & CHARGES</td><td colspan="2">Prepaid at（预付地点）</td><td colspan="2">Payable at（到付地点）</td><td colspan="2">Place of Issue（签发地点）</td></tr>
<tr><td colspan="2">Total Prepaid（预付总额）</td><td colspan="2">NO. of Original B（s）/L（正本提单份数）</td><td colspan="2">BOOKING APPROVED BY（订舱确认）</td></tr>
</table>

续

<table>
<tr><td colspan="2">Service Type on Receiving
□-CY□-CFS□-DOOR</td><td>Service Type on Delivery
□-CY□-CFS□-DOOR</td><td colspan="2">Reefer Temperature Required
（冷藏温度）</td><td>F</td><td>C</td></tr>
<tr><td>TYPE OF
GOODS
（种类）</td><td colspan="2">□Ordinary　□Reefer　□Dangerous　□Auto.
（普通）　（冷藏）（危险品）　（裸装车辆）</td><td>危
险
品</td><td colspan="3">Glass:
Property:
IMDG Code Page:
UN NO.</td></tr>
</table>

知识链接

场站收据

场站收据是由发货人或其代理人编制、由承运人签发的，证明船公司已从发货人处接收了货物，并证明那时的货物形态符合要求，船公司对货物负有责任的凭证。托运人据此向承运人或其代理人换取待装提单或装船提单。它相当于保守的托运单、装货单、收货单等一整套单据，共有十联（有的口岸有七联）。其中，集装箱货物托运单二联，第一联货主留底，第二联船舶代理公司留底；运费通知二联，第三联运费通知（1）和第四联运费通知（2）；第五联，装货单，即场站收据正本（1），包括交归入口港务费请求书附页；第六联，大副联，即场站收据正本（2）；第七联，场站收据正本；第八联，货运代理留底；第九联、第十联，配舱回单（1）和配舱回单（2）。

4.1.4　国际货物托运委托书的缮制要求

1. 国际海运货物委托书的缮制

在海运方式下，如货物的数量较大，可以洽租整船甚至多船来装运，这就是租船（Charter）；如货物量不大，则可以租赁部分舱位来装运，这就是订舱（Book Shipping Space）。订舱通常是班轮订舱，是货物托运人（Shipper）或其代理人根据其具体需要，选定适当的船舶向承运人（通常为班轮公司或它的营业机构）以口头或订舱函电进行预约洽谈订舱位装货、申请运输，承运人对这种申请给予承诺的行为。

在 CIF/CIP 或 CFR/CPT 条件下，订舱是卖方的主要职责之一；在 FOB/FCA 条件下，订舱则由买方负责，当然买方也可以委托卖方进行此项工作。

国际海运货物委托书见【样单 IV-4-3】。

【样单 IV-4-3】国际海运货物委托书

<table>
<tr><td colspan="4">INSTRUCTION FOR CARGO BY SEA
国际海运货物委托书</td></tr>
<tr><td>SHIPPER（发货人）</td><td></td><td>TEL（电话）</td><td></td></tr>
<tr><td>ADDRESS（地址）</td><td colspan="3"></td></tr>
<tr><td>DATE（日期）</td><td colspan="3"></td></tr>
</table>

续

<table>
<tr><td colspan="2">CONSIGNEE（收货人）</td><td colspan="2"></td><td>TEL（电话）</td><td></td></tr>
<tr><td colspan="2">ADDRESS（地址）</td><td colspan="4"></td></tr>
<tr><td colspan="2">ALSO NOTIFY（通知人）</td><td colspan="2"></td><td>TEL（电话）</td><td></td></tr>
<tr><td colspan="2">ADDRESS（地址）</td><td colspan="4"></td></tr>
<tr><td colspan="2">PORT OF LOADING（装运港）</td><td colspan="4"></td></tr>
<tr><td colspan="2">PORT OF DESTINATION（目的港）</td><td colspan="4"></td></tr>
<tr><td colspan="2">OCEAN VESSEL（船名）</td><td colspan="4"></td></tr>
<tr><td>DESCRIPTION OF GOODS（货物描述）</td><td>MARKS & NUMBERS（唛头）</td><td>NO.OF PACKAGE（件数）</td><td>GROSS WIGHT（毛重）</td><td>NET WEIGHT（净重）</td><td>Meas.（体积）</td></tr>
<tr><td></td><td></td><td></td><td></td><td></td><td></td></tr>
<tr><td colspan="2">TOTAL（合计）:</td><td>[ ]
[ ]</td><td>[ ]
[ ]</td><td>[ ]
[ ]</td><td>[ ]
[ ]</td></tr>
<tr><td>FREIGHT AGREED 运费协议</td><td colspan="5">SPECIAL INSTRUCTIONS 特别附注</td></tr>
<tr><td>□ 货柜</td><td colspan="5"></td></tr>
<tr><td>□ 拼箱</td><td colspan="5"></td></tr>
<tr><td rowspan="4">柜型及数量</td><td colspan="2">□20’CONTAINER×___</td><td colspan="2">□40’CONTAINER×___</td><td>□40’HQ ×___</td></tr>
<tr><td colspan="2">□20’REEFER ×___</td><td colspan="2">□40’REEFER ×___</td><td>□40’ REEFER HING×___</td></tr>
<tr><td colspan="2">□20’PLATFORM ×___</td><td colspan="2">□40’PLATFORM ×___</td><td></td></tr>
<tr><td colspan="2">□20’Car ×___</td><td colspan="2">□40’Car ×___</td><td></td></tr>
<tr><td colspan="2" rowspan="2">IMPORTANT-Please indicate freight payment by whom</td><td rowspan="2">FREIGHT（运费）</td><td rowspan="2"></td><td colspan="2">□ PREPAID（预付）</td></tr>
<tr><td colspan="2">□ COLLECT（到付）</td></tr>
<tr><td rowspan="2">DOCUMENT 文件单据</td><td colspan="3">INVOICE 发票#</td><td colspan="2"></td></tr>
<tr><td colspan="3">PACKING LIST 装箱单#</td><td colspan="2"></td></tr>
<tr><td colspan="6">CONSIGNOR’S DETAIL 委托人资料</td></tr>
<tr><td>CONSIGNOR’S NAME & ADDRESS（公司名称及地址）</td><td colspan="2"></td><td colspan="2">INSTRUCTION BY:（经手人）
SIGNED & CHOPPED（签字及盖章）</td><td></td></tr>
</table>

（1）发货人、地址和电话。

发货人，即托运人，指的是运输单据里“Shipper”或“Consignor”一栏，是指需要出口商品的一方，即卖方。在信用证业务中，一般应严格按照信用证中的受益人的名称和地址来填写。在托收或汇付中，一般填写出口商的英文名称、地址和电话。

（2）日期。

日期即此单据的填写日期，如：2020-08-09。注意：此日期一般在合同日期之后。

（3）收货人、地址和电话。

收货人即运输单据的抬头人（Consignee），要严格按照信用证提单条款的具体规定填写。将来船公司签发的提单上的相应栏目的填写会参照委托书的写法。

① 记名抬头：直接填写收货人即进口商名称。

② 指示抬头：完全按照来证提单条款填写，如 To Order，To Order of Shipper，To Order of the Collecting Bank 等。

（4）通知人名称、地址和电话。

填写信用证规定的提单通知人名称、地址和电话，通常为进口商。

（5）装运港。

合同中规定的出口港，如：Nanjing，China。

（6）目的港。

合同中规定的进口港，如：Liverpool，UK。

（7）船名。

填写具体的装载船舶的名称。

（8）货物描述。

根据合同要求填写货物英文名称和英文描述。

（9）唛头。

如实将合同或信用证或买方规定的唛头相关内容完整填写；如果没有唛头，简单注明 N/M（No Marks）。

（10）件数。

此栏中的件数为商品的包装数量，即通常说的箱数，而不是合同中的销售数量。例如：出售羊毛衫 120 件，每箱 10 件，则有 12 箱，这个 12 就是该栏中的件数。

（11）毛重。

毛重是指产品的重量和包装该产品所需的包装用品的重量之和。此栏填写出运产品的总毛重。

（12）净重。

净重是单指产品的重量，即毛重去掉包装重量。此栏填写出运产品的总净重。

（13）体积。

体积是指出运产品的总体积。

（14）合计件数、合计毛重、合计净重、合计体积。

如果一笔合同中有多个商品，此处填累加值。注意：一笔合同中可以同时交易同一商品属类的多种商品，如果这些商品的包装单位不同，合计栏中单位栏应填“Packages”。

（15）柜型选择和数量。

此栏有货柜和拼箱两种类型可选，具体选择哪个类型按照货物具体情况来定。

（16）运费金额、预付与到付。

运费金额由船公司核算确定。

（17）发票、装箱单号。

根据商业发票及装箱单确定。

（18）委托人名称、地址和签名。

填写委托人（即出口商）公司英文名称和英文地址；签名为委托人法人英文名称。

2. 国际空运货物委托书的缮制

航空运输因其速度快、机动灵活的特点，是国际贸易中的贵重物品、鲜活货物和精密仪器等物品的主要运输方式。

国际空运货物委托书见【样单 IV-4-4】。

【样单 IV-4-4】国际空运货物委托书

INSTRUCTION FOR CARGO BY AIR 国际空运货物委托书					
SHIPPER（发货人）			TEL（电话）		
ADDRESS（地址）					
DATE（日期）					
CONSIGNEE（收货人）			TEL（电话）		
ADDRESS（地址）					
ALSO NOTIFY（通知人）			TEL（电话）		
ADDRESS（地址）					
FLIGHT DATE（航班日期）					
FREIGHT（运费）			□	PREPAID（预付）	
			□	COLLECT（到付）	
AIRPORT OF DEPARTURE （始发站）					
AIRPORT OF DESTINATION （到达站）					
DESCRIPTION OF GOODS （货物描述）	MARKS & NUMBERS （唛头）	NO.OF PACKAGE （件数）	GROSS WEIGHT （毛重）	NET WEIGHT （净重）	Meas. （体积）
	TOTAL（合计）:	[ ] [ ]	[ ] [ ]	[ ] [ ]	[ ] [ ]
CONSIGNOR'S DETAIL 委托人资料					
CONSIGNOR'S NAME & ADDRESS (公司名称及地址)		INSTRUCTION BY:（经手人） SIGNED & CHOPPED （签字及盖章）			

（1）发货人、地址和电话。

发货人，即托运人，是指要出口商品的一方，即卖方。

（2）日期。

此单据的填写日期。

（3）收货人、地址和电话。

收货人是指要进口商品的一方，即买方。因为航空货运单不能转让，所以本栏中不能填写“To order”或“To order of the shipper”；收货人可以是实际收货人，也可以是货运代理人；另外，承运人一般不接受一票货物有两个或两个以上收货人。

（4）通知人名称、地址和电话。

填写信用证规定的提单通知人名称、地址和电话，通常为进口商。

（5）航班日期。

预计航班日期，此处必须在合同日期之后，并且为日期格式。例如：2020-08-15。

（6）运费金额、预付与到付。

运费金额无须自己填写，待订舱后由航空公司填写。CIF、CFR、CIP、CPT 方式下填写预付，FOB、FCA 方式下填写到付。

（7）始发站。

填写始发站机场（Airport of Departure）的全称或城市名称，对于不同国家的城市，还需填写国家名称，若同一城市有若干个机场，需要填写具体的机场名称。

（8）到达站。

填写到达机场（Airport of Destination）的名称，用英文全称，不得简写。

（9）货物描述。

根据合同要求填写货物英文名称和英文描述。

（10）唛头

如实将合同或信用证或买方规定的唛头相关内容完整填写；如果没有唛头，简单注明 N/M（No Marks）。

（11）件数。

此栏中的件数为商品的包装数量，即通常说的箱数，而不是合同中的销售数量。

（12）毛重。

毛重是指产品的重量和包装该产品所需的包装用品的重量之和。此栏填写出运产品的总毛重。

（13）净重。

净重是单指产品的重量，即毛重去掉包装重量。此栏填写出运产品的总净重。

（14）体积。

体积是指出运产品的总体积。

（15）合计件数、合计毛重、合计净重和合计体积。

如果一笔合同中有多个商品，此处填累加值。注意：一笔合同中可以同时交易同一商品属类的多种商品，如果这些商品的包装单位不同，合计栏中单位栏应填“Packages”。

（16）委托人名称、地址和签名。

填写委托人（即出口商）公司英文名称和英文地址；签名为委托人法人英文名称。

4.2 海运提单认知

4.2.1 海运提单的含义

海洋运输提单简称"提单",《中华人民共和国海商法》(以下简称《海商法》)规定,提单是指用以证明海上货物运输合同和货物已经由承运人接收或装船以及承运人保证据以交付货物的单证。同时,该法还规定,提单中载明的向记名人交付货物,或者按照指示人指示交付货物,或者向提单持有人交付货物的条款,构成承运人据以交付货物的保证。

4.2.2 海运提单的性质与作用

海运提单从性质上说是货物物权凭证,其作用主要表现在以下几个方面。

1. Receipt of the goods

货物收据。提单是承运人签发给托运人的收据,确认承运人已收到提单所列货物并已装船,或者承运人已接管了货物,已待装船。

2. Evidence of the contract of carriage

运输契约。承运人之所以为托运人承运有关货物,是因为承运人和托运人之间存在一定的权利义务关系,双方权利义务关系以提单作为运输契约的凭证。

3. Document of title

物权凭证。提单是货物所有权的凭证,代表了其载明的货物。谁持有提单,谁就有权要求承运人交付货物,并且享有占有和处理货物的权利。

4.2.3 海运提单的种类

海运提单可以从不同角度加以分类。

1. 根据货物是否装船,海运提单分为已装船提单和备运提单

(1)已装船提单(On Board B/L)。

已装船提单是指表明货物已经装上指定的船舶后所签发的提单。这种提单可以凭提单上印就的"ON BOARD(已装船)"字样和装运日期判断货物已装船。

(2)备运提单(Received for Shipment B/L)。

备运提单又称收妥待运提单或收讫待运提单,是指承运人在收到托运货物后等待装船期间向托运人签发的提单。银行一般不接受这种提单。

2. 根据货物表面状况有无附加批注，海运提单分为清洁提单和不清洁提单

（1）清洁提单（Clean B/L）。

清洁提单是指货物装船时“外表状况良好”，未加有关货损或包装不良之类批语的提单。

（2）不清洁提单（Unclean B/L）。

不清洁提单是指由承运人加注了托运货物外表状况不良或存在缺陷等批语的提单。例如，提单上批有“ONE CASE BROKEN，CONTENT EXPOSED”（有一箱破损，内装货物暴露）等文字。在实际业务中，买方不接受这种提单。

3. 根据提单抬头不同，海运提单分为记名提单、不记名提单和指示提单

（1）记名提单（Straight B/L）。

记名提单是指填明收货人姓名或地址名称的提单。例如“Consigned to ××only”，这种提单只能由特定的收货人提货，不能背书转让，在国际贸易中很少使用。

（2）不记名提单（Blank B/L）。

不记名提单是指不具体规定收货人、收货人留空或填“来人（BEARER）”的提单。这种提单不需要背书即可转让，并且凭单交货风险大，在国际贸易中很少使用。

（3）指示提单（Order B/L）。

指示提单是指在提单的收货人栏内填写“凭指示（TO ORDER）”或“凭××指示（TO ORDER OF...）”字样，这种提单可以通过背书转让给第三者，因此又称可转让提单，这种提单在国际贸易中应用得最为广泛。

提单的背书人包括以下三种。

（1）当收货人一栏填写“凭指示（TO ORDER）”“凭托运人指示（TO ORDER OF SHIPPER）”时，由托运人背书。

（2）当收货人一栏填写凭开证申请人或其他商号公司指示时，由开证申请人或其他商号公司背书。

（3）当收货人一栏填写凭某银行指示时，由该银行背书。

提单的背书方式包括以下两种。

（1）空白背书。在这种背书方式下，只写背书人的名称及地址。

（2）记名背书。在这种背书方式下，既写背书人的名称及地址，又写被背书人（转让对象）的名称及地址。实际业务中很少使用记名背书。

4. 根据运输方式不同，海运提单分为直达提单、转船提单和联运提单

（1）直达提单（Direct B/L）。

直达提单是指同一船舶将货物直接从起运港运达目的港的提单。在这种提单下，船方责任明确，权利和义务易于处理。

（2）转船提单（Transhipment B/L）。

转船提单是指从起运港载货的船舶不直接驶往托运货物的目的港，须在其他港口换船转运，并由签发提单的轮船公司负责代办转运手续的海运提单。

（3）联运提单（Through B/L）。

联运提单是指用于“海陆”“海河”或“海海”联运的提单。第一承运人在货物起运港签发运往最终目的地的提单，并收取全程运费。在货物到达转运港后，由第一承运人代货主将货物交与下一程航运的承运人，再运往目的地。各程承运人的责任，只限于其本身经营船舶或车辆所完成的运输。

5. 根据船舶经营方式不同，海运提单分为班轮提单和租船提单

（1）班轮提单（Liner B/L or Regular Line B/L）。

班轮提单是指由班轮承运而签发的提单。班轮公司租给托运人的不是整船而是部分舱位，所以托运货物不论多或少船方都可接受。班轮装运货物，船方负责装船、理舱、卸货，装卸费用计算在班轮费之内。船方的责任以提单印就条款为依据。

（2）租船提单（Charter Party B/L）。

租船提单是指承运人根据租船合同而签发的提单。在这种提单上注明“一切条款、条件和免责事项按 X 年 X 月 X 日的租船合同”或批注“根据×××租船合同开立”字样。这种合同受租船合同条款的约束。银行或买方在接收这种提单时，通常要求卖方提供租船合同的副本。

6. 根据提单格式和内容繁简，海运提单分为全式提单和简式提单

（1）全式提单（Long Form B/L）。

全式提单是指由正面记载事项，背面列有规定承运人、托运人之间权利与义务的提单。这种提单在国际贸易中广泛应用。

（2）简式提单（Short Form B/L）。

简式提单是指只有正面记载事项而背面无条款的提单，银行一般不接受这种提单。

7. 根据提单使用效力，海运提单分为正本提单和副本提单

（1）正本提单（Original B/L）。

正本提单是指提单上有承运人、船长或其代理人的原始签名盖章并注明签发日期的提单。这种提单在法律上是有效的单据。正本提单一般签发一式两份或三份（个别也有只签发一份的），凭其中的任意一份提货后，其余的即作废。为防止他人冒领货物，买方与银行通常要求卖方提供船公司签发的全部正本提单，即所谓全套提单。

（2）副本提单（Copy B/L）。

副本提单是指提单上没有承运人、船长或其代理人签字盖章，而仅供参考之用的提单。副本提单一般都标明“COPY”（副本）或“NON-NEGOTIABLE”（不可议付）字样。

8. 其他种类提单

（1）预借提单（Advanced B/L）。

预借提单是指在货物装船前或尚未装船完毕时被托运人“借走”（注：指提前签发）的提单。这种提单是一种违法提单，尽管承运人要求预借提单必须出具保函，但由于该保函的

法律地位极其脆弱，承运人仍需要承担一定的风险，因此在实际业务中很少使用这种提单。

（2）倒签提单（Ante-dated B/L）。

倒签提单是指货物实际装船的日期晚于信用证上规定的装运日期，托运人为了使提单日期与信用证规定的装运日期相符，要求承运人按信用证规定的装运日期签署的提单。这种提单是一种违法提单，收货人会以“伪造提单”为由，拒绝提货并向法院起诉。因此，这种提单对承运人来说有较大的风险。

（3）过期提单（Stale B/L）。

过期提单是指超过运输单据签发日期 21 天去银行递交的提单或晚于货物到达目的港的提单，又称迟期提单。前者，是指卖方超过提单签发日期 21 天后才交到银行议付的提单，根据《UCP600》中的规定，如信用证无特殊规定，银行将拒绝接受在运输单据签发超过 21 天后才提交的单据。后者，是在近洋运输时容易出现的情况，所以在近洋国家间的贸易合同中，一般都订有“Stale B/L is acceptable”（过期提单可以接受）的条款。

（4）集装箱提单（Container B/L）。

集装箱提单是指以集装箱装运货物所签发的提单。集装箱提单有两种形式：一种是在普通的海运提单上加注“CONTAINERIZED”“SHIPMENT EFFECTED BY CONTAINER VESSEL”（用集装箱装运）等字样；另一种是使用“COMBINED TRANSPORT B/L”（多式联运提单），这种提单的内容增加了“CONTAINER NUMBER”（集装箱号码）和“SEAL NUMBER”（封号）。

知识链接

电放提单

在应当签发或已签发正本提单的情况下，货代公司根据托运人要求，向船公司提出申请，在不签发正本提单或收回已签发的全部正本提单的前提下，以电子邮件、传真、电报等方式通知其在目的港的代理，将运输的货物交付给提单上载明的收货人。

电放提单是以传统提单为基础的一种变通做法，其产生主要是为了解决目的港“货到提单未到”的矛盾。在船、货双方使用提单的情况下，提单是承运人在目的港据以交付货物的凭证，承运人在目的港交付货物时“认单不认人”，无单放货将承担相应的法律责任。“电放”则是由托运人（卖方）向船公司提出申请并提供保函后，船公司收回已经签发的全套正本提单或者根本不曾签发正本提单，由船公司申请并提供保函、电传通知目的港代理，某票货物无须凭正本提单放货，收货人可凭船公司或其代理人签发的注有“Surrendered”或“Telex Release”字样的提单复印件或凭身份证明提取货物。

4.2.4　海运提单的缮制要求

1. 海运提单的内容

由于海运提单具有货物收据、运输契约证明、物权凭证三种作用，牵涉到托运人、承运人、收货人的责任和权益，所以内容比较多，但其本身仍可以分为正面记载和背面印就条款两部分，即可变部分和固定部分。可变部分是指提单正面的内容；固定部分是指提单背面的运输契约，这一部分一般是不会更改的。

（1）海运提单正面记载的内容。

海运提单正面记载的主要内容有：写明“BILL OF LADING（提单）”字样；船舶及航班号；托运人（出口商）名称及地址；承运人（船公司）名称及地址；收货人（进口商）名称及地址；货物名称、重量、件数、包装、唛头；起运港名称及地点；运费条款；提单号码与份数；提单签发日期和地点；船主或其代理人（船公司）签字等内容。

（2）海运提单背面印就的内容。

海运提单背面印就的条款，是作为承运人和托运人之间、承运人和收货人及提单持有人之间的权利和义务的主要依据。印就条款的主要内容有：适用法律条款（Law of Suit Clause）；承运人的免责条款（Exception Clause）；承运人的责任条款（Carrier's Responsibility Clause）；变更航线条款（Deviation Clause）；危险品条款（Dangerous Cargo Clause）；交货条款（Delivery Clause）；承运人和收货人应共同负担海上风险及船舶相撞所遭受的损失；索赔条款（Claim Clause）；等等。

2. 海运提单的缮制规范

海运提单（具体见【样单 IV-4-5】海运提单）的缮制规范如下。

【样单 IV-4-5】海运提单

<table>
<tr><td colspan="2">Consignor/Shipper</td><td colspan="2" rowspan="8">COMBINED TRANSPORT BILL OF LADING
B/L No.
ORIGINAL</td></tr>
<tr><td colspan="2"></td></tr>
<tr><td colspan="2">Consignee</td></tr>
<tr><td colspan="2"></td></tr>
<tr><td colspan="2">Notify Party</td></tr>
<tr><td colspan="2"></td></tr>
<tr><td>Pre-carriage by</td><td>Place of Receipt</td></tr>
<tr><td colspan="2">Ocean Vessel Voy. No.</td></tr>
<tr><td>Port of Loading</td><td>Port of Discharge</td><td>Place of Delivery</td><td>Final Destination</td></tr>
</table>

<table>
<tr><td colspan="5">PARTICULARS FURNISHED BY CONSIGNOR/SHIPPER</td></tr>
<tr><td>Container/Seal No.
Marks & Nos.</td><td>No.& Kinds of Containers or Packages</td><td>Description of Goods</td><td>Gross Weight (Kgs)</td><td>Measurement</td></tr>
<tr><td></td><td></td><td></td><td></td><td></td></tr>
<tr><td colspan="5">Total Number of Containers and/or Package(in words):</td></tr>
</table>

续

<table>
<tr><td>Freight & Charges</td><td>Prepaid</td><td>Collect</td><td rowspan="5">Received in external apparent good order and condition except as otherwise noted.The total number of the packages or units stuffed in the container,the description of goods and the weights shown in this B/L are furnished by the merchants, and which the carrier has no reasonable means of checking and is not a part of this B/L contract.</td></tr>
<tr><td rowspan="4"></td><td colspan="2">Place and Date of Issue</td></tr>
<tr><td colspan="2"></td></tr>
<tr><td colspan="2">No. of Original B(s)/L</td></tr>
<tr><td colspan="2"></td></tr>
<tr><td colspan="3">LADEN ON BOARD THE VESSEL
Date By</td><td>Signed for and on Behalf of the Carrier</td></tr>
</table>

（1）托运人（Consignor/Shipper）。

托运人又称发货人，是指委托运输的人，一般为出口企业，也就是信用证中的受益人。如果信用证中没有特殊规定，即填写出口商的名称。

如果信用证中的开证申请人（进口商）为了贸易上的需要，要求做第三者提单（Third Party B/L），按照《UCP600》第十四条第 k 款的规定，可以照办。

知识链接

第三者提单

《UCP600》第十四条第 k 款规定，显示在任何单据中的货物的托运人或发货人不必是信用证的受益人。

提单的托运人是受益人以外的其他第三方，即构成第三者提单。出现第三者提单的几种情况如下。

（1）内地出口商委托运输行办理货物运输托运报关等手续时，提单托运人栏往往是运输行，构成第三者提单。

（2）两国贸易通过第三国进行交易时，进口商开立以第三国为信用证受益人的可转让信用证，再由第三国受益人转让给实际出口国供货人，实际供货人作为第三者托运人，其运输单据构成第三者提单。

（3）在中间商贸易中，中间商为避免出口商与进口商直接接触，或中间商出于其他目的，都可以要求签发托运人为中间商名称的第三者提单。

（4）在某些对背信用证（背对背信用证）业务中，对背信用证的受益人（实际供货人）在运输单据中不出现，而中间商以托运人的身份出现在提单上，构成第三者提单。

（5）此外，为了少征收进口关税，可以使用第三者提单。因为海关征收关税以供货人向中间商提供的发票为依据，而这种发票金额低于中间商、进口商提供的价格，对中间商十分有利。

（2）收货人（Consignee）。

收货人是提单中的重要栏目，即提单的抬头，应严格按照合同和信用证的规定填制。一般分为以下三种情况。

① 指示式抬头。收货人一栏的填制有指示“ORDER”字样的，即表示该提单是指示式提单。例如在收货人栏内填写“TO ORDER”或“TO ORDER OF×××”。具体的填制内容应根据信用证对提单的规定填制。例如，某信用证对提单如有“...BILL OF LADING MADE OUT TO ORDER...”规定，则在收货人栏内填制“TO ORDER”；某信用证对提单如有“...Bs/L MADE OUT TO ORDER OF SHIPPER...”规定，则在收货人栏内填制“TO ORDER OF SHIPPER”；某信用证对提单如有“...BILL OF LADING ISSUED TO ORDER OF THE ISSUING BANK...”规定，则在收货人栏内填制“TO ORDER OF ××× BANK”（具体的开证行名称）。

指示式提单可分为记名指示式和不记名指示式两种类型。

记名指示式一般包括“发货人指示式（TO ORDER OF SHIPPER）”“银行指示式（TO ORDER OF××× BANK）”“收货人指示式（TO ORDER OF ××× COMPANY. LTD）”三种方式。

不记名指示式即在收货人一栏填写“TO ORDER”，俗称“空白抬头”提单，它等同于“TO ORDER OF SHIPPER”，转让时需要由发货人在提单背面签字盖章进行背书。

指示式抬头的提单可以经转让人背书后转让，方便进口方转卖货物，因此使用最为普遍。

② 记名式抬头。记名式抬头即在提单的收货人栏内直接写明收货人名称、地址，不添加“ORDER”字样。例如，某信用证对提单如有“FULL SET OF B/L CONSIGNED TO ABC COMPANY...”规定，则在收货人栏内应填制“TO ABC COMPANY”。这种提单只能由提单上指定的收货人提货，不得转让，在国际贸易中使用较少。

③ 不记名抬头。不记名式抬头即在收货人一栏空白不填或填入“TO BEARER”（给持有者）。这种提单可以转让，且转让时不必背书，因此风险较大，目前在国际贸易中也很少使用。

（3）被通知人（Notify Party）。

被通知人是指货物运到目的港后，船运公司或货代公司通知来提货的人。此栏须填写被通知人的公司名称、详细的地址及具体的联系方式，如电话等。在信用证结算方式下，此栏目按照信用证规定填写。例如，某信用证对提单如有“B/L...NOTIFY APPLICANT”规定，则在此栏填制开证申请人的公司名称、地址、联系电话等，若信用证对此无规定，可将开证申请人作为被通知人；如果信用证要求两个或两个以上的公司作为被通知人，出口公司应把这两个或两个以上的公司名称及地址完整地填写在这一栏中。

在托收结算方式下，一般将合同的买方作为被通知人。

一般来说，被通知人不是提单的当事人，只是收货人的代理人。空白抬头提单注明被通知人，以便承运人在货到目的港时，通知其办理报关和提货手续。

（4）收货地（Place of Receipt）。

此栏在多式联运提单中填报实际收货地点，如××工厂、××仓库等。在港到港提单中，此栏目免填。

（5）船名（Ocean Vessel）。

此栏填写该批货物的实际装运的船名；若货物需要转运，则填写第二程船名。

（6）航次（Voyage No.）。

此栏填写该批货物的实际装运船舶的航次号；若货物需要转运，则填写第二程航次号。

（7）装货港（Port of Loading）。

此栏填写实际的装货港口名称。

（8）卸货港（Port of Discharge）。

此栏应填写货物实际卸下的港口名称。

如果货物转运，可在目的港之后加注“WITH TRANSHIPMENT AT ××”或简写为“W/T ××”。例如，从上海港到汉堡港，在香港转运，则可以在卸货港栏目填写“HAMBURG W/T HONGKONG”。如果货运目的港后需要再转运到内陆某地，或利用邻国港口过境，则须在目的港后加注“IN TRANSIT TO ××”字样。例如，从目的港迪拜转运沙特阿拉伯表示为“DUBAI IN TRANSIT TO SAUDI ARABIA”。如果是同名港口须加注国名。

（9）交货地（Place of Delivery）。

此栏在多式联运提单中填报实际送达货地点，如××工厂、××仓库等。在港到港提单中，此栏目免填。

（10）提单号码（B/L No.）。

此栏一般列在提单右上角，由船公司提供。

（11）唛头、集装箱箱号、封号（Marks & Nos.、Container No.、Seal No.）。

此栏目填写货物外包装上的唛头及集装箱货物的箱号、封号等内容。提单上的唛头必须与其他单据上的唛头一致。如果无唛头或是散装货，则应注明“N/M”或“IN BULK”字样。

（12）货物包装数量及种类（Nos.& Kinds of PKGS）。

此栏填写货物的包装种类及总外包装件数。包装种类有木箱（Wooden Case）、纸箱（Carton）、袋装（Bag）、纸板箱（Cardboard Box）等，不可笼统地填为件（Packages）。一张提单有几种不同的包装也应分别列明，在总数及大写部分则可以使用“Packages”。托盘及集装箱也可作为包装填列。

（13）货物描述（Description of Goods）。

此栏只填写货物的名称即可。按照《UCP600》第十四条第 e 款的规定，除商业发票外，在一切其他单据中，货物的描述可使用统称，即主要的商品名称，不需要详细列出商品规格，但不能与信用证中货物的描述相抵触。

（14）货物毛重（Gross Weight）。

此栏填写货物的总毛重，应与其他单据相一致。如果是裸装货物没有毛重，只有净重，则在净重前加注“NET WEIGHT”。一般以千克为重量单位（保留两位小数）。

（15）尺码（Measurement）。

此栏填写总尺码（立方米），即指货物的体积。除信用证另有规定外，以立方米为体积单位（保留三位小数）。

（16）总件数大写（Total Number of Containers and/or Packages）。

此栏应填写总件数的英文表达，应与提单上的以阿拉伯数字表示的总件数保持一致。

（17）运费条款（Freight and Charges）。

一般情况下，海运提单都不填写运费的具体数额，而只是表明运费的支付方式。信用证有特别要求的例外。

运费的支付方式通常有两种“FREIGHT PREPAID”（运费预付）和“FREIGHT COLLECT”（运费到付）。运费的支付情况根据合同中使用的贸易术语判断选择。贸易合同中使用 CIF/CFR/CIP/CPT 等术语时，提单中的运费条款栏目应填制“FREIGHT PREPAID”；贸易合同中使用 FOB/FCA 等术语时，提单中的运费条款栏目应填制“FREIGHT COLLECT”。

（18）提单的签发地点和签发日期（Place and Date of Issue）。

此栏目一般应按货物实际完成装运的地点和时间填写，也可以按实际签发日期填写。如果实际签发日期与货物的实际装船日期不相同，为了表明货物已经完成装船，还需要在提单上标注货物的实际装船日期，通常在提单上较大的空白处（例如在货物描述的下方位置）注明，如“ON BOARD MAY 21,2020”。这也是实际业务中的常规做法。但不管怎样，提单上的签发日期和装船日期都不能晚于合同或信用证规定的装运期，否则会造成单据不符要求。

（19）正本提单的份数（Number of Original B(s)/L）。

此栏目根据船公司实际签发的正本提单的份数填写，填写为“ONE(1)”“TWO(2)”或“THREE(3)”等。如果信用证仅规定“FULL SET”（全套），没有具体的份数要求，则可以按照习惯做成三份正本和三份副本。如果船公司实际仅出具一份正本提单，则按照《UCP600》中的规定，一份正本提单也能构成全套提单。

（20）装船日期及签名（Shipped on Board the Vessel Date & Signature）。

此栏目填写货物的装船日期及签名。根据《UCP600》中的规定，若提单上没有预先印就“SHIPPED ON BOARD"（已装船）字样的，则必须在提单上加装船批注“ON BOARD NOTATION”。装船日期是指货物装船完毕的日期。

（21）承运人或其代理人签字、盖章（Signed for and on Behalf of the Carrier）。

此栏目由承运人或承运的代理人签字、盖章。《UCP600》第二十条对港至港运输提单的签字方式做了规定，规定既要注明承运人的名称，还应该由下列人员签字或用其他方式证实：“承运人或承运人的具名代理或代表，或船长或船长的具名代理或代表。”签字或盖章的人，必须要表明身份（标明“AS CARRIER”或“AS MASTER”或“AS AGENT FOR THE CARRIER”或“ON BEHALF OF THE CARRIER”等）。

知识链接

不可转让海运单

不可转让海运单（Non-Negotiable Sea Waybill）简称海运单（Sea Waybill），是国际海洋运输中一种较常见的运输单据。它的功能与海运提单类似，都是证明海上货物运输合同和货物由承运人接管或装船，以及承运人保证据以将货物交付给单据所载明的收货人的一种单证。海运单不是物权凭证，不能转让，这是海运单与海运提单的本质区别。

海运单的格式及内容与海运提单基本相同，缮制方法可参照海运提单的缮制说明。但须特别注意，海运单因为不是物权凭证，不可转让，收货人栏目只能填写确定的收货人名称及地址，不能做成不记名式抬头或指示式抬头。

4.3　航空运单认知

4.3.1　航空运单的含义与作用

1. 航空运单的含义

航空运单（Air Waybill，AWB）是进出口货物通过航空运输时，由航空公司或其代理人在接管货物后签发的一种货物收据。航空运单不是物权凭证，不能转让。航空运单上通常标明“Non-Negotiable”（不可转让）字样。航空运单也不能代表航空公司的提货通知单。

2. 航空运单的作用

航空运单有三份正本，其中一份交托运人，是承运人或其代理人接收货物的依据；第二份由承运人留存，作为记账凭证，是核收运费的依据；最后一份随货同行，用于记载有关该票货物发送、转运、交付的事项，货物到达目的地后，交付给收货人作为核收货物的依据。航空运单的作用可概括如下。

（1）航空运单是发货人与航空承运人之间的运输合同。

航空运单不仅证明航空运输合同的存在，而且航空运单本身就是发货人与航空运输承运人之间缔结的货物运输合同，在双方共同签署后产生效力，并在货物到达目的地交付给运单上所记载的收货人后失效。

（2）航空运单是承运人签发的已接收货物的证明。

航空运单也是货物收据，在发货人将货物发运后，承运人或其代理人就会将其中一份交给发货人（发货人联），作为已经接收货物的证明。除非另外注明，它是承运人收到货物并在良好条件下装运的证明。

（3）航空运单是承运人据以核收运费的账单。

航空运单分别记载着应由收货人负担的费用、应支付给承运人的费用和应支付给代理人的费用，并详细列明费用的种类、金额，因此可作为运费账单。承运人往往也将其中的承运人联作为记账凭证。

（4）航空运单是报关单证之一。

出口时航空运单是报关单证之一。货物到达目的地机场进行进口报关时，航空运单通常也是海关查验放行的基本单证。

（5）航空运单同时可作为保险证书。

如果承运人承办保险或发货人要求承运人代办保险，航空运单也可用来作为保险证书。

（6）航空运单是承运人内部业务的依据。

航空运单随货同行，证明了货物的身份。运单上记载了有关该票货物发送、运转、交付的事项，承运人会据此对货物的运输做出相应的安排。

4.3.2 航空运单的种类

航空运单主要分为两大类。

1. Master Air Waybill，MAWB

航空主运单。航空主运单是指由航空运输公司签发的航空运单。它是航空运输公司据以办理货物运输和交付的依据，是航空运输公司和托运人订立的运输合同。每一批航空运输的货物都有自己相对应的航空主运单。

2. House Air Waybill，HAWB

航空分运单。航空分运单是指集中托运人办理集中托运业务时签发的航空运单。

在集中托运的情况下，除航空运输公司签发主运单外，集中托运人还要签发航空分运单。其中，航空分运单作为集中托运人与货主之间的货物运输合同，合同双方分别为货主和集中托运人；而航空主运单作为航空运输公司与集中托运人之间的货物运输合同，当事人为集中托运人和航空运输公司。货主与航空运输公司没有直接的契约关系。

不仅如此，由于在起运地货物由集中托运人将货物交付航空运输公司，在目的地由集中托运人或其代理人从航空运输公司处提取货物，再转交给收货人，因而收货人与航空运输公司也没有直接的货物交接关系。

通常航空主运单有出票航空公司的标志，航空分运单无承运人标志，又称中性单。

4.3.3 航空运单的缮制要求

不同的航空公司有自己独特的航空运单格式，但各航空公司所使用的航空运单大多借鉴国际航空运输协会（简称 IATA）推荐的标准格式，所以差别不大。下面以【样单 IV-4-6】航空货运单为例，说明航空运单的缮制要求。

【样单 IV-4-6】航空货运单

（1）

Shipper's Name and Address （2）	Shipper's Account Number （3）	NOT NEGOTIABLE **AIR WAYBILL** ISSUED BY
		Copies 1,2 and 3 of this Air Waybill are originals and have the same validity.
Consignee's Name and Address （4）	Consignee's Account Number （5）	It is agreed that the goods described herein are accepted for carriage in apparent good order and condition (except as noted) and subject to the conditions of contract on the reverse hereof. All goods may be carried by any other means including road or any other carrier unless specific contrary instructions are given hereon by the shipper, and shipper agrees that the shipment may be carried via intermediate stopping places which the carrier deems appropriate. The shipper's attention is drawn to the notice concerning carrier's limitation of liability. Shipper may increase such limitation of liability by declaring a higher value for carriage and paying a supplemental charge if required.
Issuing Carrier's Agent Name and City （6）		Accounting Information （18）
Agent's IATA Code（7）	Account No.　（8）	
Airport of Departure(Addr.of first Carrier)and Requested Routing （9）	Reference Number	Optional Shipping Information

To (10)	By First Carrier（11）	To (12)	By (13)	To (14)	By (15)	Currency (19)	CHGS Code (20)	WT/VAL		Other		Declared Value for Carriage (23)
								PPD (21a)	COLL (21b)	PPD (22a)	COLL (22b)	Declared Value for Customs(24)

Airport of Destination (16)	Requested Flight/Date		Amount of Insurance (25)	INSURANCE: If Carrier offers insurance and such insurance is requested in accordance with the conditions thereof,indicate amount to be insured in figures in box marked "Amount of Insurance".	TC
	(17a)	(17b)			

续

<table>
<tr><td colspan="7">Handling Information
(26)</td><td>SCI</td></tr>
<tr><td>No.of Piece, RCP</td><td>Gross Weight</td><td>Kg/Lb</td><td>Rate Class
(30)</td><td>Chargeable Weight</td><td>Rate/Charge</td><td>Total</td><td>Nature and Quantity of Goods
(incl.dimensions or volume)</td></tr>
<tr><td>(27)</td><td>(28)</td><td>(29)</td><td>Commodity Item No.</td><td>(31)</td><td>(32)</td><td>(33)</td><td>(34)</td></tr>
</table>

<table>
<tr><td colspan="2">Prepaid Weight Charge Collect</td><td colspan="2" rowspan="2">Other Charges
(46)</td></tr>
<tr><td>(35a)</td><td>(35b)</td></tr>
<tr><td colspan="2">Valuation Charge</td><td colspan="2" rowspan="2"></td></tr>
<tr><td>(36a)</td><td>(36b)</td></tr>
<tr><td colspan="2">Tax</td><td colspan="2" rowspan="2"></td></tr>
<tr><td>(37a)</td><td>(37b)</td></tr>
<tr><td colspan="2">Total other Charge Due Agent</td><td colspan="2" rowspan="5">Shipper certifies that the particulars on the face hereof are correct and that insofar as any part of the consignment contains dangerous goods,such part is properly described by name and is in proper condition for carriage by air according to the applicable dangerous goods regulations.
(48)</td></tr>
<tr><td>(38a)</td><td>(38b)</td></tr>
<tr><td colspan="2">Total other Charge Due Carrier</td></tr>
<tr><td>(39a)</td><td>(39b)</td></tr>
<tr><td colspan="2" rowspan="2"></td></tr>
<tr><td colspan="2">Signature of Shipper or its Agent</td></tr>
<tr><td>Total Prepaid</td><td>Total Collect</td><td colspan="2" rowspan="3">(49)</td></tr>
<tr><td>(40)</td><td>(41)</td></tr>
<tr><td>Currency Conversion Rate</td><td>CC Charge in Destination Currency</td></tr>
<tr><td>(42)</td><td>(43)</td><td colspan="2">Executed on (date) at (place), Signature of issuing Carrier or its Agent</td></tr>
<tr><td colspan="2">For Carrier's Use only at Destination
(44)</td><td>Charge at Destination
(45)</td><td>Total Collect Charge
(47)</td></tr>
</table>

1. Air Waybill No.

航空货运单号。运单号通常印在每份运单的左上角和右下角，由 11 位数字构成。前 3 位表示航空公司数字代号，如我国的国际航空公司的代码就是 999；第 4 位至第 10 位表示货运单序号；最后一位是检验号。

2. Shipper's Name and Address

托运人姓名和住址。填写托运人的姓名、地址、所在国家及联络方法。

（1）托运人可以是货主，也可以是货运代理人。如采用的是集中托运，通常托运人是货运代理人；如采用的是直接托运，托运人是货主。

（2）危险货物必须由货主直接托运，即托运人栏必须填货主，航空公司不接受货运代理人的托运。

（3）在信用证结汇方式下，托运人一般填受益人的相应信息；在托收方式下，一般填合同中买方的相应信息。

3. Shipper's Account Number

托运人账号。只在必要时填写，以便承运人在收货人拒付运费时向托运人索偿。

4. Consignee's Name and Address

收货人姓名和住址。填写收货人的姓名、地址、所在国家及联络方法。

（1）与海运提单不同，航空货运单必须是记名抬头，不得填写“To order”或“To order of shipper”字样，因为航空货运单不可转让。

（2）收货人可以是实际收货人，也可以是货运代理人。集中托运时收货人通常是货运代理人，直接托运时为实际收货人。

（3）承运人一般不接受一票货物有两个或以上的收货人。如果在实际业务中确有多个收货人，则在该栏内填写第一收货人，同时在通知栏内填写第二收货人。

5. Consignee's Account Number

收货人账号。只在必要时填写。

6. Issuing Carrier's Agent Name and City

代理人名称和所在城市。例如，该份货运单由航空公司代理人上海 ABC 公司[ABC Co.(Shanghai)]填开，则直接将“ABC Co.(Shanghai)”填在该栏即可。

7. Agent's IATA Code

代理人的 IATA 代号。填写航空公司代理人的 IATA 代号，具体格式为代理人代码/城市代码，如“ABC/SHA”。

8. Account No.

代理人账号。只在必要时填写。

9. Airport of Departure and Requested Routing

始发站机场及所要求的航线。填写始发站机场的英文全称和所要求的运输路线。实务中一般仅填写启航机场的名称或所在城市的全称，具体填写如下。

（1）当始发站机场全称不清楚时，只填始发站所在城市名称。

（2）城市重名的不同国家，需填国家名称。

（3）同城市的不同机场，需填机场名称。

注意：与前面其他单据的填写一样，当信用证上要求“Any Chinese Airport”时，货运单上不能照填，必须写具体的机场名称，如“Shanghai Pudong International Airport”，或填其代码“PVG”。

10. To(by First Carrier)

至（由第一承运人）。填写目的站机场或第一个转运点的 IATA 三字代号。

11. By First Carrier

由第一承运人。填写第一承运人的名称或 IATA 两字代号。

12. To(by Second Carrier)

至（由第二承运人）。填写目的站机场或第二个转运点的 IATA 三字代号。

13. By(Second Carrier)

由（第二承运人）。填写第二承运人的名称或 IATA 两字代号。

14. To(by Third Carrier)

至（由第三承运人）。填写目的站机场或第三个转运点的 IATA 三字代号。

15. By(Third Carrier)

由（第三承运人）。填写第三承运人的名称或 IATA 两字代号。

16. Airport of Destination

目的港。填写最终目的站机场的名称或 IATA 三字代码，具体如下。

（1）机场的三字代码按 IATA 规范标准填报，如上海浦东国际机场的代码为“PVG”。

（2）机场名称不明确时，可填城市名称，当城市与其他国家的城市有重名时，应加上国名。例如悉尼，如果是加拿大悉尼，应填写“SYD,CA”；如果是澳大利亚悉尼，应填写“SYD.AU”。

17. Requested Flight/Date

所要求的航班/日期。填写飞机航班号及起飞日期。

18. Accounting Information

财务说明。该栏填写运费缴付方式及其他财务说明事项，具体包括以下内容。

（1）运费支付方式：Freight Prepaid 或 Freight Collect。

（2）付款方式：Cash、Check 或 MCO（旅费证，用该证付款时，需填写 MCO 号码、旅客客票号码、航班及日期）等。

（3）若承运飞机起飞后需更改运费，则将更改通知单号（CCANo.）填在本栏内。

19. Currency

货币。填入 ISO 货币代码。

20. CHGS Code

收费代号。本栏一般不需填写，仅供电子传送货运单信息时用。

21. Weight Charge/Valuation Charge,WT/VAL

运费及声明价值费。此栏分为两种情况：预付（Prepaid,PPD）或到付（Collect,COLL）。

如果是预付，则在（21a）中填入“*”，否则填在（21b）中。需要注意的是，航空货物运输中运费与声明价值费的支付方式必须一致，不能分别支付。

22. Other

其他费用。其他费用也分为预付和到付两种支付方式。

23. Declared Value for Carriage

运输声明价值。填写托运人向承运人办理的货物声明价值的金额。当托运人不办理货物声明价值时，此栏必须填写“NVD”（No Value Declaration）。

24. Declared Value for Customs

海关声明价值。填写托运人向海关申报的货物价值，当托运人不办理此项声明，则此栏须填入“NCV”（No Customs Valuation），表明托运人没有向海关声明价值。

25. Amount of Insurance

保险金额。只有在航空公司提供代保险业务而客户也有此需要时才填写此栏。中国民航不代理国际货物运输保险，该栏须打上“×××”或“NIL”（表示无值）。

26. Handling Information

操作信息。一般填入承运人对货物处理的有关注意事项，具体填写如下。

（1）当有两个收货人时，第二收货人的相应信息填写在该栏。

（2）若货运单有随附的文件，该栏需显示文件的名称，如“Attached files including Commercial Invoice, Packing List”。

（3）货物上的标志、号码、包装方法等。

（4）如果货物是危险品，分以下两种情况：需要附托运危险品申报单时，本栏一般填“Dangerous goods as per attached Shipper’s Declaration”；不需要附托运危险品申报单时，本栏填“Shipper’s Declaration not required”。

（5）填写货物所需的特殊处理，如“DDU”（未完税交付）。

（6）其他事项。

27. No.of Pieces,Rate Combination Point(RCP)

货物件数和运价组成点。填入货物包装件数，如 10 包即填“10”。当需要组成比例运价或分段相加运价时，在此栏填入运价组成点机场的 IATA 代码。

28. Gross Weight

毛重。填入货物总毛重，以千克为单位时可保留小数后一位。

29. Kg/Lb

重量单位。可选择以千克（kg）或磅（lb）为单位。以千克为单位时填入代号“K”，以磅为单位时填入代号“L”。

30. Rate Class

运价等级。根据航空公司的资料，按实际填写运价等级的代号，具体代号如表 4-1 所示。

表 4-1 运价等级代号

代　码	运价英文名称	运价中文名称
M	Minimum Charge	最低运费
N	Normal Rate	45 千克以下货物适用的普通货物运价
Q	Quantity Rate	45 千克及以上货物适用的普通货物运价
C	Specific Commodity Rate	指定商品运价
S	Surcharged Class Rate	等级货物附加运价
R	Reduced Class Rate	等级货物附减运价
U	Unit Load Device Basic Charge or Rate	集装化设备基本运费或运价
E	Unit Load Device Additional Rate	集装化设备附加运价
X	Unit Load Device Additional Information	集装化设备附加说明
Y	Unit Load Device Discount	集装化设备折扣

31. Chargeable Weight

计费重量。此栏填入航空公司据以计算运费的计费重量，该重量可以与货物毛重相同，也可以不同，具体情况如下。

（1）当货物是重货时，计费重量可以是货物的实际毛重。

（2）当货物是轻泡货时，计费重量可以是货物的体积重量。

（3）计费重量可以是较高重量较低运价的分界点的重量。即按实际计费重量计算出的运费超过较高重量的分界点运费时，航空公司可同意按较低者收取运费。

例如：实际重量为 41 千克的货物运往美国，运价等级为 45 千克以下时 10 美元/千克，45 千克及以上时 8 美元/千克。由于按实际重量计收运费 410 美元（41×10）高于 45 千克分界点运费 360 美元（45×8），则可按分界点重量 45 千克计收运费。

32. Rate/Charge

运价/运费。填入该货物适用的运价或运费。

（1）使用最低运费时，填写与“M”相对应的最低运费。

（2）使用“N”“Q”“C”运价代号时，填写相对应的运价。

（3）货物为等级货物时，填写与代号“S”“R”对应的附加、附减后的运价。

（4）货物为集装货物时，填写与代号“U”“E”对应的集装货物运费或运价。

33. Total

运费总额。此栏数值应为最低运费值或为适用运价与计费重量两栏数值的乘积。

34. Nature and Quantity of Goods

货物的性质、数量（含尺码或体积）。填写合同或信用证中规定的货物性质、数量及尺码时应注意。

（1）托运货物中含有危险货物时，应分别填写，并把危险货物列在第一项。

（2）托运货物为活动物时，应依照 IATA 活动物运输规定填写。

（3）对子集装货物，填写“Consolidation as per attached list”。

（4）货物的体积表示为“长×宽×高”，如“DIMS：50×30×20”。

（5）合同或信用证要求标明原产地国时，可在此栏标出货物的原产地国。

35. Weight Charges

计重运费。在对应的“预付”或“到付”栏内填入按计费重量计算的运费额，其数值应与上述“运费总额”栏中的金额一致。

36. Valuation Charge

声明价值附加费。如托运人对托运货物声明价值，则在对应的“预付”或“到付”栏内填入声明价值附加费金额，其公式为：声明价值附加费金额=（声明价值-实际毛重×最高赔偿额）×0.5%。

37. Tax

税款。在对应的“预付”或“到付”栏内填入适当的税款。

38. Total other Charge Due Agent

由代理人收取的其他费用。在对应的“预付”或“到付”栏内填入由代理人收取的其他费用，也可填“As arranged”。

39. Total other Charge Due Carrier

由承运人收取的其他费用。在对应的“预付”或“到付”栏内填入由承运人收取的其他费用，也可填“As arranged”。

40. Total Prepaid

预付总额。填写（35a）—（39a）各栏预付款项之和，也可填“As arranged”。

41. Total Collect

到付总额。填写（35b）—（39b）各栏到付款项之和，也可填“As arranged”。

42. Currency Conversion Rate

货币兑换比价。填写目的站国家货币代号及兑换比率。

43. CC Charge in Destination Currency

用目的站国家货币付费。填写换算为目的站国家货币的到付费用总额。

44. For Carrier’s Use only at Destination

仅供承运人在目的站使用。此栏不需填写。

45. Charge at Destination

在目的站的费用。填写最后承运人在目的站发生的费用金额，包括利息等。

46. Other Charges

其他费用。填写除运费和声明价值附加费以外的其他费用。根据 IATA 规则，各项费用分别以三个英文字母表示，其中前两个字母是某项费用的代码，如运单费就表示为 AW（Air Waybill Fee），第三个字母是 C 或 A，分别表示费用应支付给承运人（Carrier）或货运代理人（Agent）。

47. Total Collect Charge

到付费用总额。填写到付费用总额。

48. Signature of Shipper or its Agent

发货人或其代理人签名。签名后已保证本单所填内容正确，且对危险品（如有）已明确表述并已按规定正确处理。

49. Executed on (date) at (place), Signature of Issuing Carrier or its Agent

签发运单日期、地点及承运人或其代理人签字。签单以后正本航空货运单方能生效。本栏所表示的日期为签发日期，也就是本批货物的装运日期。如果信用证规定货运单必须注明实际起飞日期，则以货运单所注的实际起飞日期作为装运日期。本栏的日期不得晚于信用证规定的装运日期。

以代理人身份签章时，同海运提单一样，需要在签章处加注“As Agents”；承运人签章加注“As Carrier”。

本章小结

运输单据是进出口贸易单位工作中最重要的单据之一。它是托运人按要求装运货物后，承运人或其代理人签发的收到货物的书面凭证。在国际货物买卖中，凡涉及运输的买卖合同，都需要就货物的运输方式及当事人在有关货物运输方面的责任做出规定。在当今的国际贸易中，绝大部分交易是采用 FOB、CFR 和 CIF 等几种主要的贸易术语成交的。根据《2010 年国际贸易术语解释通则》的有关规定，买卖双方中的一方必须与承运人订立运输合同并承担相应事宜。在所有运输方式中，海洋运输方式使用得最为广泛；航空运输方式为后起之秀，发展速度非常迅猛，因而国际海运货物委托书、海运提单以及国际空运货物委托书、航空运单的缮制就显得十分重要。

第5章
官方单据

学习目标

- ➪ 了解出入境检验检疫申请单、进出口货物报关单和产地证书的含义与作用；
- ➪ 掌握产地证书的类型；
- ➪ 重点掌握出入境检验检疫申请单、进出口货物报关单的缮制要求及规范；
- ➪ 重点掌握一般原产地证书和普惠制原产地证书的缮制要求及规范。

摘要

官方单据也称公务单据，是指在国际贸易活动中，由我国外经贸管理机构出具的具有一定证明效力的文件。官方单据包括一般原产地证书、普惠制原产地证书（格式 A)、商品检验证书和出口许可证等。在国际贸易实务中，当进出口商签订合同之后，要想货物能顺利出运，除租船订舱之外，还必须进行进出口报检、报关、获取产地证书等程序。本章主要介绍在进出口报检、报关等程序中必填的出入境检验检疫申请单、进出口货物报关单和产地证书的相关内容。

5.1 出入境检验检疫申请单认知

5.1.1 出入境货物检验检疫的含义与作用

1. 出入境货物检验检疫的含义

我国出入境检验检疫工作是中国海关依照国家检验检疫法律规定，对出入境货物（包括动植物商品)，以及运载这些商品和旅客的交通工具、运输设备实施检验、检疫、鉴定、监督管理和对出入境人员实施卫生检疫及口岸卫生监督的统称。

出入境货物需要检验检疫的，应由申请单位向中国海关检验检疫部门申请检验检疫。出入境货物检验检疫申请人可登录“中国国际贸易单一窗口”或“互联网+海关”录入货物相关资料，进行网上申请。

2. 出入境货物检验检疫流程

根据中华人民共和国海关总署“互联网+海关”平台的办事指南说明，海关对出入境货物（商品）检验包括进出口商品检验（合格评定）、进出口商品复验和进出口商品免检三部分。其中，进出口商品检验（合格评定）部分包括进出口商品抽查检验、进出口商品法定检验、民用商品入境检验、出口危险货物包装使用鉴定和出口危险货物包装性能检验五部分。

在一般的国际贸易中，常常涉及的出入境货物检验检疫主要是进出口商品抽查检验和进出口商品法定检验两部分。本文主要说明进出口商品抽查检验和进出口商品法定检验的流程。

（1）进出口商品抽查检验流程。

① 海关根据指令进行现场查验，并抽取样品送实验室检测。

② 经海关抽查合格的，签发抽查结果通知单，准予该批货物销售、使用或出口；经海关抽查不合格的进口商品，签发抽查结果通知单，在海关的监督下进行技术处理，经重新检测合格后，方可销售或者使用；不能进行技术处理或者经技术处理后仍不合格的，由海关责令当事人退货或者销毁；经海关抽查不合格的出口商品，签发抽查结果通知单，在海关的监督下进行技术处理，经重新检测合格后，方准出口；不能进行技术处理或者经技术处理后，重新检测仍不合格的，不准出口。

具体流程图见图 5-1 海关进出口商品抽查检验流程图。

（2）进出口商品法定检验流程。

① 收发货人或代理企业向受理机构提出检验申请并提交有关材料。申请人统一登录“互联网+海关”一体化网上办事平台或“中国国际贸易单一窗口”，通过“货物申报”模块，按照《中华人民共和国海关进出口货物报关单填制规范》的要求向海关传送报关单电子数据及随附单证。海关工作人员根据有关规定审核申报资料，符合规范要求的予以受理，不符合要求的进行退单操作，并一次性告知企业进行补正。

② 实施检验。海关根据有关工作规范、企业信用类别、产品风险等级，判别是否需要实施现场检验及是否需要对产品实施抽样检测。

③ 法定检验的进口商品经检验涉及人身财产安全、健康、环境保护项目不合格的，由海关责令当事人销毁或退运；其他项目不合格的，可以在海关监督下进行技术处理，经重新检验合格的，方可销售或者使用。海关对检验不合格的成套设备及其材料，签发不准安装使用通知书；经技术处理，并经海关重新检验合格的，方可安装使用。法定检验的出口商品经海关检验或者口岸查验不合格的，可以在海关监督下进行处理，经重新检验合格的，方准出口；不能进行技术处理或者技术处理后重新检验仍不合格的，不准出口。

④ 当事人申请海关出证的，海关应当及时出证。

具体流程图见图 5-2 海关进出口商品法定检验流程图。

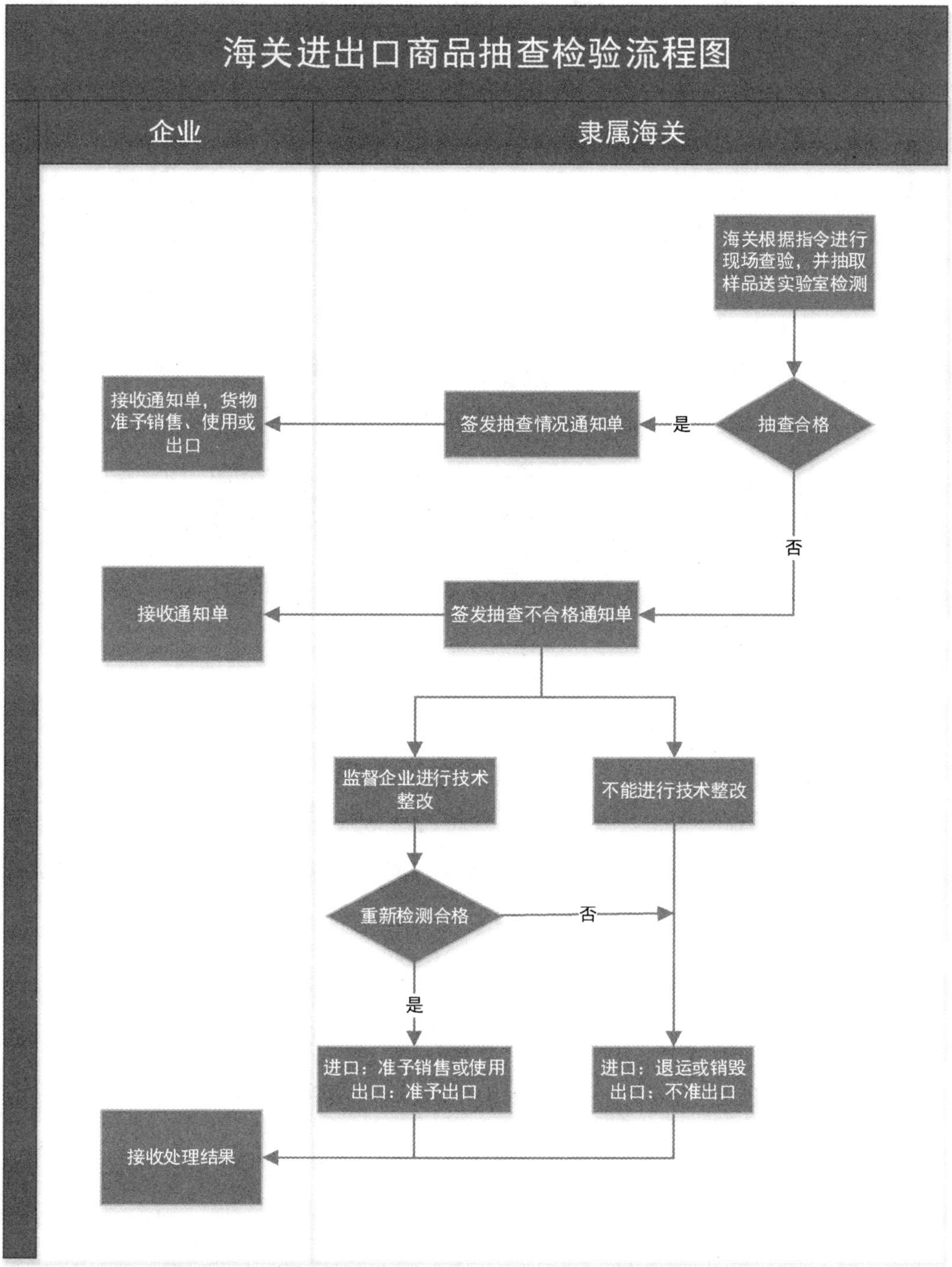

图 5-1　海关进出口商品抽查检验流程图

资料来源：中华人民共和国海关总署网站

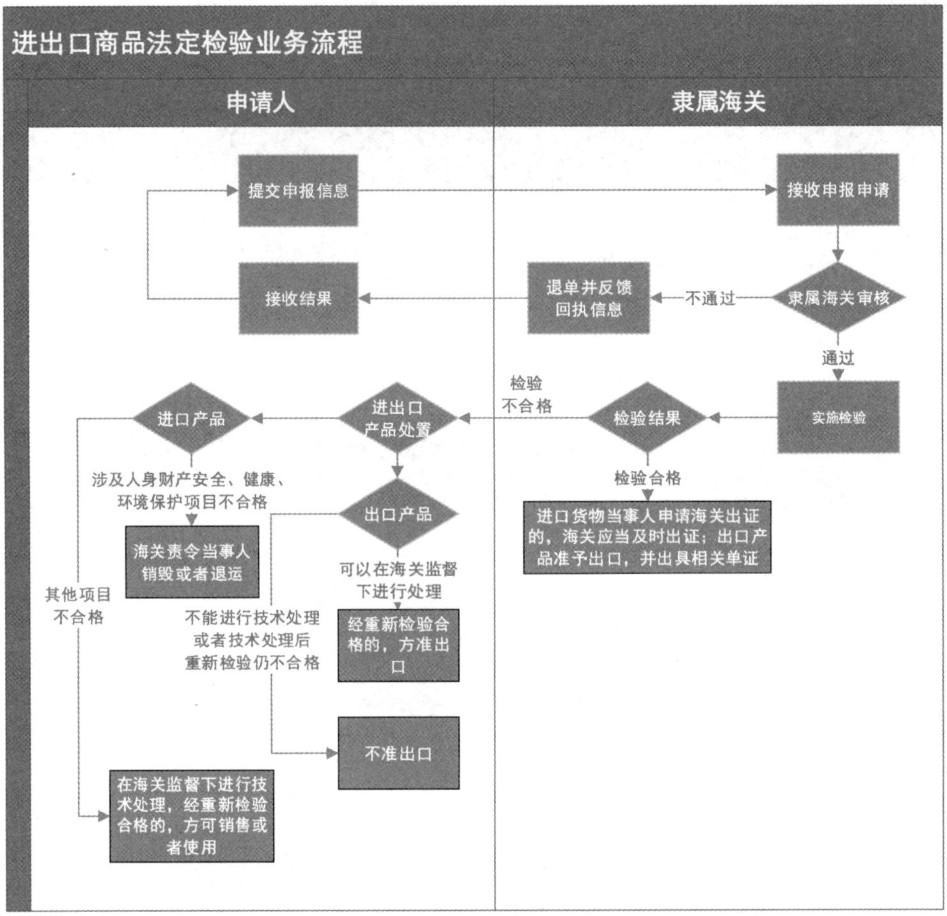

图 5-2　海关进出口商品法定检验流程图

资料来源：中华人民共和国海关总署网站

知识链接

表 5-1　进出口商品法定检验办理材料目录

材料名称	材料填写样本	材料类型	来源渠道	材料份数	材料必要性
合同	无	复印件	申请人自备	纸质或电子版 1 份	必要
发票	无	复印件	申请人自备	纸质或电子版 1 份	必要
装箱清单	无	复印件	申请人自备	纸质或电子版 1 份	必要
提（运）单	无	复印件	申请人自备	纸质或电子版 1 份	必要
代理报关授权委托协议（盖章）	无	原件	申请人自备	纸质或电子版 1 份	必要
出口货物需提供厂检证明（盖章）	无	原件	申请人自备	纸质或电子版 1 份	必要

资料来源：中华人民共和国海关总署网站

3. 出入境货物检验检疫的作用

（1）对进出口商品的检验检疫和监督认证是为了满足进口国的各种规定要求。世界各主权国家为保护人民身体健康，保障工农业生产、基本建设、交通运输和消费者的安全，相继制定有关食品、药品、化妆品和医疗器械的卫生法规，各种机电与电子设备、交通运输工具和涉及安全的消费品的安全法规，动植物及其产品的检疫法规，检疫传染病的卫生检疫法规，规定有关产品进口或携带、邮寄入境，都必须持有出口国官方检验检疫机构证明符合相关安全、卫生与检疫法规标准的证书，甚至规定生产加工企业的质量与安全卫生保证体系，必须经过出口国或进出口国官方注册批准，并使用法规要求的产品标签和合格标志，其产品才能取得市场准入资格。许多法规标准，已形成国际法规标准。

出入境检验检疫是合理利用国际通行的非关税技术壁垒手段，保证本国对外贸易顺利进行和持续发展的需要。

（2）加强对重要出口商品质量的强制性检验是为了促进提高本国产品质量及其在国际市场上的竞争能力，以利扩大出口。在世界贸易竞争日益激烈的情况下，出口商品如果质量差，必然会影响对外成交，卖不出去或卖不上好价，即使勉强推销出去，也会引起不良影响，遭致退货或索赔，甚至丢失国外市场，使国家遭受经济损失和不良政治反映。特别在当前世界，各国大都促出限进，对进口商品加强限制，而消费者对商品质量的要求越来越高。因此，为维护国家经济利益和对外信誉，有必要对重要的出口商品实施强制性检验，保证质量、规格、包装、数量、重量符合外贸合同和有关标准要求。

（3）加强对进口商品的检验是为了保障国内生产安全与人民身体健康，维护国家对外贸易的合法权益。随着对外贸易的发展，进口商品逐渐增多，但也存在不少问题，如以次充好、以旧顶新、以少冒多、掺杂使假等，如果不认真检验，不仅会使国家遭受经济损失，还会严重影响生产建设和人民身体健康。所以有必要对进口商品的质量、规格、包装、数量、重量按照合同和有关标准规定严格检验，把好进口商品质量关。

（4）在国际贸易中，对外贸易、运输、保险双方往往要求由官方或权威的非当事人，对进出口商品的质量、重量、包装、装运技术条件提供检验合格证明，作为出口商品交货、结算、计费、计税和进口商品处理质量索赔问题的有效凭证。本国检验检疫机构对进出口商品实施检验，提供的各种检验鉴定证明，就是为对外贸易有关各方履行贸易、运输、保险契约和处理索赔争议，提供具有公正权威的必要证件。

5.1.2 出入境货物检验检疫申请单的缮制要求

在我国，要进行出入境货物检验检疫，首先要向海关提交出入境货物检验检疫申请，而出入境货物检验检疫申请单的格式和内容是由海关统一制定的。

出入境货物检验检疫申请单所列各栏须准确、完整、清晰填写，没有填写内容的栏目应以“/”表示，不得留空。

下面先以出境货物检验检疫申请单为例（具体见【样单 V-5-1】中华人民共和国海关出境货物检验检疫申请），说明其填制要求及规范；再展示入境货物检验检疫申请单样例，见【样单 V-5-2】中华人民共和国海关入境货物检验检疫申请。

【样单 V-5-1】中华人民共和国海关出境货物检验检疫申请

中华人民共和国海关
出境货物检验检疫申请

申请单位（加盖公章）： *编号______________

申请单位登记号： 联系人： 电话： 申请日期：

发货人	（中文）				
	（外文）				
收货人	（中文）				
	（外文）				
货物名称（中/外文）	H.S 编码	产地	数/重量	货物总值	包装种类及数量
运输工具名称号码		贸易方式		货物存放地点	
合同号		信用证号		用途	
发货日期		输往国家（地区）		许可证/审批号	
启运地		到达口岸		生产单位注册号	
集装箱规格、数量及号码					
合同、信用证订立的检验检疫条款或特殊要求		标记及号码		随附单据（画“√”或补填）	
				□合同 □信用证 □发票 □换证凭单 □装箱单 □厂检单	□包装性能结果单 □许可/审批文件 □代理报关委托书
需要证单名称（画“√”或补填）				*检验检疫费	
□品质证书 正 副 □重量证书 正 副 □数量证书 正 副 □兽医卫生证书 正 副 □健康证书 正 副 □卫生证书 正 副		□动物卫生证书 正 副 □植物检疫证书 正 副 □熏蒸/消毒证书 正 副 □出境货物换证凭单 正 副		总金额（人民币元）	
				计费人	
				收费人	
申请人郑重声明： 1．本人被授权申请检验检疫； 2．上列填写内容正确属实，货物无伪造或冒用他人的厂名、标志、认证标志。并承担货物质量责任。 签名：				领取单证	
				日期	
				签名	

注：有“*”号栏由海关填写。

【样单 V-5-2】中华人民共和国海关入境货物检验检疫申请

中华人民共和国海关
入境货物检验检疫申请

申请单位（加盖公章）：　　　　　　　　　　　　　　　　　　　　　　　　*编号____________

申请单位登记号：　　　　　联系人：　　　　　　　电话：　　　　　　申请日期：

<table>
<tr><td rowspan="2">发货人</td><td colspan="5">（中文）</td></tr>
<tr><td colspan="5">（外文）</td></tr>
<tr><td rowspan="2">收货人</td><td colspan="5">（中文）</td></tr>
<tr><td colspan="5">（外文）</td></tr>
<tr><td>货物名称（中/外文）</td><td>H.S 编码</td><td>产地</td><td>数/重量</td><td>货物总值</td><td>包装种类及数量</td></tr>
<tr><td></td><td></td><td></td><td></td><td></td><td></td></tr>
<tr><td>运输工具名称号码</td><td></td><td>合同号</td><td colspan="3"></td></tr>
<tr><td>贸易方式</td><td></td><td>贸易国别（地区）</td><td></td><td>提单/运单号</td><td></td></tr>
<tr><td>到货日期</td><td></td><td>启运国家（地区）</td><td></td><td>许可证/审批号</td><td></td></tr>
<tr><td>卸毕日期</td><td></td><td>启运口岸</td><td></td><td>入境口岸</td><td></td></tr>
<tr><td>索赔有效期至</td><td></td><td>经停口岸</td><td></td><td>目的地</td><td></td></tr>
<tr><td>集装箱规格、数量及号码</td><td colspan="5"></td></tr>
<tr><td rowspan="2">合同、信用证订立的检验检疫条款或特殊要求</td><td rowspan="2"></td><td colspan="3">货物存放地点</td><td></td></tr>
<tr><td colspan="3">用途</td><td></td></tr>
<tr><td colspan="2">随附单据（画“√”或补填）</td><td>标记及记号</td><td>*外商投资财产(划“√”)</td><td>□是</td><td>□否</td></tr>
<tr><td rowspan="4">□合同
□发票
□提/运单
□兽医卫生证书
□植物检疫证书
□动物检疫证书
□卫生证书
□原产地证书
□许可/审批文件</td><td rowspan="4">□到货通知
□装箱单
□质保书
□理货清单
□磅码单
□验收报告</td><td rowspan="4"></td><td colspan="3">*检验检疫费</td></tr>
<tr><td colspan="2">总金额
（人民币元）</td><td></td></tr>
<tr><td colspan="2">计费人</td><td></td></tr>
<tr><td colspan="2">收费人</td><td></td></tr>
<tr><td colspan="2" rowspan="3">申请人郑重声明：
1.本人被授权申请检验检疫；
2.上列填写内容正确属实，货物无伪造或冒用他人的厂名、标志、认证标志。并承担货物质量责任。
签名：</td><td colspan="4">领取单证</td></tr>
<tr><td>日期</td><td colspan="3"></td></tr>
<tr><td>签名</td><td colspan="3"></td></tr>
</table>

注：有“*”号栏由海关填写。

1. 申请单位

填写向海关申请检验检疫的单位中文名称，并加盖申请单位公章。

2. 申请单位登记号

填写申请单位在海关的10位数登记证号码。

“联系人”填制申请人员的姓名；“电话”填制申请人的联系电话；“申请日期”填制中国海关检验检疫部门接受申请当天的日期。

3. 发货人和收货人

按合同填写。分别用中外文对照分行填写。

4. 货物名称

按贸易合同或发票所列的货物名称填写，根据需要可填写型号、规格或牌号。“货物名称”不得填写笼统的商品类，比如“陶瓷”“玩具”等，须填写具体的类别名称，比如“日用陶瓷”“塑料玩具”等；位置不够填写的，可用附页的形式填写。

5. H.S.编码

填写货物对应的海关商品代码，该编码为8位数或10位数。

6. 产地

填写货物生产/加工的地区名称。

7. 数/重量

填写货物的数/重量。重量一般填写净重，如果填写毛重，或以毛重作为净重，则需要注明。

8. 货物总值

按本批货物合同所列的总值填写（均以美元计）。

9. 包装种类及数量

填写本批货物运输包装的种类及数量。

10. 运输工具名称号码

填写货物实际装载的运输工具类别名称（如轮船、飞机、货柜车、火车等）及运输工具编号（如船名、飞机航班号、车牌号码、火车车次等）。

11. 贸易方式

选择填报一般贸易、三来一补、边境贸易、进料加工或其他贸易。

12. 货物存放地点

填写本批货物装货时存放的地点。

13. 合同号

填写贸易双方就本批货物所签订的书面贸易合同编号。

14. 信用证号

信用证支付时，本栏目填制信用证号；非信用证支付时，填制支付方式的英文代号。

15. 用途

填写本批货物的用途，如种用、食用、观赏、实验、药用、饲用、加工或其他。

16. 发货日期

按货物提单所列的日期填写。

17. 输往国家（地区）

填写本批货物的最终目的地国家（地区）。

18. 许可证/审批号

对实施许可证制度管理或审批制度管理的货物，报检时填写许可证编号或审批单编号。

19. 启运地

填写本批货物的装货港（地）。

20. 到达口岸

填写本批货物的目的地口岸名称。

21. 生产单位注册号

填制生产单位的注册号及生产单位中文名称。

22. 集装箱规格、数量及号码

填写装载本批货物的集装箱规格及分别对应的数量和集装箱号码。若集装箱太多，可用附单形式填报。

23. 合同、信用证订立的检验检疫条款或特殊要求

填写贸易合同、信用证中规定的对本批货物特别约定而订立的质量、卫生等条款，以及申请单位对本批货物检验检疫的特别要求。

24. 标记及号码

按货物实际运输包装标记填写，如没有标记，则填写“N/M”。

25. 随附单据

按实际向检验检疫机构提供的随附单据，在对应的“□”内画“√”。

26. 需要证单名称

在需要海关出具的证单对应的“□”内画“√”并注明份数。

27. 申请人郑重声明

必须有报检人的亲笔签名。

5.2 进出口货物报关单认知

5.2.1 进出口货物报关概述

1. 进出口货物报关的含义

进出口货物报关是指进出口货物收、发货人，进出境运输工具负责人，进出境物品的所有人或其代理人向海关办理货物、运输工具、物品进出境手续及相关手续的全过程。《中华人民共和国海关法》第八条规定，进出境运输工具、货物、物品，必须通过设立海关的地点进境或者出境。由此可见，报关是运输工具、货物、物品进出境的基本规则，也是进出境运输工具负责人、进出口货物收发货人、进出境物品所有人必须履行的一项基本义务。

进出口货物报关单是指进出口货物收发货人或其代理人，按照海关规定的格式对进出口货物的实际情况做出书面声明，以此要求海关对其货物按适用的海关制度办理通关手续的法律文书。它在对外经济贸易活动中具有十分重要的法律地位。它既是海关监管、征税、统计及开展稽查和调查的重要依据，又是加工贸易进出口货物核销、出口退税及外汇管理的重要凭证，也是海关处理走私、违规案件及税务、外汇管理部门查处骗税和套汇犯罪活动的重要证明文件。

2. 进出口货物报关的期限及申报方式

根据我国海关规定，出口货物应在货物运抵海关监管区后，装货的 24 小时之前向海关申报；进口货物应在装载货物的运输工具申报进境之日起 14 日内向海关申报。

根据我国海关规定，申报方式可分为纸质申报和电子申报两种。目前我国基本全部实现了电子申报，报关单位通过登录专门的申报系统（如“中国国际贸易单一窗口”“互联网+海关”等网络平台），录入电子报关数据，并上传报关随附单证，海关通过网络即可完成对报关数据的审核，从而实现电子通关，甚至无纸通关。

3. 进出口货物报关的申报流程

（1）按照《中华人民共和国海关进出口货物报关单填制规范》的要求向海关传送报关单电子数据及随附单证。

（2）进出口货物的收发货人以自己的名义，向海关申报的，报关单应当由进出口货物收发货人签名盖章，并随附有关单证。

报关企业接受进出口货物的收发货人委托，以自己的名义或以委托人的名义向海关申报的，应当向海关提交由委托人签署的授权委托书，并按照委托书的授权范围办理有关海关手续。

（3）电子数据报关单经过海关计算机检查接受申报。

具体流程见图 5-3 和图 5-4。

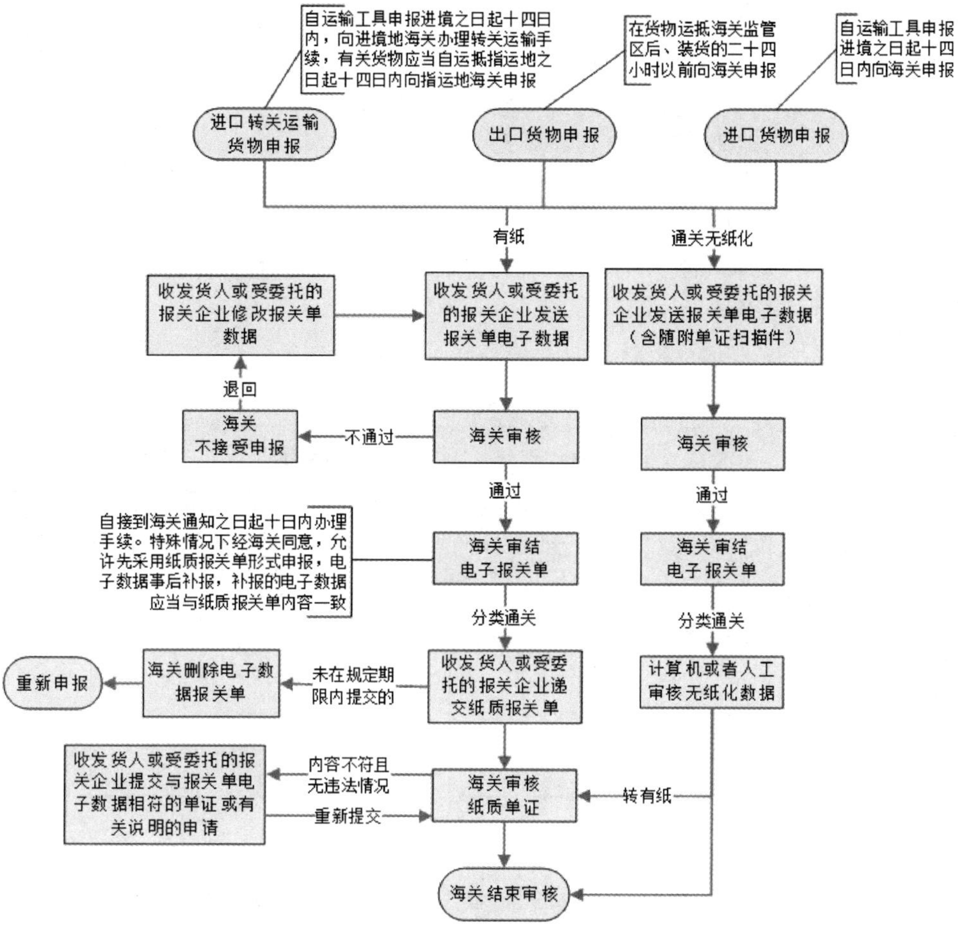

图 5-3　进出口申报管理流程图

资料来源：中华人民共和国海关总署网站。

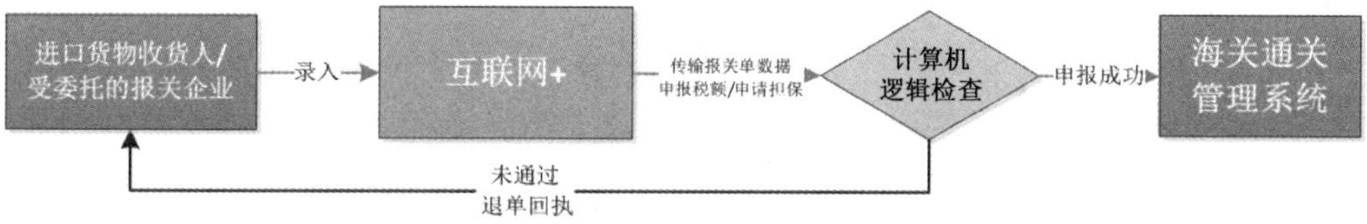

图 5-4　进出口货物电子申报流程图

资料来源：中华人民共和国海关总署网站。

4. 进出口货物报关单证

进出口货物报关时，申请人需要向海关提供以下单证。

（1）进口或出口货物报关单。

（2）随附单证。随附单证主要有商业发票、装箱单、运输单据等基本单证和进出口许可证件、原产地证书等特殊单证。

代理报关时，报关单位还须向海关提供代理报关委托书。

目前，我国的报关单证都实现了电子化。纸质的报关单据在海关要求提交时，可以自行打印提交给海关；在海关不需要提交时，仅供报关单位存档保存使用。

① 报关企业未对进出口货物的收发货人提供情况的真实性、完整性履行合理审查义务或违反海关规定申报的，应当承担相应的法律责任。

② 进口货物的收货人，在向海关申报前，因确定货物的品名、规格、型号、归类等原因，可以向海关提出查看货物或者提取货样的书面申请。

③ 超过规定时限未向海关申报的，海关按照《中华人民共和国海关征收进口货物滞报金办法》征收滞报金。

知识链接

表 5-2 进出口货物报关办理材料目录

材料名称	材料填写样本	材料类型	来源渠道	材料份数	材料必要性
（一）合同、发票、运输单据、装箱单等商业单据；（二）进出口所需的许可证件及随附单证；（三）海关总署规定的其他进出口单证。	无	原件	申请人自备	电子版 1 份	非必要

资料来源：中华人民共和国海关总署网站

关于中华人民共和国海关总署“关检合一”的新规定说明

2018 年 4 月 16 日，海关总署发布《关于企业报关报检资质合并有关事项的公告》（海关总署公告 2018 年第 28 号），表示关检合一进入实质性的优化整合阶段。2018 年 5 月 29 日，海关总署发布《关于全面取消<入/出境货物通关单>有关事项的公告》（海关总署公告 2018 年第 50 号），进一步优化营商环境，促进贸易便利化。涉及具有法定检验检疫要求的商品申报时，企业可通过“单一窗口”报关报检合一界面向海关一次申报。同时报关单、报检单合二为一，实现“一张大表”的新版报关单申报。

5.2.2 进出口货物报关单的缮制要求

我国进出口货物报关单的格式、内容由海关统一制定，电子报关单和纸质报关单的格式不完全一样。本文主要介绍纸质报关单的填制要求和规范。纸质报关单的填制规范不完全适用于电子报关单，但填好的纸质报关单可以作为电子报关单的录入凭证，供报关人员作为录入电子报关单的数据。

1. 进出口货物报关单填制的一般要求

（1）报关单的填制必须真实，做到“两个相符”。一是单证相符，即所填报关单各栏目的内容必须与合同、发票、装箱单及批文等随附单据相符；二是单货相符，即所填报关单各栏目的内容必须与实际进出口货物相符，不得伪报、瞒报、虚报。

（2）报关单的填报要准确、齐全、完整、清楚。报关单各栏目的内容要逐项详细准确填报（打印），字迹清楚、整洁、端正。

（3）不同批文或合同的货物、同一批货物中不同贸易方式的货物、不同备案号的货物、不同提运单的货物、不同征免性质的货物、不同运输方式或相同运输方式但不同航次的货物等，均应分单填报。

（4）一份原产地证书只能对应一份报关单。同一份报关单上的同一种商品不能同时享受协定税率和减免税。

（5）一份电子报关单最多填报 50 种商品。一份纸质报关单最多填报 6 种商品。

2. 进出口货物报关单的缮制规范

根据新修订的海关总署公告 2019 年第 18 号（关于修订《中华人民共和国海关进出口货物报关单填制规范》的公告），报关单各栏目的填制规范如下。具体见【样单 V-5-3】出口货物报关单和【样单 V-5-4】进口货物报关单。

【样单 V-5-3】出口货物报关单

中华人民共和国海关出口货物报关单

预录入编号　　　　海关编号　　　　页码/页数

<table>
<tr><td colspan="2">境内发货人</td><td>出境关别</td><td>出口日期</td><td>申报日期</td><td colspan="3">备案号</td></tr>
<tr><td colspan="2">境外收货人</td><td>运输方式</td><td colspan="2">运输工具名称及航次号</td><td colspan="3">提运单号</td></tr>
<tr><td colspan="2">生产销售单位</td><td>监管方式</td><td colspan="2">征免性质</td><td colspan="3">许可证号</td></tr>
<tr><td>合同协议号</td><td>贸易国（地区）</td><td>运抵国（地区）</td><td colspan="2">指运港</td><td colspan="3">离境口岸</td></tr>
<tr><td>包装种类</td><td>件数</td><td>毛重（千克）</td><td>净重（千克）</td><td>成交方式</td><td>运费</td><td>保费</td><td>杂费</td></tr>
<tr><td colspan="8">随附单据及编码</td></tr>
<tr><td colspan="8">标记唛码及备注</td></tr>
<tr><td colspan="8">项号　商品编号　商品名称及规格型号　数量及单位　单价　总价　币制</td></tr>
<tr><td colspan="8"></td></tr>
<tr><td colspan="8">原产国（地区）　最终目的国（地区）　境内货源地　征免</td></tr>
<tr><td colspan="8"></td></tr>
</table>

续

<table>
<tr><td colspan="2">特殊关系确认：　　　　价格影响确认：　　　　支付特许权使用费：　　　　自报自缴：</td></tr>
<tr><td>报关人员　　　　报关人员证号　　　　电话
兹声明对以上内容承担如实申报、依法纳税之法律责任
申报单位：　　　　申报单位（签章）</td><td>海关批注及签章</td></tr>
</table>

【样单 V-5-4】进口货物报关单

中华人民共和国海关进口货物报关单

预录入编号　　　　海关编号　　　　页码/页数

<table>
<tr><td colspan="2">境内收货人</td><td colspan="2">进境关别</td><td colspan="2">进口日期</td><td>申报日期</td><td colspan="3">备案号</td></tr>
<tr><td colspan="2">境外发货人</td><td colspan="2">运输方式</td><td colspan="2">运输工具名称及航次号</td><td>提运单号</td><td colspan="3">货物存放地点</td></tr>
<tr><td colspan="2">消费适用单位</td><td colspan="2">监管方式</td><td colspan="2">征免性质</td><td>许可证号</td><td colspan="3">启运港</td></tr>
<tr><td>合同协议号</td><td colspan="2">贸易国（地区）</td><td colspan="2">启运国（地区）</td><td colspan="2">经停港</td><td colspan="3">入境口岸</td></tr>
<tr><td>包装种类</td><td>件数</td><td>毛重（千克）</td><td colspan="2">净重（千克）</td><td colspan="2">成交方式</td><td>运费</td><td>保费</td><td>杂费</td></tr>
<tr><td colspan="10">随附单据及编码</td></tr>
<tr><td colspan="10">标记唛码及备注</td></tr>
<tr><td colspan="10">项号　商品编号　　　　商品名称及规格型号　　　　数量及单位　　单价　　总价　　币制</td></tr>
<tr><td colspan="10"></td></tr>
<tr><td colspan="10">原产国（地区）　　　　最终目的国（地区）　　　　境内目的地　　　　征免</td></tr>
<tr><td colspan="10">特殊关系确认：　　　　价格影响确认：　　　　支付特许权使用费：　　　　自报自缴：</td></tr>
<tr><td colspan="6">报关人员　　　　报关人员证号　　　　电话
兹声明对以上内容承担如实申报、依法纳税之法律责任
申报单位：　　　　申报单位（签章）</td><td colspan="4">海关批注及签章</td></tr>
</table>

（1）预录入编号。

预录入编号指预录入单位预录入报关单的编号，用于申报单位与海关之间引用其申报后尚未接受申报的报关单。一份报关单对应一个预录入编号，由系统自动生成。

（2）海关编号。

海关编号指海关接受申报时给予报关单的编号，一份报关单对应一个海关编号，由系统自动生成。

报关单的海关编号为18位，其中第1—4位为接受申报海关的代码（海关规定的《关区代码表》中相应的海关代码），第 5—8 位为海关接受申报的公历年份，第 9 位为进出口标志（“1”为进口，“0”为出口；集中申报清单“I”为进口，“E”为出口），后 9 位为顺序编号。

（3）境内发/收货人。

出口报关单填写国内实际发货单位，进口报关单填写境内实际收货单位。此栏应填报在海关备案的对外签订并执行进出口贸易合同的中国境内法人、其他组织名称及编码。编码填报 18 位法人和其他组织统一社会信用代码。如果没有统一社会信用代码，则填报该单位在所在地主管海关办理备案登记时，海关给企业设置的 10 位备案编码。

（4）出/进境关别。

本栏目根据货物实际进出口的口岸海关，填写海关规定的《关区代码表》中相应的口岸海关名称及关区代码（4 位数）。

（5）出/进口日期。

出口日期指运载出口货物的运输工具办结出境手续的日期，在申报时免予填报。进口日期填报运载进口货物的运输工具申报进境的日期。无实际进出境的货物，填报海关接受申报的日期。进出口日期为 8 位数字，顺序为年（4 位）、月（2 位）、日（2 位）。

（6）申报日期。

申报日期指海关接受进出口货物收发货人、受委托的报关企业申报数据的日期。以电子数据报关单方式申报的，申报日期为海关计算机系统接受申报数据时记录的日期；以纸质报关单方式申报的，申报日期为海关接受纸质报关单并对报关单进行登记处理的日期。本栏目在申报时免予填报。申报日期为 8 位数字，顺序为年（4 位）、月（2 位）、日（2 位）。

（7）备案号。

此栏填报进出口货物收发货人、消费使用单位、生产销售单位在海关办理加工贸易合同备案或征、减、免税备案审批等手续时，海关核发的《中华人民共和国海关加工贸易手册》电子账册及其分册（以下统称“加工贸易手册”），《进出口货物征免税证明》（以下简称“征免税证明”）或其他备案审批文件的编号。

一份报关单只允许填报一个备案号，无备案的货物此栏空白不填。

（8）境外收/发货人。

境外收货人通常指签订并执行出口贸易合同中的买方或合同指定的收货人；境外发货人通常指签订并执行进口贸易合同中的卖方。

此栏填报境外收发货人的名称及编码。名称一般填报英文名称，检验检疫要求填报其他外文名称的，在外文名称后填报，以半角括号分隔。对于 AEO 互认国家（地区）企业，编码填报 AEO 编码，填报样式为“国别（地区）代码＋海关企业编码”，例如“新加坡 AEO 企业 SG123456789012”（新加坡国别代码＋12 位企业编码）；非互认国家（地区）AEO 企业等其他情形，编码免予填报。

特殊情况下无境外收发货人的，名称及编码填报“NO”。

（9）运输方式。

根据货物实际进出境的运输方式或货物在境内流向的类别，按照海关规定的《运输方式代码表》选择填报相应的运输方式。

（10）运输工具名称及航次号。

填报载运货物进出境的运输工具名称或编号及航次号。填报内容应与运输部门向海关申报的舱单（载货清单）所列相应内容一致。

（11）提运单号。

填报进出口货物提单或运单的编号。一份报关单只允许填报一个提单或运单号，一票货物对应多个提单或运单时，应分单填报。

（12）货物存放地点。

填报货物进境后存放的场所或地点，包括海关监管作业场所、分拨仓库、定点加工厂、隔离检疫场、企业自有仓库等。

（13）消费使用单位/生产销售单位。

消费使用单位填报已知的进口货物在境内的最终消费、使用单位的名称及其 18 位法人和其他组织统一社会信用代码；生产销售单位填报出口货物在境内的生产或销售单位的名称及其 18 位法人和其他组织统一社会信用代码。无 18 位统一社会信用代码的，填报其名称为“NO”。

（14）监管方式。

监管方式是以国际贸易中进出口货物的交易方式为基础，结合海关对进出口货物的征税、统计及监管条件综合设定的海关对进出口货物的管理方式。其代码由 4 位数字构成，前两位是按照海关监管要求和计算机管理需要划分的分类代码，后两位是参照国际标准编制的贸易方式代码。

根据实际对外贸易情况，按海关规定的《监管方式代码表》选择填报相应的监管方式简称及代码。一份报关单只允许填报一种监管方式。部分监管方式代码、简称及全称如表 5-3 所示。

表 5-3　部分监管方式代码、简称及全称

监管方式代码	监管方式简称	监管方式全称
0110	一般贸易	一般贸易
0130	易货贸易	易货贸易
0214	来料加工	来料加工装配贸易进口料件及加工出口货物
0615	进料加工	进料加工

（15）征免性质。

根据实际情况按海关规定的《征免性质代码表》选择填报相应的征免性质简称及代码，持有海关核发的《征免税证明》的，按照《征免税证明》中批注的征免性质填报。一份报关单只允许填报一种征免性质。

加工贸易货物报关单按照海关核发的《加工贸易手册》中批注的征免性质简称及代码填报。

部分征免性质代码表如表 5-4 所示。

表 5-4　部分征免性质代码表

代　　码	简　　称	全　　称
101	一般征税	一般贸易
502	来料加工	来料加工装配和补偿贸易进口料件及出口成品
503	进料加工	进料加工贸易进口料件及出口成品

（16）许可证号。

填报进（出）口许可证、两用物项和技术进（出）口许可证、两用物项和技术出口许可证（定向）、纺织品临时出口许可证、出口许可证（加工贸易）、出口许可证（边境小额贸易）的编号。

免税品经营单位经营出口退税国产商品的，免予填报。

一份报关单只允许填报一个许可证号。

（17）启运港。

填报进口货物在运抵我国关境前的第一个境外装运港。根据实际情况，按海关规定的《港口代码表》填报相应的港口名称及代码，未在《港口代码表》列明的，填报相应的国家名称及代码。

（18）合同协议号。

填报进出口货物合同（包括协议或订单）编号。未发生商业性交易的免予填报。

（19）贸易国（地区）。

发生商业性交易的进口填报购自国（地区），出口填报售予国（地区）；未发生商业性交易的填报货物所有权拥有者所属的国家（地区）。

按海关规定的《国别（地区）代码表》选择填报相应的贸易国（地区）中文名称及代码。部分国别（地区）代码表如表 5-5 所示。

表 5-5　部分国别（地区）代码表

国　　别	代　　码	国　　别	代　　码
中国	CHN	日本	JPN
法国	FRA	美国	USA
德国	DEU	加拿大	CAN

（20）运抵国（地区）/启运国（地区）。

运抵国（地区）填报出口货物离开我国关境直接运抵或在运输中转国（地区）未发生任何商业性交易的情况下最后运抵的国家（地区）。

启运国（地区）填报进口货物启运国（地区）发出直接运抵我国或者在运输中转国（地区）未发生任何商业性交易的情况下运抵我国的国家（地区）。

不经过第三国（地区）转运的直接运输进出口货物，以进口货物的装货港所在国（地区）为启运国（地区），以出口货物的指运港所在国（地区）为运抵国（地区）。

经过第三国（地区）转运的进出口货物，如在中转国（地区）发生商业性交易，则以中转国（地区）作为启运/运抵国（地区）。

按海关规定的《国别（地区）代码表》选择填报相应的启运国（地区）或运抵国（地区）中文名称及代码。

无实际进出境的货物，填报“中国”及代码。

（21）指运港/经停港。

指运港填报出口货物运往境外的最终目的港；最终目的港不可预知的，按尽可能预知的目的港填报。

经停港填报进口货物在运抵我国关境前的最后一个境外装运港。

根据实际情况，按海关规定的《港口代码表》选择填报相应的港口名称及代码。经停港/指运港在《港口代码表》中无港口名称及代码的，可选择填报相应的国家（地区）名称及代码。

无实际进出境的货物，填报“中国境内”及代码。

（22）离境口岸/入境口岸。

离境口岸填报装运出境货物的跨境运输工具离境的第一个境内口岸的中文名称及代码；采取多式联运跨境运输的，填报多式联运货物最初离境的境内口岸中文名称及代码。

入境口岸填报进境货物从跨境运输工具卸离的第一个境内口岸的中文名称及代码；采取多式联运跨境运输的，填报多式联运货物最终卸离的境内口岸中文名称及代码。

离境口岸/入境口岸类型包括港口、码头、机场、机场货运通道、边境口岸、火车站、车辆装卸点、车检场、陆路港、坐落在口岸的海关特殊监管区域等。按海关规定的《国内口岸编码表》选择填报相应的境内口岸名称及代码。

（23）包装种类。

填报进出口货物的所有包装材料，包括运输包装和其他包装，按海关规定的《包装种类代码表》选择填报相应的包装种类名称及代码。运输包装指提运单所列货物件数单位对应的包装，其他包装包括货物的各类包装及植物性铺垫材料等。

（24）件数。

填报进出口货物运输包装的件数（按运输包装计）。特殊情况填报要求如下：①舱单件数为集装箱的，填报集装箱个数；②舱单件数为托盘的，填报托盘数。

不得填报为“0”，裸装货物填报为“1”。

（25）毛重（千克）。

填报进出口货物及其包装材料的重量之和，计量单位为千克，不足一千克的填报为“1”。

（26）净重（千克）。

填报进出口货物的毛重减去外包装材料后的重量，即货物本身的实际重量，计量单位为千克，不足一千克的填报为“1”。

（27）成交方式。

根据进出口货物实际成交价格条款，按海关规定的《成交方式代码表》选择填报相应的成交方式代码。无实际进出境的货物，进口填报“CIF”，出口填报“FOB”。成交方式代码表如表 5-6 所示。

表 5-6　成交方式代码表

货物实际成交方式	报关单成交方式栏目
EXW、FAS、FCA、FOB	FOB
CPT、CFR	CFR
CIP、CIF、DAP、DAT、DDP	CIF

（28）运费。

填报进口货物运抵我国境内输入地点起卸前的运输费用，出口货物运至我国境内输出地点装载后的运输费用。

运费可按运费单价、总价或运费率三种方式之一填报，注明运费标记（运费标记“1”表示运费率；“2”表示每吨货物的运费单价；“3”表示运费总价），并按海关规定的《货币代码表》选择填报相应的币种代码。部分货币代码表如表 5-7 所示。

表 5-7　部分货币代码表

代　码	中文名称	代　码	中文名称
HKD	港币	GBP	英镑
JPY	日元	NOK	挪威克朗
KRW	韩元	SEK	瑞士克朗
CNY	人民币	RUB	俄罗斯卢布
TWD	新台币	CAD	加元
EUR	欧元	USD	美元

（29）保费。

填报进口货物运抵我国境内输入地点起卸前的保险费用，出口货物运至我国境内输出地点装载后的保险费用。

保费可按保险费总价或保险费率两种方式之一填报，注明保险费标记（保险费标记“1”表示保险费率；“3”表示保险费总价），并按海关规定的《货币代码表》选择填报相应的币种代码。

（30）杂费。

填报成交价格以外的、按照《中华人民共和国进出口关税条例》相关规定应计入完税价格或应从完税价格中扣除的费用。可按杂费总价或杂费率两种方式之一填报，注明杂费标记（杂费标记“1”表示杂费率；“3”表示杂费总价），并按海关规定的《货币代码表》选择填报相应的币种代码。

应计入完税价格的杂费填报为“正值”或“正率”，应从完税价格中扣除的杂费填报为“负值”或“负率”。运费、保费、杂费三栏目的填制方法举例如表 5-8 所示。

表 5-8　运费、保费、杂费三栏目的填制方法举例

栏目	费率（标记代号是 1）	单价（标记代号是 2）	总价（标记代号是 3）
运费	例如，5%的运费率，运费栏填制为“5/1”	例如，USD50/吨的运费，运费栏填制为“USD/50/2”	例如，5000 港元的总运费，运费栏填制为“HKD/5000/3”

续表

保费	例如，0.3%的保险费率，保险栏填制为“0.3/1”	—	例如，1500 欧元的总保费，保费栏填制为“EUR/1500/3”
杂费	例如，应从完税价格中扣除 1%的杂费，杂费栏填制为“-1/1”	—	例如，应计完税价格的 5000 英镑的总杂费，杂费栏填制为“GBP/5000/3”

（31）随附单证及编号。

根据海关规定的《监管证件代码表》和《随附单据代码表》选择填报除本规范第（16）条规定的许可证件以外的其他进出口许可证件或监管证件、随附单据代码及编号。

本栏目分为随附单证代码和随附单证编号两栏，其中代码栏按海关规定的《监管证件代码表》和《随附单据代码表》选择填报相应证件代码；随附单证编号栏填报证件编号。

（32）标记唛码及备注。

标记唛码栏填报标记唛码中除图形以外的文字、数字，无标记唛码的填报“N/M”。

备注栏目填制的内容根据不同的货物，填制的内容各不相同。例如，集装箱装载的货物，在备注栏目填报集装箱号（在集装箱箱体上标示的全球唯一编号）、集装箱规格、集装箱商品项号关系（单个集装箱对应的商品项号，半角逗号分隔）、集装箱货重（集装箱箱体自重＋装载货物重量，单位为千克）。集装箱规格代码如表 5-9 所示。

表 5-9　集装箱规格代码

代　　码	中 文 名 称	代　　码	中 文 名 称
11	普通 2*标准箱（L）	22	冷藏标准箱（S）
12	冷藏 2*标准箱（L）	23	罐式标准箱（S）
13	罐式 2*标准箱（L）	31	其他标准箱（S）
21	普通标准箱（S）	32	其他 2*标准箱（L）

对于进出口列入目录的进出口商品，以及法律、行政法规规定须经出入境检验检疫机构检验的其他进出口商品实施检验的，在备注栏填报“应检商品”字样。

（33）项号。

分两行填报。第一行填报报关单中的商品顺序编号；第二行填报备案序号，专用于加工贸易及保税、减免税等已备案、审批的货物，填报该项货物在《加工贸易手册》或《征免税证明》等备案、审批单证中的顺序编号。有关优惠贸易协定项下报关单填制要求按照海关总署相关规定执行。

（34）商品编号。

填报由 10 位数字组成的商品编号。前 8 位为《中华人民共和国进出口税则》和《中华人民共和国海关统计商品目录》确定的编码；第 9 及第 10 位为监管附加编号。

（35）商品名称及规格型号。

分两行填报。第一行填报进出口货物规范的中文商品名称，第二行填报规格型号，具体填报要求如下。

① 商品名称及规格型号应据实填报，并与进出口货物收发货人或受委托的报关企业

所提交的合同、发票等相关单证相符。

② 商品名称应当规范，规格型号应当足够详细，以能满足海关归类、审价及许可证件管理要求为准，可参照《中华人民共和国海关进出口商品规范申报目录》中对商品名称、规格型号的要求进行填报。

③ 已备案的加工贸易及保税货物，填报的内容必须与备案登记中同项号下货物的商品名称一致。

④ 对需要海关签发《货物进口证明书》的车辆，商品名称栏填报“车辆品牌＋排气量（注明 cc）+车型（如越野车、小轿车等）”。进口汽车底盘不填报排气量。车辆品牌按照《进口机动车辆制造厂名称和车辆品牌中英文对照表》中“签注名称”一栏的要求填报。规格型号栏可填报“汽油型”等。

⑤ 由同一运输工具同时运抵同一口岸并且属于同一收货人、使用同一提单的多种进口货物，按照商品归类规则应当归入同一商品编号的，应当将有关商品一并归入该商品编号。商品名称填报一并归类后的商品名称；规格型号填报一并归类后商品的规格型号。

（36）数量及单位。

分三行填报。具体要求如下。

① 第一行按进出口货物的法定第一计量单位填报数量及单位，法定计量单位以《中华人民共和国海关统计商品目录》中的计量单位为准。

② 凡列明有法定第二计量单位的，在第二行按照法定第二计量单位填报数量及单位。无法定第二计量单位的，第二行为空。

③ 成交计量单位及数量填报在第三行。

（37）单价。

此栏应填报同一项号下进出口货物实际成交的商品单位价格。无实际成交价格的，此栏填报单位货值。

（38）总价。

此栏应填报同一项号下进出口货物实际成交的商品总价。无实际成交价格的，此栏填报货值。

（39）币制。

此栏应根据实际成交情况按海关规定的《货币代码表》选择填报相应的货币名称或代码，如果《货币代码表》中无实际成交币种，需将实际成交货币按申报日外汇折算率折算成《货币代码表》中列明的货币填报。

（40）原产国（地区）。

原产国（地区）应依据《中华人民共和国进出口货物原产地条例》《中华人民共和国海关关于执行<非优惠原产地规则中实质性改变标准>的规定》，以及海关总署关于各项优惠贸易协定原产地管理规章规定的原产地确定标准填报。同一批进出口货物原产地不同的，应分别填报原产国（地区）。进口货物原产国（地区）无法确定的，填报“国别不详”。

此栏应按海关规定的《国别（地区）代码表》选择填报相应的国家（地区）名称及代码。

（41）最终目的国（地区）。

最终目的国（地区）填报已知的进出口货物的最终实际消费、使用或进一步加工制造的国家（地区）。不经过第三国（地区）转运的直接运输货物，以运抵国（地区）为最终目的国（地区）；经过第三国（地区）转运的货物，以最后运往国（地区）为最终目的国（地区）。同一批进出口货物的最终目的国（地区）不同的，应分别填报最终目的国（地区）。进出口货物不能确定最终目的国（地区）时，以尽可能预知的最后运往国（地区）为最终目的国（地区）。

此栏应按海关规定的《国别（地区）代码表》选择填报相应的国家（地区）名称及代码。

（42）境内目的地/境内货源地。

境内目的地填报已知的进口货物在国内的消费、使用地或最终运抵地，其中最终运抵地为最终使用单位所在的地区。最终使用单位难以确定的，填报货物进口时预知的最终收货单位所在地。境内货源地填报出口货物在国内的产地或原始发货地。出口货物产地难以确定的，填报最早发运该出口货物的单位所在地。

此栏按海关规定的《国内地区代码表》选择填报相应的国内地区名称及代码。境内目的地还需根据《中华人民共和国行政区划代码表》选择填报其对应的县级行政区名称及代码；无下属区县级行政区的，可选择填报地市级行政区。

（43）征免。

征免指海关对进出口货物进行征税、减税、免税或特案处理的实际操作方式。此栏应按照海关核发的“征免税证明”或有关政策规定，对报关单所列各项商品选择海关规定的《征减免税方式代码表》中相应的征减免税方式填报。

加工贸易货物报关单应根据《加工贸易手册》中备案的征免规定填报；《加工贸易手册》中备案的征免规定为“保金”或“保函”的，应填报“全免”。

（44）特殊关系确认。

根据《中华人民共和国海关审定进出口货物完税价格办法》（以下简称《审价办法》）第十六条，填报确认进出口行为中买卖双方是否存在特殊关系，买卖双方存在特殊关系的，应填报“是”，反之填报“否”。

（45）价格影响确认。

根据《审价办法》第十七条，填报确认纳税义务人是否可以证明特殊关系未对进口货物的成交价格产生影响，纳税义务人能证明其成交价格与同时或者大约同时发生的价格相近的，应视为特殊关系未对成交价格产生影响，填报“否”，反之填报“是”。

（46）支付特许权使用费确认。

根据《审价办法》第十一条和第十三条，填报确认买方是否存在向卖方或者有关方直接或间接支付与进口货物有关的特许权使用费，且未包括在进口货物的实付、应付价格中。

买方存在需向卖方或者有关方直接或间接支付特许权使用费，且未包含在进口货物实付、应付价格中，并且符合《审价办法》第十三条的，在“支付特许权使用费确认”栏目填报“是”。

买方存在需向卖方或者有关方直接或间接支付特许权使用费，且未包含在实付、应付价格中，纳税义务人根据《审价办法》第十三条，可以确认需支付的特许权使用费与进口货物无关的，填报“否”。

（47）自报自缴。

进出口企业、单位采用“自主申报、自行缴税”（自报自缴）模式向海关申报时，填报“是”；反之填报“否”。

（48）申报单位。

自理报关的，填报进出口企业的名称及编码；委托代理报关的，填报报关企业名称及编码。编码填报18位法人和其他组织统一社会信用代码。报关人员填报在海关备案的姓名、编码、电话，并加盖申报单位印章。

（49）海关批注及签章。

供海关作业时签注。

5.3 产地证书认知

5.3.1 产地证书的含义与作用

1. 产地证书的含义

产地证书，也叫原产地证书（Certificate of Origin,C/O），是由出口国政府有关机构签发的一种证明货物原产地或制造地的法律文件。它主要用于进口国海关实行差别关税，实施进口限制、不同关税进口税率和不同进口配额等不同国别政策的书面依据。我国出口商可以向以下三大机构申领原产地证书：①中华人民共和国国家质量监督检验检疫总局（AQSIQ：General Administration of Quality Supervision,Inspection and Quarantine of the People’s Republic of China）；②中国国际贸易促进委员会（CCPIT：China Council for the Promotion of International Trade）；③中华人民共和国商务部（MOFCOM: Ministry of Commerce of the People’s Republic of China）。

2. 产地证书的作用

在国际贸易中，世界各国根据各自的对外贸易政策，普遍实行进口贸易管制，对进口商品实施差别关税和数量限制，并由海关执行统计。进口国要求出口国出具货物的原产地证明，已成为国际惯例。因此，原产地证书是进行国际贸易的一项重要证明文件。总体来说，原产地证书有以下几个方面的作用。

（1）享受关税优惠、确定税率待遇的依据。

在国际贸易中，很多国家对于从不同国家进口的货物采取不同的关税税率，而对于这种关税的差别待遇就是根据货物的原产地决定的，因此原产地证明书就成了各国海关对进口商品实施差别关税的重要凭证。如果进口国与出口国之间定有最惠国条款或相关的关税协定，此时只有通过原产地证明书来证明进口货物的原产地为缔约国，以便获得相应的税率待遇。

（2）进行贸易统计的依据。

对进口货物进行统计的机构为各国海关，而原产地证书则是海关进行贸易统计的重要依据。现今，国际贸易中关税弊端凸显，数量控制、反倾销、反补贴等贸易摩擦加剧，各种贸易壁垒频繁出现，加强原产地证签发和管理工作，对我国出口商品在国际竞争中取得有利地位起着重要的作用。

（3）作为结汇的依据，证明出口商品的品质，减轻退税率调整压力。

在国际贸易中，产地证还是贸易双方结汇的必备单据。买方通常在开立信用证时要求卖方提供一般原产地证书以确保其自身利益，产地证也常被银行作为信用证是否解付的重要凭证。此外，原产地还能证明商品品质，提高商品在国际市场上的竞争力。例如，在国际市场上，同样是陶瓷，持有中国原产地证的陶瓷比持有其他国家产地证的陶瓷明显具有竞争优势。

5.3.2　产地证书的类型

1. 根据签发者的不同进行分类

（1）海关出具的原产地证书。

海关总署公告 2018 年第 106 号《关于中国原产地证书和金伯利进程证书签发有关事宜的公告》指出：根据 2018 年国务院机构改革方案，原国家质量监督检验检疫总局的出入境检验检疫管理职责和队伍划入海关总署。中国原产地证书的签证管理部门由原国家质量监督检验检疫总局变更为海关总署，签证机构中的各地出入境检验检疫机构变更为各直属海关。签发的各类原产地证书具体包括非优惠原产地证书、普惠制原产地证书、优惠贸易协定原产地证书和输欧盟农产品等专用原产地证书。

（2）商会出具的原产地证书。

中国国际贸易促进委员会出具的一般原产地证书，简称贸促会产地证。

（3）制造商或出口商出具的原产地证书。

在国际贸易实务中，应该提供哪种原产地证书，主要依据合同或信用证的要求。一般向对我国实行普惠制的国家出口货物时，都要求出具普惠制原产地证书。如果信用证并未明确规定原产地证书的出具者，那么银行应该接受任何一种原产地证书。现在我国多数出口商习惯使用由中国国际贸易促进委员会出具的证书。

2. 根据使用范围和格式的不同进行分类

（1）一般原产地证书（General Certificate of Origin）。

一般原产地证书又称“普通原产地证书”，是证明货物原产于某一特定国家或地区，享受进口国正常关税（最惠国）待遇的证明文件。它也是国际贸易中使用最多的产地证。在我国，一般原产地证书系指中华人民共和国原产地证书（Certificate of Origin of the People’s Republic of China），由中国国际贸易促进委员会或国家质量监督检验检疫总局出具，其格式、内容和项目完全一样，只是签发单位名称和签章不同。在国际贸易中，应提供哪一种证书，应该依据合同和信用证的规定。如果合同或信用证规定产地证书由商业公会等民间机构提供，则一般由中国国际贸易促进委员会出具证书；如果要求由商检机构提供，一般使用国家质量监督检验检疫总局出具的产地证。

另外，根据进口商的不同要求，进口国海关除认可由检验检疫局或贸促会签发的中华人民共和国产地证外，有时也认可由出口商、生产厂家等单位出具的证明货物原产地的文件。因此，一般原产地证书有如下四种形式：

① 检验检疫局出具的《中华人民共和国原产地证书》；

② 贸促会出具的《中华人民共和国原产地证书》；

③ 出口商出具的《原产地证书》；

④ 生产厂商出具的《原产地证书》。

根据我国的有关规定，出口企业须于货物出运前或出运时，向贸促会或中国海关申请获得一般原产地证书。目前，一般原产地证书的申请完全实现网上申请，出口企业在收到审核通过的回执后自行打印原产地证书即可，无须到海关现场领取。

（2）普惠制原产地证书（Generalized System of Preferences Certificate of Origin）。

普惠制原产地证书，简称 GSP 产地证，是依据给惠国的要求出具的，证明货物原产自受惠国的具有法律效力的证明文件，是出口商品在给惠国享受在最惠国税率基础上进一步减免进口关税的官方凭证。

普遍优惠制（Generalized System of Preferences，GSP），简称普惠制，是发达国家或地区给予发展中国家或地区向其出口的制成品或半制成品普遍的、非歧视性的、非互惠的一种关税优惠待遇。目前给予我国普惠制待遇的有澳大利亚、新西兰、日本、挪威、瑞士、俄罗斯等国家或地区，而加拿大和欧盟等国家或地区已相继取消了对我国的普惠制待遇。凡是向给惠国出口受惠商品，均须提供普惠制原产地证书，才能获得关税减免的优惠。

普惠制原产地证书的格式包括格式 A（Form A）、格式 59A（Form 59A）和格式 APR（Form APR），其中格式 A 使用范围最广。出口到新西兰的货物应提供格式 59A，而对澳大利亚不用任何格式，只需在商业发票上加注指定的声明即可。

在我国，由中国海关负责普惠制原产地证书的签发和统计。出口商向给惠国出口“可受惠商品”时，不论贸易合同或信用证中是否要求提供 GSP FORM A 证书，都应申领此证，并在向进口商或进口方银行交单时一并递交，方便进口商享受普惠制关税优惠政策。

根据我国规定，出口企业须于货物出运前或出运时，向海关申请普惠制原产地证书。

（3）优惠贸易协定原产地证书。

优惠贸易协定原产地证书是协定成员国之间就特定产品享受互惠减免关税待遇的具有法律效力的官方凭证，是受惠国政府指定部门签发的证明项下货物原产于该国的证明文书。

由海关签发的优惠贸易协定原产地证书包括：①中国－东盟自贸协定原产地证书；②中国－智利自贸协定原产地证书；③中国－巴基斯坦自贸协定原产地证书；④中国－新西兰自贸协定原产地证书；⑤中国－新加坡自贸协定原产地证书；⑥中国－秘鲁自贸协定原产地证书；⑦中国－哥斯达黎加自贸协定原产地证书；⑧中国－瑞士自贸协定原产地证书；⑨中国－冰岛自贸协定原产地证书；⑩中国－韩国自贸协定原产地证书；⑪中国－澳

大利亚自贸协定原产地证书；⑫中国一格鲁吉亚自贸协定原产地证书；⑬海峡两岸经济合作框架原产地证书；⑭亚太贸易协定原产地证书。

由贸促会签发的优惠贸易协定原产地证书包括：①亚太自由贸易协定原产地证书；②中国一新加坡自由贸易协定原产地证书；③中国一新西兰自由贸易协定原产地证书；④中国一秘鲁自由贸易协定原产地证书；⑤中国一哥斯达黎加自由贸易协定原产地证书；⑥ECFA海峡两岸经济合作框架协议原产地证书。

（4）专用原产地证书。

专用原产地证书是国际组织或国家根据政策和贸易措施的特殊需要，针对某一特殊行业的特定产品规定的原产地证书。我国海关签发的专用原产地证书主要有输欧盟托考伊葡萄酒原产地证书、输欧盟奶酪制品证书、输欧盟烟草真实性证书等。

5.3.3 产地证书的缮制要求

原产地证书按照使用范围和格式的不同进行分类，一般分为原产地证书、普惠制原产地证书、优惠贸易协定原产地证书和专用原产地证书四种，但在国际贸易实务中，以原产地证书和普惠制原产地证书的适用范围更广一些。本文以一般原产地证书和普惠制原产地证书为例，说明产地证书的缮制要求和规范。

1. 一般原产地证书的内容和缮制要求

一般原产地证书共有 12 项内容，除证书编号（Certificate No.）由发证机构指定外，其余各栏的填制规范如下。具体见【样单 V-5-5】一般原产地证书。

【样单 V-5-5】一般原产地证书

一般原产地证书

<table>
<tr><td colspan="2">（1）Exporter</td><td colspan="3" rowspan="2">Certificate No.

**CERTIFICATE OF ORIGIN
OF THE PEOPLE'S REPUBLIC OF CHINA**</td></tr>
<tr><td colspan="2">（2）Consignee</td></tr>
<tr><td colspan="2">（3）Means of Transport and Route</td><td colspan="3" rowspan="2">（5）For Certifying Authority Use Only</td></tr>
<tr><td colspan="2">（4）Country/Region of Destination</td></tr>
<tr><td>（6）Marks and Numbers</td><td>（7）Number and Kind of Packages; Description of Goods</td><td>（8）H.S.Code</td><td>（9）Quantity</td><td>（10）Number and Date of Invoice</td></tr>
<tr><td></td><td></td><td></td><td></td><td></td></tr>
</table>

续

(11) Declaration by the Exporter	(12) Certification
The undersigned hereby declares that the above details and statements are correct;that all the goods were produced in China and that they comply with the rules of origin of the People's Republic of China. Place and date,signature and stamp of certifying authority	It is hereby certified that the declaration by the exporter is correct. Place and date,signature and stamp of certifying authority

（1）出口商名称、地址、国家或地区（Exporter）。

此栏填写出口企业的英文全称（信用证业务中为受益人，托收业务中为委托人）、详细地址和国家或地区（包括街道名称、门牌号码和邮政编码，中国地名的英文应采用汉语拼音）。若经其他国家或地区，须填写转口商名称时，可在出口商后面填“VIA”，然后填写转口商名称、地址和国家或地区。

注意：此栏不能填报中间商名称，即使信用证有规定也不可以。

（2）收货人名称、地址、国家或地区（Consignee）。

此栏填写最终收货人的公司名称、地址和国家或地区名，通常是合同中的买方或信用证中规定的提单通知人。如果信用证规定所有单证收货人一栏留空，则此栏应加注“TO WHOM IT MAY CONCERN”或“TO ORDER”，不得留空。若须填写转口商名称，可在收货人后面填“VIA”，然后填写转口商名称、地址和国家或地区。

（3）运输方式和路线（Means of Transport and Route）。

此栏填写装运港、目的港和运输方式。若经转运，还应注明转运地。例如，通过海运由上海港经香港转运至汉堡港，应填“FROM SHANGHAI TO HAMBURG BY VESSEL VIA HONGKONG”。

（4）目的地国家或地区（Country/Region of Destination）。

此栏填写目的地国家或地区。应按照信用证或合同规定的目的国填报国家或地区名称。一般应与最终收货人或最终目的港（地）国别或地区相一致，不能填写中间商国家或地区名称。

（5）签证机构用栏（For Certifying Authority Use Only）。

此栏由签证机构在签发后发证、补发证书或加注其他声明时使用，证书申领单位应将此栏留空。一般情况下，此栏不填。

（6）运输标志（Marks and Numbers）。

此栏填写唛头，应按信用证、合同的规定填写，且与商业发票和提单的同项内容一致，不可简单地填写“AS PER INVOICE No. ×××”（按照发票）或“AS PER B/L No. ×××”（按照提单）。货物如无唛头，应填写“NO MARK”（无唛头）或“N/M”字样。此栏不得留空，如唛头多，此栏填写不全，可填写在第（7）、第（8）、第（9）栏内的空白处。如还是填写不全，可另附页填写，并在附页右上角填写原证号，由签证机构人员手签、加盖签证章。

（7）包装件数和种类；货物描述（Number and Kind of Packages；Description of Goods）。

此栏填写包装的件数和种类及货物描述。包装件数和种类填写外包装数量及包装种类，且必须用英文和阿拉伯数字同时表示，如“ON HUNDRED AND TWENTY(120) CARTONS OF SHOES”。商品名称要填写具体名称，不得使用概括性描述，如服装、食品（GARMENT、FOOD）等。如果是散装货物，在商品名称后加注“IN BULK”。有时信用证要求在所有单据上加注合同号码、信用证号等，可加注在此栏内。

本栏中当所有的商品信息填制完毕后，应在其下方加上表示结束的符“＊＊＊”，以防止添加内容。

（8）商品编码（H.S.Code）。

商品编码是根据海关合作理事会《商品名称及编码协调制度》的分类标准对每一种商品确定的商品编号。我国商务部和海关总署根据 H.S.分类编制了《中华人民共和国海关进出口商品规范申报目录》，规定了商品名称和编码。

此栏要求填写实际商品名称的 H.S.编码，此编码应与报关单中显示的 H.S.编码一致。如果同一证书包含几种商品，则应将相应的编码全部填写。此栏不得留空。

（9）数量或重量（Quantity or Weight）。

此栏要求填写出口货物的数量或重量。依据发票和货运单据的有关数量、毛重、规范的计量单位（用英文全称或缩写）来填写。如果计量单位为重量，应表明毛重或净重，一般填写毛重，如“GW.600KGS”。

（10）发票号码及日期（Number and Date of Invoice）。

此栏填写实际商业发票的号码及日期，发票日期不得迟于出货日期。为避免对月份、日期的误解，月份一律用英文表述，如 2020 年 3 月 15 日，表述为“Mar.15,2020”。发票号与发票日期分行填制，一般第一行为发票号，第二行为日期。此栏不得留空。

（11）出口商声明（Declaration by the Exporter）。

此栏填写出口商的名称、申报地点及日期。出口商在此声明空白处由已在签证机构注册的人员签名，并加盖有中、英文公章。此栏日期不得早于本证第（10）栏内的发票日期。

（12）签证机构证明（Certification）。

此栏填写签证地点、日期，并由签证机构签字盖章。签发日期不得早于发票日期和申请日期。签证机构证明已事先印制，签证机构签证人经审核后在此栏（正本）签名，并盖签证印章，两者不能重叠。

知识链接

> **什么是后发证**
>
> 通常情况下，一般原产地证书的签发日期应早于货物的出运日期，如因特殊原因签发日期迟于出运日期的产地证称为后发证。办理后发证时，签证机构经审核，在原产地证书的第(5)栏(For Certifying Authority Use Only)加注“ISSUED RETROSPECTIVELY”，并盖章后签发原产地证书。同时，第（11）栏的申领日期和第（12）栏的签发日期应为重发证书的实际申请日期和签发日期。

2. 普惠制原产地证书格式 A 的内容和缮制要求

普惠制原产地证书格式 A 共有 12 项内容，格式详见【样单 V-5-6】普惠制原产地证格式 A（GSP FORM A）。证书右上角标题栏已填制签证机构所编制的证书号（Certificate No.），在标题横线上必须填上中华人民共和国签发的英文字样，即 Issued in “THE PEOPLE’S REPUBLIC OF CHINA”。其余栏目的缮制规范如下。

【样单 V-5-6】普惠制原产地证格式 A（GSP FORM A）

<table>
<tr><td colspan="3">（1）Goods Consigned from(Exporter’s Business Name, Address, Country)</td><td colspan="2">Certificate No.</td><td></td></tr>
<tr><td colspan="3"></td><td colspan="3">GENERALIZED SYSTEM OF PREFER-EICES CERTIFICATE OF ORIGIN
（Combined declaration and certificate）</td></tr>
<tr><td colspan="3">（2）Goods Consigned to(Consignee’s Name, Address, Country)</td><td colspan="3"></td></tr>
<tr><td colspan="3" rowspan="2"></td><td>Issued in</td><td colspan="2">THE PEOPLE’S REPUBLIC OF CHINA
(country)</td></tr>
<tr><td colspan="3">See Notes Overleaf</td></tr>
<tr><td colspan="3">（3）Means of Transport and Route(as Far as Known)</td><td colspan="3">（4）For Official Use</td></tr>
<tr><td colspan="3"></td><td colspan="3"></td></tr>
<tr><td>（5）Item No.</td><td>（6）Marks and Numbers on Packages</td><td>（7）Number and Kind of Packages; Description of Goods</td><td>（8）Origin Criterion (See Notes Overleaf)</td><td>（9）Gross Weight or Other Quantity</td><td>（10）Number and Date of Invoice</td></tr>
<tr><td></td><td></td><td></td><td></td><td></td><td></td></tr>
<tr><td colspan="3" rowspan="3">（11）Certification
It is hereby certified,on the basis of control carried out,that the declaration by the exporter is correct.</td><td colspan="3">（12）Declaration by the Exporter
The undersigned hereby declars that the above details and statements are correct,that all the goods were</td></tr>
<tr><td rowspan="2">produced in</td><td colspan="2"><u>CHINA.</u></td></tr>
<tr><td colspan="2">(country)</td></tr>
</table>

续

中国海关盖章	And that they comply with the origin requirements specified for those goods in the Generalized System of Preferences for goods exported to ________.
	(country)
Place and date,signature and stamp of certifying authority	Place and date,signature and stamp of authorized signatory

（1）出口商的名称、地址和国家（地区），即 Goods Consigned from（Export's Business Name，Address，Country）。

此栏具有强制性，应填写中国境内出口商的英文名称及详细地址。英文名称占一行，地址需另起一行。

在信用证支付方式下，填写信用证中受益人的英文全称、详细地址、国家（地区）。

（2）收货人名称、地址和国家（地区），即 Goods Consigned to（Consignee's Name，Address，Country）。

此栏填写本批货物最终目的地的给惠国（地区）收货人的英文名称、详细地址、国家（地区）。英文名称占一行，地址需另起一行。

在信用证支付方式下，证书的收货人一般填写开证申请人。如果最终收货人不明确，则可填写提单通知人或发票抬头人。银行接受开证申请人、提单通知人、发票抬头人等作为收货人。一般银行也接受下列表述："TO WHOM IT MAY CONCERN"。但不可将中间商的名称填入此栏，收货人所在国家（地区）应为给惠国（地区）。

（3）运输方式和路线，即 Means of Transport and Route（as Far as Known）。

此栏填写本批货物最终装运港、目的港或到货地点的名称，并说明运输方式（如海运、陆运、空运等）。通常按下列格式填制，如"SHIPMENT FROM SHANTOU TO HAMBURG BY VESSEL"。对转运商品应在其后加注转运港，如"VIA HONGKONG"或"W/T HONGKANG"；对输往内陆给惠国（地区）的商品，由于这些国家（地区）没有海岸，海运都须经第三国（地区）转运至该国，在填写时应注明从×××港口经转×××港口抵达给惠国，如"FROM SHANGHAI TO HAMBURG BY VESSEL W/T HONGKONG IN TRANSIT TO WITZERLAND"。

此栏一般还应填明预定自中国出口的日期，此日期必须真实，不得伪造，如"ON / AFTER APRIL 16,2020 FROM SHANGHAI TO NEW YORK VIA SINGAPORE BY SEA"。

（4）供官方使用（For Official Use）。

此栏在正常情况下留空。在下列特殊情况下，签证当局在此栏加注相关内容。

① 货物已出口，签证日期迟于出货日期，签发"后发"证书时，此栏盖上"ISSUED RETROSPECTIVELY"红色印章。

② 证书遗失、被盗或损毁，签发“副本”证书时盖上“DUPLICATE”红色印章，并在此栏注明原证书的编号和签证日期，同时声明原发证书作废，其文字为“THIS CERTIFICATE IS IN REPLACEMENT OF CERTIFICATE OF ORIGIN NO.×××DATED ××× WHICH IS CANCELLED”。

（5）商品顺序号（Item No.）。

如果同一批出口货物有不同种类的商品品种，则按每一项商品归类品种后，用阿拉伯数字“1”“2”“3”……依序填入此栏；单项商品，此栏填“1”或省略不填。

（6）唛头及包装号（Marks and Numbers on Packages）。

此栏填写货物外包装上的唛头，无唛头的填制“N/M”或“NO MARK”。

（7）包装件数及种类；货物描述（Number and Kind of Packages；Description of Goods）。

此栏与一般原产地证书相应栏的填法相同。

（8）原产地标准，即 Origin Criterion（See Notes Overleaf）。

此栏文字最少，但却是国外海关审核的核心项目。对含有进口成分的商品，因情况复杂，国外要求严格，并且极易弄错而造成退证查询，故应认真审核、仔细填制。此栏须根据原产地标准填写相应的代码字母“P”或“Y”。

“P”：如果出口商品完全是中国原产，不含有任何进口成分，则不论其出口至哪个给惠国，此栏都应填“P”。

“Y”：出口至俄罗斯、白俄罗斯、哈萨克斯坦、乌克兰含有进口成分的商品，此栏应填“Y”，并在其后加注进口原料和部件价值在出口产品离岸价格中所占的百分比（百分比应低于 50%）。

目前，欧盟、日本等发达国家或地区已不再给予我国的出口商品普惠制待遇。

（9）毛重和其他数量（Gross Weight or Other Quantity）。

此栏与一般原产地证书相应栏的填法相同。

（10）发票的日期和号码（Number and Date of Invoice）。

此栏与一般原产地证书相应栏的填法相同。

（11）签证当局的证明（Certification）。

签证机构证明事先已印制，内容为“兹证明出口商的声明是正确无误的，本批货已由承运人运出”。

此栏应由海关一并加注四项内容：

① 海关公章；

② 海关授权人或手签人的手签；

③ 签证日期[注意，该日期不得早于本证第（10）栏内的发票日期]；

④ 签发具体地点、城市、国别。

（12）出口商声明（Declaration by the Exporter）。

出口商声明“兹由出口商声明以上所列内容正确无误”已印就，须填写以下内容。

① 生产国（地区）：在生产国（地区）横线上填写“CHINA”。

② 进口国（地区）：在进口国（地区）横线上填最终进口国（地区），进口国（地区）必须与第（3）栏的国家（地区）一致，如转运内陆目的地，应与内陆目的地的国家（地区）一致。

③ 申报日期、地点及申报单位签署。此栏应一并填制以下四项内容：

•出口公司公章；

•出口公司授权人或手签人的手签；

•签证日期[注意，该日期不得早于本证第（10）栏内的发票日期]；

•签发具体地点、城市、国别。

本章小结

官方单据也称为公务单据，是指在国际贸易活动中，由我国外经贸管理机构出具的具有一定证明效力的文件。官方单据包括一般原产地证书、普惠制原产地证书（格式 A）、商品检验证书和出口许可证等。

要想获得商品检验证书和出口许可证等官方单据，就必须进行进出口报检和进出口报关。我国出入境检验检疫工作是中国海关依照国家检验检疫法律规定，对出入境货物（包括动植物商品），以及运载这些商品和旅客的交通工具、运输设备实施检验、检疫、鉴定、监督管理和对出入境人员实施卫生检疫及口岸卫生监督的统称。进出口货物报关是指进出口货物收、发货人，进出境运输工具负责人，进出境物品的所有人或其代理人向海关办理货物、运输工具、物品进出境手续及相关手续的全过程。进出口货物报检与报关可登录“中国国际贸易单一窗口”或“互联网+海关”录入货物相关资料，进行网上申请。

产地证书，也叫原产地证书，是由出口国政府有关机构签发的一种证明货物原产地或制造地的法律文件。根据使用范围和格式的不同进行分类，产地证书分为一般原产地证书、普惠制原产地证书、优惠贸易协定原产地证书和专用原产地证书四类。其中，一般原产地证书和普惠制原产地证书的缮制内容和要求必须掌握。

第6章

保险单据

学习目标

- ⇨ 了解国际货物运输保险的含义及当事人；
- ⇨ 掌握国际货物运输保险条款；
- ⇨ 重点掌握国际货物运输投保单和保险单的缮制要求与规范。

摘要

在国际贸易中，货物运输保险是一个不可缺少的组成部分。国际货物运输保险是以运输过程中的各种货物作为保险标的，被保险人（买方或卖方）向保险人（保险公司）按一定金额投保一定的险别，并缴纳保险费的一种财产保险。保险人承保以后，如果保险标的在运输过程中发生约定范围内的损失，应按照规定给予被保险人经济上的补偿。为了保障收货人在货物受损后获得经济补偿，一般在货物出运前，货主都向保险公司办理有关投保事宜，并按合同或信用证要求仔细、认真地填写货物运输险投保单交给保险公司，保险公司若接受了投保，就签发给投保人一份承保凭证即保险单（INSURANCE POLICY）。当被保险货物遭受到保险凭证责任范围内的损失时，保险单是索赔和理赔的依据；在CIF合同中，保险单同时又是卖方向买方提供的出口结汇单据之一。本章主要介绍国际货物运输保险流程、投保险别等基础知识，重点介绍国际货物运输投保单和保险单的缮制规范。

6.1 国际货物运输保险认知

6.1.1 国际货物运输保险的含义及当事人

1. 国际货物运输保险的含义

国际货物运输保险是以运输途中的货物作为保险标的，保险人对由自然灾害和意外事故造成的货物损失承担赔偿责任的保险。

国际货物运输路途长、环节多，运输过程中或遇到各种风险而造成货物损失。进出口商人通过投保货物运输险，将不定的损失变为固定的费用，投保后，万一货物在运输过程中发生约定范围内的损失，可向保险公司索赔，从保险公司得到经济上的补偿。货物在运输过程中可能遭受的风险和损失是多种多样的，为了明确责任，保险公司在其保险险别条款中，对不同险别所承保的风险和损失都做了规定。

外贸货物的运送有海运、陆运、空运以及通过邮政送递等多种途径。国际货物运输保险的种类以其保险标的的运输工具种类相应分为四类：海洋运输货物保险、陆上运输货物保险、航空运输货物保险、邮包保险。

2. 国际货物运输保险的基本原则

（1）保险利益原则。

保险利益原则是指被保险人对保险标的所具有的合法的利害关系。依《中华人民共和国保险法》（以下简称《保险法》）第 12 条的规定，投保人对保险标的应当具有保险利益，投保人对保险标的不具有保险利益的，保险合同无效。此原则可以使被保险人无法通过不具有保险利益的保险合同获得额外利益，以避免将保险合同变为赌博合同。保险利益可以表现为现有利益、期待利益或责任利益。

（2）最大诚实信用原则。

最大诚实信用原则指国际货物运输保险合同的当事人应以诚实信用为基础订立和履行保险合同，主要体现在订立合同时的告知义务和在履行合同时的保证义务上。在被保险人的告知义务上，我国《保险法》第 17 条与《中华人民共和国海商法》（以下简称《海商法》）第 222 条的规定不同，《保险法》采用的是有限告知主义，而《海商法》则采用了无限告知主义与有限告知的结合。《海商法》第 222 条第 1 款涉及的是无限告知，要求合同订立前，被保险人应当将其知道的或者在通常业务中应当知道的有关影响保险人据以确定保险费率或确定是否同意承保的重要情况，如实告知保险人。第 2 款涉及的是有限告知的情况，规定保险人知道或者在通常业务中应当知道的情况，保险人没有询问的，被保险人无须告知。依《海商法》第 223 条的规定，被保险人故意未将重要情况如实告知保险人的，保险人有权解除合同，并不退还保险费。合同解除前发生保险事故造成损失的，保险人不负赔偿责任。

（3）损失补偿原则。

损失补偿原则指在保险事故发生而使被保险人遭受损失时，保险人必须在责任范围内对被保险人所受的实际损失进行补偿。国际货物运输保险合同属于补偿性的财产保险合同，因此，在发生超额保险和重复保险的情况下，保险人只赔偿实际损失，因为保险的目的是补偿，而不能通过保险得利。

（4）近因原则。

虽然我国《保险法》及《海商法》均没有对近因原则进行明文规定，但在国际货物运输保险实践中，近因原则是常用的确定保险人对保险标的的损失是否负保险责任以及负何种保险责任的一条重要原则。

3. 国际货物运输保险的当事人

（1）保险人（Insurer）。

保险人，又称保险公司，是指从事货物保险行业的公司。保险人负责提供保险合同，承诺在事故发生时，依约负担赔偿。保险人在保险合同成立时有权收取保险费。

（2）投保人（Applicant）。

投保人是指对保险标的物具有保险利益，向保险人申请订立保险合同的人。投保人在保险合同成立时有支付保险费的义务，区别于信用证中的 Applicant。在 CIF 或 CIP 下，投保人为出口商；在 FOB 或 FCA 下，投保人则为进口商，在实务中进口商往往会委托出口商代为投保。

（3）被保险人（Insured）。

被保险人是指在保险事故发生时，对所遭受的损害，享有赔偿请求权的人。被保险人与投保人可以是同一人。

（4）受益人（Beneficiary/the Insured）。

受益人是指投保人或被保险人所约定享有赔偿请求权的人，亦即保险金的领受人，区别于信用证中的 Beneficiary。被保险人和投保人均可为受益人。

6.1.2　国际货物运输保险条款

1. 中国保险条款

在我国，进出口货物运输最常用的保险条款是中国保险条款（C.I.C.），该条款由中国人民保险公司制定，中国人民银行及中国保险监督委员会审批颁布。C.I.C.保险条款按国际货物运输方式来分，有海洋、陆上、航空和邮包运输保险条款四大类；对某些特殊商品，还配备有海运冷藏货物，陆运冷藏货物，海运散装桐油，以及活牲畜、家禽的海陆空运输保险条款。以上八种条款，投保人可按需选择投保。

在我国通常采用中国保险条款，但应国外商人的要求，也可以采用保险市场上通用的英国伦敦保险业协会所制定的《协会货物条款》（Institute Cargo Clause；简称 I.C.C.）。

（1）海洋运输货物保险条款责任范围。

① 基本险。基本险又称为主险，所承保的主要是自然灾害和意外事故所造成的损失和费用，是可以独立保的险别。中国人民保险公司所规定的基本险别包括平安险（Free from Particular Average，FPA）、水渍险（With Average or With Particular Average，WA or WPA）和一切险（All Risks）。

a. 平安险。平安险是我国的习惯叫法，英文原意是“单独海损不赔”。根据中国《海洋运输货物条款》（2009 版）规定，投保了平安险，保险公司对下列损失负赔偿责任。

• 被保险货物在运输途中由于恶劣气候、雷电、海啸、地震、洪水自然灾害造成整批货物的全部损失或推定全损。当被保险人要求赔付推定全损时，须将受损货物及其权利委付给保险人。被保险货物用驳船运往或运离海轮的，每一驳船所装的货物可视作一个整批。推定全损是指被保险货物的实际全损已经不可避免，或者恢复、修复受损货物以及运送货物到原定目的地的费用超过该目的地的货物价值。

• 由于运输工具遭到搁浅、触礁、沉没，与流水或其他物体碰撞，以及失水、爆炸意外事故所造成的货物全部或部分损失。

• 在运输工具已经发生搁浅、触礁、沉没、焚毁意外事故的情况下，货物在此前后又在海上遭受恶劣气候、雷电、海啸等自然灾害所造成的部分损失。

• 在装卸或转船时由于一件或数件货物整件落海所造成的全部或部分损失。

• 被保险人对遭受承保责任内的危险货物进行抢救、防止或减少货损的措施而支付的合理费用，但以不超过该批被救货物的保险金额为限。

• 运输工具遭遇海难后，在避难港由于卸货引起的损失，以及在中途港、避难港由于卸货、存仓及运送货物所产生的特别费用。

• 共同海损的牺牲、分摊和救助费用。

• 运输契约订有“船舶互撞责任”条款的，根据该条款规定应由货方偿还船方的损失。

上述平安险的责任范围表明，在投保平安险的情况下，保险公司主要对自然灾害造成的全部损失和意外事故造成的全部损失及部分损失予以赔偿。此外，对于海上意外事故发生前后，由于自然灾害造成的部分损失予以赔偿。

案例分析

一批货物已经按发票总值的110%投保了平安险。货轮航行途中于5月3日遇暴风雨袭击，该批货物受到部分水渍，损失货值1000元人民币；该轮在继续航行中又于5月8日触礁，货物再次发生部分损失，损失额为100元人民币。

问题：这种情况下，保险公司应赔偿多少钱？为什么？

分析：保险公司应赔偿110元。原因在于，根据题意，该批货物按照发票总值的110%投保了平安险，而按照平安险的承保范围，保险公司主要对自然灾害造成的全部损失和意外事故造成的全部损失及部分损失予以赔偿，此外，对于海上意外事故发生前后，由于自然灾害造成的部分损失予以赔偿。案例中共包括两处损失，其一，货轮在5月3日遭遇暴风雨袭击，该批货物受到部分水渍，损失货值1000元，这1000元的货值损失不包含在平安险的承保范围之内，保险公司不负责赔偿；其二，该轮在继续航行中又于5月8日触礁，货物再次发生部分损失，损失额为100元人民币。这100元货值损失属于海上意外事故前后，自然灾害造成的部分损失，属于平安险的承保范围，保险公司要负责赔偿。所以，最终保险公司要赔偿的金额为110元（100乘以110%）。

b．水渍险。水渍险的英文原意是单独海损负责赔偿。投保水渍险后，保险公司除担负平安险的各项责任外，还对被保险货物如由于恶劣气候、雷电、海啸、地震等自然灾害所造成的部分损失负赔偿责任。

案例分析

中国某商人按照 CIF 波士顿向美国商人出口一批货物，卖方投保了水渍险。货物在海上运输过程中因舱内食用水管漏水，致使该批货物中的部分遭受水渍。

问题：对此损失保险公司是否负责赔偿？为什么？

分析：保险公司不负责赔偿。原因在于：中国商人即卖方投保的是水渍险，船舱内食用水管渗漏致使货物受损属于一般外来风险的范围，不在水渍险的承保范围之内，故保险公司不负责赔偿。

c．一切险。投保一切险后，保险公司除担负平安险和水渍险的各项责任外，还对被保险货物在运输途中由于一般外来原因而遭受的全部或部分损失，负有赔偿责任。

案例分析

上海某单位以 CIF 条件从国外进口某货物一批，卖方已代办了一切险。该批货物在上海卸货后，当晚在码头被偷窃。买方能否向保险公司要求赔偿？为什么？

分析：可以。原因在于：根据题意，该批货物遭受的损失属于偷窃提货不着，该种风险属于一般外来风险，包含在一切险的承保范围之内，所以保险公司要负责赔偿。

② 附加险别。

在海运保险业务中，进出口商除投保货物的上述基本险别外，还可以根据货物的特点和实际需要，在基本险的基础上附加投保若干险别。附加险别包括一般附加险（General Additional Risks）、特殊和特别附加险两种。

a．一般附加险。一般附加险不能作为一个单独项目投保，只能在基本险别（平安险和水渍险）的基础上进行附加投保，根据货物的特性和需要加保一种或若干种一般附加险。如加保所有的一般附加险，即投保一切险。可见，一般附加险被包括在一切险的承保范围之内，所以在投保一切险时，不存在再加保一般附加险的问题。

由于被保险货物的种类繁多，货物的性能和特点各异，而一般外来的风险又多种多样，所以一般附加险的种类也很多。我国《海洋运输货物保险条款》（2009 版）将一般附加险归纳为 11 种，具体如下。

• 偷窃、提货不着险（Theft,Pilferage and Non-delivery）。在保险有效期内，保险货物被偷走或窃走，以及货物运抵目的地以后，整件未交的损失，由保险公司负责赔偿。

• 淡水雨淋险（Fresh Water Rain Damage）。货物在运输中，由于淡水、雨水及雪融所造成的损失，保险公司负责赔偿。淡水包括船上淡水舱、水管漏水等。

• 短量险（Risk of Shortage）。保险货物数量短少和重量的损失，保险公司负责赔偿。

• 混杂、玷污险（Risk of Intermixture & Contamination）。保险货物在运输过程中，混进了杂质所造成的损换。例如矿石混进了泥土、草屑等因而使质量受到影响，保险公司负责赔偿。

• 渗漏险（Risk of Leakage）。流质、半流质的液体物质和油类物质，在运输过程中因为容器损坏而引起的渗漏损坏。

• 碰损、破碎险（Risk of Clash & Breakage)。碰损主要是对金属、木质等货物来说的，破碎则主要是对易碎性物质来说的。前者是指在运输途中，因为受到震动、颠簸、挤压而造成的货物本身的损失；后者是在运输途中由于装卸野蛮、粗鲁、运输工具的颠震造成货物本身的破裂、断碎的损失，保险公司负责赔偿。

• 串味险（Risk of Odors)。对于被保险的食物、中药材、化妆品原料等，因为受到其他物品的影响而引起的气味串味损失，保险公司负责赔偿。

• 受热、受潮险（Damage Caused by Heating & Sweating)。船舶在航行途中，由于气温骤变，或者因为船上通风设备失灵等原因，而使舱内水汽凝结、发潮、发热引起货物的损失，保险公司负责赔偿。

• 钩损险（Hook Damage)。保险货物在装卸过程中因为使用手钩、吊钩等工具所造成的损失，保险公司负责赔偿。

• 包装破裂险（Loss for Damage by Breakage of Packing)。因为包装破裂造成物资的短少等损失，保险公司负责赔偿。

• 锈损险（Risk Sorest)。保险公司负责保险货物在运输过程中因为生锈造成的损失。不过这种生锈必须在保险期内发生，如原装时就已生锈，保险公司不负责任。

需要注意的是，上述附加险，只能在投保平安险和水渍险的基础上加保一种或数种险别，但若已投保一切险，因上述险别均包含在内，则无须加保。

b．特殊附加险与特别附加险。特殊附加险与特别附加险是指承保由于军事、政治、国家政策法令以及行政措施等特殊外来原因所引起的风险与损失的险别，主要包括战争险（War Risks)、罢工险（Strikes Risks）和特别附加险三种。

• 战争险。保险公司负责赔偿直接由于战争、类似战争行为和敌对行为、武装冲突或海盗行为所致的损失。凡加保战争险时，保险公司按照加保战争险条款的责任范围，对由于战争和其他各种敌对行为所造成的损失负赔偿责任，按中国人民保险公司的保险条款规定，战争险不能作为一个单独的项目投保，而只能在投保平安险、水渍险、一切险上述三种基本险别之一的基础上加保。

• 罢工险。罢工险是在投保海运货物保险的基础上加保的特殊附加险，它只承保罢工行为所致的被保险货物的直接损失，如罢工行为使货物无法正常运输装卸导致的间接损失，保险公司不负责赔偿。需要注意的是，假如被保险人在投保海运货物基本险的基础上已加保战争险，还要再加保罢工险，按国际保险市场习惯，不需要另行缴付罢工险的保险费。如果只在投保基本险的基础上加保罢工险，则需按照战争险费率缴付保险费。

• 特别附加险。除上述一般附加险和特殊附加险外，在中国人民保险公司附加条款中，还列有六种不包括在基本险中的其他附加险别，统称为特别附加险，分别为交货不到险、进口关税险、舱面货物险、拒收险、黄曲霉素险、出口货物到香港（包括九龙在内）或澳门存仓火险。这六种附加险所承保的风险，大多与国家行政法令、政策措施与航海贸易习惯有关。这六种附加险，必须在投保基本险的基础上另行加保，才能获得保障。

知识链接

代位追偿

为了防止被保险人双重获益，保险人在赔偿后，享有在其赔付金额内，要求被保险人转让其对造成损失的第三责任方要求赔偿的权利。这种权利称为代位追偿权。

案例分析

我方按 CIF 贸易术语对外发盘，由卖方负责投保以下保险险种。

A. 一切险、偷窃提货不着险、串味险、交货不到险。

B. 平安险、一切险、战争险、罢工险。

C. 水渍险、一切险、战争险、罢工险。

D. 偷窃提货不着险、钩损险、战争险、罢工险。

试分析以上每种险别作为保险条款是否妥当？如有不妥说明理由。

分析：A. 不妥，因为一切险中已经包含了后面一般附加险的承包范围。

B. 不妥，平安险和一切险都属于基本险别，且一切险包含平安险的所有承保范围，所以二者只用选择一种投保即可。

C. 可以。

D. 不妥，这四种险别都属于附加险，不能单独投保，要在基本险的基础上进行附加。

（2）航空运输货物保险条款责任范围。

本保险分为航空运输险和航空运输一切险两种。被保险货物遭受损失时，本保险按保险单上承保险别的条款承担赔偿责任。

① 航空运输险。

本保险负责赔偿：被保险货物在运输途中遭受雷电、火灾或爆炸，或者由于飞机遭受恶劣气候或其他危难事故而被抛弃，或者由于飞机遭受碰撞、倾覆、坠落或失踪意外事故所造成的全部或部分损失；被保险人对遭受承保责任内危险的货物采取抢救，防止或减少货损的措施而支付的合理费用，但以不超过该批被救货物的保险金额为限。

② 航空运输一切险。

除包括上列航空运输险的责任外，本保险还负责被保险货物由于外来原因所致的全部或部分损失。

2. 伦敦货物保险条款

目前世界上大多数国家在海上保险业务中直接采用英国伦敦保险协会所制定的协会货物条款。协会货物条款最早制定于 1912 年，后来经过多次修改，最近一次的修改于 2009 年 1 月 1 日起生效。

从险别上讲，协会货物险条款包括协会货物 A 条款，即 ICC（A）；协会货物 B 条款，即 ICC（B）；协会货物 C 条款，即 ICC（C）；协会战争险条款（Institute War Clause-Cargo）；

协会罢工险条款（Institute Strikes Clause-Cargo）；协会货物恶意损害险条款（Institute Malicious Damage Clause）和偷窃、提货不着险条款（Institute Theft，Pilferage and Non-delivery Clause）。前五个险别条款结构统一，系统清晰，都包含承保责任、除外责任、索赔、保险利益、减少损失、防止延迟、法律与惯例等内容，可以单独投保。而协会货物恶意损害险和偷窃、提货不着险属于附加险别，不能单独投保。

（1）ICC（A）。

ICC（A）条款承保责任范围最大，类似于我国的一切险，采用“一切险减除外责任”的概括式规定方法，即除了“除外责任”项下所列的风险保险人（保险公司）不予负责之外，其他风险均予负责。具体来说，其承保责任范围包括三部分内容，即第 1 条风险条款、第 2 条共同海损条款（General Average）和第 3 条船舶互撞责任条款（Both to Blame Collision）。

① 风险条款。

ICC（A）条款采用“一切风险减除外责任”方式规定保险人的风险条款，所以本条款承保货物损失或损坏的一切风险，但第 4、5、6、7 条规定的除外责任除外。

② 共同海损条款。

ICC（A）条款承保依据运输合同及（或）准据法和惯例所理算或确定的共同海损和救助费用，其产生是为了避免任何原因造成的损失或与避免任何原因造成的损失有关，但此种原因须不是本保险第 4、5、6、7 条或其他条文除外的危险。

③ 船舶互撞责任条款。

ICC（A）条款负责赔偿被保险人根据运输合同中有关船舶互有责任碰撞条款的规定，由被保险人就承保风险应承担的责任。在上述条款下，若承运人向被保险人提起索赔，被保险人通知保险人，保险人有权自负费用为被保险人就此项索赔进行辩护。

（2）ICC（B）。

ICC（B）条款的责任范围类似于我国的水渍险，也包括三部分内容，即第 1 条风险条款、第 2 条共同海损条款和第 3 条船舶互撞责任条款。因为第 2 和第 3 条规定在措辞上和 ICC（A）完全相同，所以此条款中主要介绍第 1 条风险条款。需要说明的是，ICC（B）风险条款承保的责任范围，采用承保“除外责任”之外列明风险的办法，即将其承保的风险一一列出。

① 火灾或爆炸。

② 船舶或驳船遭受搁浅、触礁、沉没或倾覆。

③ 陆上运输工具倾覆或出轨。

④ 船舶、驳船或运输工具同水以外的任何其他外界物体碰撞或触碰。

⑤ 在避难港卸货。

⑥ 地震、火山爆发或雷电。

⑦ 共同海损的牺牲。

⑧ 投弃或浪击落海。

⑨ 海水、湖水或河水进入船舶、驳船、船舱、运输工具、集装箱或储存处所。

⑩ 货物在装卸船舶或驳船时落海或跌落导致整件货物的全损。

（3）ICC（C）。

ICC（C）条款的责任范围类似于我国的平安险，仅承保“重大意外事故”的风险，而不承保自然灾害及非重大意外事故的风险。ICC（C）条款承保的责任范围比 ICC（B）要小，也采取列明风险的方式。

① 火灾或爆炸。

② 船舶或驳船遭受搁浅、触礁、沉没或倾覆。

③ 陆上运输工具倾覆或出轨。

④ 船舶、驳船或运输工具同水以外的任何其他外界物体碰撞或接触。

⑤ 在避难港卸货。

⑥ 共同海损的牺牲。

⑦ 投弃（或抛货）。

知识链接

表 6-1　ICC（A）、ICC（B）和 ICC（C）条款的责任范围和除外责任

责任范围	A	B	C
1. 火灾或爆炸	√	√	√
2. 船舶或驳船遭受搁浅、触礁、沉没或倾覆	√	√	√
3. 陆上运输工具倾覆或出轨	√	√	√
4. 船舶、驳船或运输工具同水以外的任何其他外界物体碰撞或触碰	√	√	√
5. 在避难港卸货	√	√	√
6. 地震、火山爆发或雷电	√	√	√
7. 共同海损的牺牲	√	√	√
8. 抛货	√	√	×
9. 浪击落海	√	√	×
10. 海水、湖水或河水进入船舶、驳船、船舱、运输工具、集装箱或储存处所	√	√	×
11. 货物在装卸船舶或驳船时落海或跌落导致整件货物的全损	√	√	×
12. 由于被保险人以外的其他人（如船长、船员等）的故意违法行为所造成的损失或费用	√	×	×
13. 海盗行为	√	×	×
14. 下列“除外责任”范围以外的一切风险	√	×	×
除外责任	**A**	**B**	**C**
1. 被保险人的故意违法行为所造成的损失和费用	×	×	×
2. 自然渗漏、重量或容量的自然损耗或自然磨损	×	×	×
3. 包装或准备不足或不当造成的损失或费用	×	×	×
4. 保险标的的内在缺陷或特性造成的损失或费用	×	×	×
5. 直接由于延迟引起的损失或费用	×	×	×
6. 由于船舶所有人、经理人、租船人或经营人破产或不履行债务所造成的损失和费用	×	×	×
7. 由于使用任何原子武器或核裂变等造成的损失和费用	×	×	×

续表

8．船舶不适航，船舶、装运工具、集装箱等不适货	×	×	×
9．战争险	×	×	×
10．罢工险	×	×	×

注：√代表承保风险；×代表免责风险和不承保风险。

（4）协会海运货物战争险（Institute War Clause-Cargo）。

协会海运货物战争险条款主要承保由于下列原因所导致的保险标的的损失。

① 战争、内乱、革命、叛乱、造反或由此引起的内乱，或交战国的或针对交战国的任何敌对行为。

② 由于上述承保风险引起的捕获、扣留、管制或扣押及其后果，或任何有关企图、威胁。

③ 遗弃的水雷、鱼雷、炸弹或其他遗弃的战争武器。

④ 上述原因导致的共同海损和救助费用。

在上述承保风险中不包括海盗行为所造成的损失，这一点与中国现行海运货物战争险条款的规定不同。

（5）协会海运货物罢工险（Institute Strikes Clause-Cargo）。

协会海运货物罢工险责任范围与中国人民保险公司的罢工险一样，仅负责由于罢工等风险所直接造成的保险标的物损失，而不负责由于罢工等风险所产生的费用或间接损失。具体如下。

① 罢工者、被迫停工工人或参与工潮、暴动或民众骚扰者所致的灭失或损害。

② 任何恐怖主义行为，或与恐怖主义行为相联系，任何组织通过暴力直接实施的旨在推翻或影响法律上承认的或非法律上承认的政府的行为引起的灭失或损害。

③ 由任何人出于政治、信仰或宗教目的实施的行为引起的灭失或损害。

④ 为避免或有关避免以上承保风险所造成的共同海损或救助费用。

由上述协会海运货物罢工险的责任范围的具体规定可以看出，协会罢工险的承保范围大大超出了罢工的范围。该险别除负责罢工险的损失外，对于工潮、民众骚扰以及恐怖主义行为或出于政治、信仰或宗教目的行为所导致的风险损失也负赔偿责任。

（6）恶意损害险。

恶意损害险所承保的是被保险人以外的其他人（如船长、船员等）的故意破坏行为所导致的被保险货物的灭失或损害。但需要注意的是，恶意损害险也有其除外责任，即恶意损害如果是出于政治动机等的人为行为，则不属于该险别的承保范围。

ICC（A）、ICC（B）、ICC（C）、战争险、罢工险是伦敦保险协会海运保险的基本险别，可以单独投保；而恶意损害险需要在基本险别的基础上进行加保。需要注意的是，ICC（A）险是伦敦保险协会关于海运货物的承保范围最大的险别，其承保范围中已经包含恶意损害险和偷窃、提货不着险，无须加保。

6.1.3 国际货物运输保险单的类型

保险单据是保险公司在接受投保人投保后出具的，证明保险人与被保险人之间订有保险合同的文件。它是合格的保险合同的证明，也是投保人索赔和保险公司理赔的主要依据，是一种潜在的利益凭证。保险单据可分为以下几种类型。

1. 保险单

保险单（Insurance Policy）是最正式的保险单据形式，俗称“大保单”。保险单正面印有海上保险的基本事项，背面列明一般保险条款的全文，以规定当事人双方的权利和义务。在 CIF 或 CIP 合同中，出口商结汇时必须提交相关保险单据。

2. 保险凭证

保险凭证（Insurance Certificate）俗称“小保单”，只有正面的基本内容，背面没有印制保险条款。保险凭证虽格式简单，但作用与保险单完全相同。

3. 联合凭证

联合凭证（Combined Certificate）又称承保证明（Risk Note），是我国保险公司特别使用的、较保险凭证更为简化的保险单据。联合凭证是发票和保险单相结合的一种凭证，是最简单的保险单据。保险公司在出口商业发票上注明保险编号、承保险别、保险金额、装载船名、开航日期等，并正式签章作为已经承保的证据，至于其他项目均按发票上所列明者为准。联合凭证具有与保险单相同的效力，但不能背书转让。

4. 预约保险单/保险声明书

预约保险单（Open Policy/Open Cover）项下货物一经启运，即自动按预约保险单所列条件承保；但被保险人在获悉每批货物启运时，应立即以保险声明书（Insurance Declaration）的形式将该批货物的名称、数量、保险金额、船名、起讫港口、航次、开航日期等通知保险公司，银行可将保险声明书作为一项单据予以接受。据《UCP600》规定，可以接受保险单代替预约保险项下的保险证明书或声明书。

5. 暂保单

暂保单（Cover Note）又称临时保险书，是保险公司在保险单或保险凭证签发之前发出的临时单证。暂保单的内容比较简单，仅表明投保人已经办理了保险手续，并等待保险公司处理和签发正式保单。暂保单不是订立保险合同的必经程序，但是具有和正式保单同等的法律效力，不过有效期一般不超过 30 日。当正式保单生效后，暂保单自动失效。如保险公司最后考虑不出立保险单时，可以终止暂保单的效力，但必须提前通知投保人。据《UCP600》规定，暂保单将不被接受。

6. 保险批单

保险批单（Endorsement）是保险公司在保险单出立后，应投保人的要求出具的对保险内容进行补充或变更的一种凭证。批单一经签发即成为保险单的组成部分，具有补充、变更原保险单内容的作用。在实务操作中，批单应粘贴在保险单上，并加盖骑缝章，批单的效力优于保险单。

6.1.4 国际货物运输保险投保流程

一般来讲，在国际货物运输保险投保过程中，包括：选择投保险别，确定保险金额，填写国际货物运输保险投保单，计算并支付保险费、取得保险单，以及保险索赔五个环节。具体流程见图 6-1。

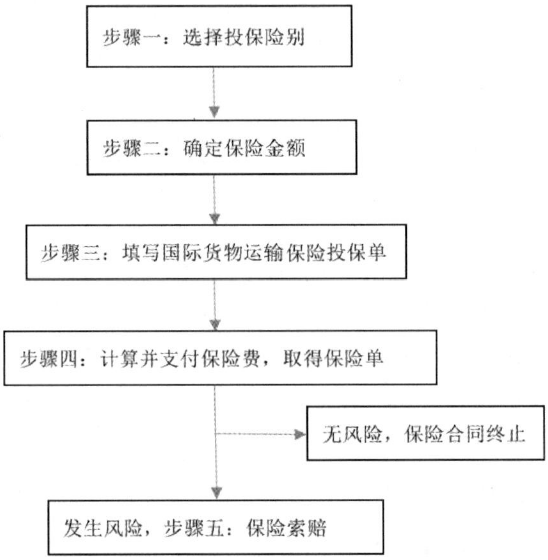

图 6-1 国际货物运输保险操作流程

1. 选择投保险别

保险公司承担的保险责任是以投保的险别为依据的。不同的险别，保险公司承担的责任范围不同，保险费率也不同。在确定投保险别时，应考虑下列因素。

（1）风险与损失的关系。

应考虑被保险货物同运输中可能遭致的风险与损失之间的关系。因为不同种类的货物，在运输途中遭遇意外事故，其损失情况和程度是不同的，所以在选择投保险别之前，应分析各种风险对于货物致损的影响程度，以确定适当的险别。

（2）航行路线和停靠港口。

某些航线途经热带地区，如载货船舶通风不良的就会增大货损；在海盗经常出没的海域内航行，则货物受意外损失的可能性就大一些。

2. 确定保险金额

保险金额是被保险人对保险标的实际投保金额，是保险人承担责任的标准和计收保险费的基础。在保险货物发生保险责任范围内的损失时，保险金额就是保险人赔偿的最高限额。投保人在投保货物运输保险时，应向保险人申报保险金额。保险金额是根据保险价值确定的。保险价值是保险责任开始时货物在起运地的发票价格或者非贸易商品在起运地实际价格以及运费和保险费的总和，即相当于 CIF 价格，不包括预期利润。国际上一般以 CIF 或 CIP 货价为计算保险金额的基础。这表明不仅是货物本身，而且连运费和保险费也作为保险标的一起加成投保。保险金额计算公式为：保险金额=CIF×（1+投保加成率）。

3. 填写国际货物运输保险投保单

投保单是投保人向承保人提出投保的书面申请。

4. 计算并支付保险费，取得保险单

保险费是保险公司经营业务的基本收入，也是被保险人获得损失赔偿权的对价。投保人交付保险费，是保险合同生效的前提条件。在被保险人交付保险费之前，保险人可以拒绝签发保险单据。保险费率是按照不同货物、不同目的地、不同运输工具和保险险别由保险公司根据货物损失率和赔付率确定的，分为“一般货物费率”和“指明货物加费费率”两种。前者是一般商品的费率，后者系指特别列明的货物（如某些易碎、易损商品）在一般费率的基础上另行加收的费率。交付保险费后，投保人即可取得保险单。保险单实际上已构成保险人与被保险人之间的保险契约，是保险人对被保险人的承保证明。在发生保险范围内的损失或灭失时，投保人可凭保险单要求赔偿。保险费计算公式为：保险费=保险金额×保险费率。

5. 保险索赔

进出口货物在保险责任有效期内发生属于保险责任范围内的损失，被保险人按照保险单的有关规定向保险公司提出赔偿要求，即为保险索赔。

6.2 国际货物运输保险单的缮制要求

6.2.1 国际货物运输投保单的缮制要求

投保单是由投保人向承保人办理投保申请时填制、签署并递交的单证。在 CIF/CIP 的价格条件下，投保手续由卖方办理；而在 CFR/CPT/FOB/FCA 的价格条件下，投保手续由买方办理。国际货物运输投保单的样单见【样单 VI-6-1】货物运输险投保单。

【样单 VI-6-1】货物运输险投保单

中国人民财产保险股份有限公司

PICC PROPERTY AND CASUALTY COMPANY LIMITED

货物运输险投保单

APPLICATION FOR CARGO TRANSPORTATION INSURANCE

（1）投保单号

Application No.

注意：请您在保险人明确说明本投保单及适用保险条款后，如实填写本投保单，您所填写的材料将构成签订保险合同的要约，成为保险人核保并签发保险单的依据。除双方另有约定外，保险人签发保险单且投保人向保险人缴清保险费后，保险人开始按约定的险种承保货物运输保险。

续

（2）投保人 Applicant					
（3）被保险人 Insured			电话 Tel.		
（4）合同号 Contract No.		（5）信用证号 L/C No.		（6）发票号 Invoice No.	
（7）标记与号码 Marks & Nos.	（8）包装及数量 Package & Quantity		（9）保险货物项目 Goods		（10）发票金额 Invoice Value 投保加成 Plus about______% 保险金额 Amount Insured 费率 Rate（%） 保险费 Premium
（11）装载运输工具 Per Conveyance			（12）提单号 B/L No.		
（13）启运日期 Date of Commencement			（14）赔款偿付地点 Claims Payable at		
（15）航行路线 Route:	自 From	经 Via	到达（目的地） To（Destination）		
（16）包装方式：1.散装　2.纸箱　3.瓶装　4.木箱　5.编织袋　6.真空袋　7.桶装　8.裸装　9.苫布　10.其他方式：__________ （17）运输方式：1.集装箱 2.冷藏箱 3.拼箱　4.整船　5.其他方式：__________ （18）货物项目：1.精密仪器　是□　否□　2.旧货物　是□　否□　船龄：__________年建					
（19）投保险别　投保人可根据投保意向选择投保险别及条款，并画√确认，但保险人承保的险别适用条款以保险人最终确定并在保险单上列明的险种、条款为准。 Conditions					
进出口海洋运输：□一切险　□水渍险　□平安险（PICC《海洋运输货物保险条款》） □ICC(A)　□ICC(B)　□ICC(C)（伦敦协会货物条款） 进出口航空运输：□航空运输险　□航空运输一切险（PICC《航空运输货物保险条款》） 进出口陆上运输：□陆运险　□陆运一切险（PICC《陆上运输货物保险条款》） 特殊运输险：□战争险　□罢工险（□PICC 条款　□伦敦协会货物条款） 国内水路运输：□基本险　□综合险（《国内水路、陆路货物运输保险条款》） 国内航空运输：□航空运输险　□航空运输一切险（PICC《航空运输货物保险条款》） 其他承保条件：					
（20）特别约定 Special Conditions：					

续

投保人声明：
1. 本人填写本投保单之前，保险人已经就本投保单及适用的保险条款的内容，尤其是关于保险人免除责任的条款及投保人和被保险义务人条款向本人做了明确说明，本人对该保险条款及保险条件已经完全了解，并同意接受保险条款的约束。
2. 本投保单所填各项内容均属事实，同意以本投保单作为保险人签发保险单的依据。
3. 保险合同自保险单签发之日起成立。
（21）投保人签字（盖章） Applicant’s Signature(and Seal): （22）日期 Date:

（1）投保单号（Application No.）。

此栏由保险公司填写。

（2）投保人（Applicant）。

此栏填写投保申请人的名称。

（3）被保险人（Insured）。

此栏填写被保险人的名称。采用托收方式付款时，填写出口商的名称。采用信用证付款时，如无特别规定，一般填写信用证的受益人名称；如有特别规定，则按信用证的规定填写。若 L/C 规定“Insurance Policy made out to the order of ××× Bank”，则此栏应填为“To the order of ××× Bank”，否则就会构成单证不符。

（4）合同号（Contract No.）。

此栏填写本次投保标的的买卖合同的编号。

（5）信用证号（L/C No.）。

此栏填写本次交易中买方开来的信用证的编号。如采用托收方式支付，则此栏空白不填。

（6）发票号（Invoice No.）。

此栏填写本次投保标的的商业发票的编号。

（7）标记与号码（Marks & Nos.）。

此栏填写装运唛头，与发票、提单上的相同栏目内容一致。此栏也可填写“As per Invoice No. ×××”。

（8）包装及数量（Package & Quantity）。

此栏填写最大包装件数，与发票、装箱单、提单上相同栏目内容一致。散装货物填写“In Bulk”。如果货物价格以重量计价，除表示件数外，还应注明毛重或净重。

（9）保险货物项目（Goods）。

按发票品名填写，若发票品名繁多也可使用统称。

（10）保险金额及保险费。

① 发票金额（Invoice Value）：此栏填写发票的实际金额，这是计算保险金额的基础。

② 投保加成（Plus about__%）：此栏填写投保加成率。如果信用证或合同有规定，则按规定填写；如果没有规定，则一般加成 10%。

③ 保险金额（Amount Insured）：此栏按照合同或信用证的规定填写，如无明确规定，应按货款的 CIF 或 CIP 价的 110%填写。保险金额小数点后的尾数应进位取整，不能采用四舍五入法，如：2905.04 美元要进一位，取 2906 美元，而不能采用四舍五入法取值 2905 美元。

④ 费率［Rate(%)］和保险费（Premium）：通常填写“As arranged”或“Paid”。

（11）装载运输工具（Per Conveyance）。

此栏填写运输工具的名称，如是海运填写船名，如是空运填写航班名称。如果中途转船，各程运输的船名都应填写在该栏。例如，第一程船名是“Victory”，第二程船名是“East Wind”，则此栏应填写“Victory/East Wind”。

（12）提单号（B/L No.）。

此栏填写本保险单项下货物海运提单的编号，根据提单的实际情况填写。

（13）启运日期（Date of Commencement）。

此栏填写本保险单项下货物运输单据的签发日期，或填写“As per B/L No. ×××”。

（14）赔款偿付地点（Claims Payable at）。

此栏填写保险赔款的偿付地点和偿付的货币名称，根据合同或信用证规定的保险条款填写。若信用证未做规定，或是以托收方式支付货款，则此栏填写目的港（地），赔付货币填与投保金额相同的货币。

（15）航行路线（Route）。

在 From 后面填写装运港（地）名称，在 To 后面填写目的港（地）名称，如有转运还须在 Via 后面填写转运港（地）名称。例如“From Dalian,China via Pusan to Tokyo,Japan”。若海运至目的港，保险承保至内陆城市，则应在目的港后注明。例如“From Shanghai to Liverpool and Thence to Birmingham”。

（16）包装方式。

按实际外包装选择。

（17）运输方式。

按实际选择。

（18）货物项目。

按实际选择。

（19）投保险别（Conditions）。

此栏根据信用证或合同规定的保险条款填写，并注明保险所依据的保险条款名称，例如“Covering All Risks and War Risks as per Ocean Marine Cargo Clause of PICC.”。

（20）特别约定（Special Conditions）。

此栏填写信用证或合同对保险单据的特别要求，若没有则此栏留空。

（21）投保人签字（盖章）[Applicant’s Signature (and Seal)]。

此栏填写投保人全称、地址和电话，由经办人签名，并加盖投保人的公章。

（22）日期（Date）。

此栏填写投保的日期。

6.2.2　国际货物运输保险单的填制规范

保险单是依据投保人填写的投保单的内容，由保险公司填制、签署并交付投保人的单据。其内容与投保单基本相同。国际货物运输保险单的样单见【样单 VI-6-2】货物运输险保险单。

【样单 VI-6-2】货物运输险保险单

中国人民财产保险股份有限公司
PICC PROPERTY AND CASUALTY COMPANY LIMITED

保险单号
Policy No.

货物运输保险单
CARGO TRANSPORTATION INSURANCE POLICY

（1）发票号　　　　提单号
Invoice No.　　　　B/L No.
合同号　　　　信用证号
Contract No.　　　　L/C No.

（2）被保险人
Insured:________________

中国人民财产保险股份有限公司（以下简称本公司）根据本保险人的要求，以被保险人向本公司缴付约定的保险费为对价，按照本保险单列明条款承保下述货物运输保险，特订立本保险单。

This policy of insurance witnesses that PICC Property and Casualty Company Limited (hereinafter called “the company”),at the request of the insured and in consideration of the agreed premium paid to the company by the insures,undertakes to insure the undermentioned goods in transportation subject to the condition of this policy as per the clauses printed overleaf.

（3）标记与号码 Marks & Nos.	（4）包装及数量 Package & Quantity	（5）保险货物项目 Goods	（6）保险金额 Amount Insured

（7）承保险别
Conditions:

（8）总保险金额
Total Amount Insured:________________

（9）保费
Premium:________________

（10）装载运输工具
Pre Conveyance:________________

（11）启运日期
Date of Commencement:________________

（12）启运自　　　　经　　　　至
From:____________　Via:____________　To:____________

续

所保货物如发生本保险单项下可能引起索赔的损失，应立即通知本公司或下述代理人查勘。如有索赔，应向本公司提交正本保险单（本保险单共有 2 份正本）及有关文件。如一份正本已用于索赔，其余正本则自动生效。 In the event of loss or damage which may result in a claim under this policy, immediate notice must be given to the company or agent as mentioned hereunder. Claims,if any, one of the original policies which has been issued in 2 original(s) together with the relevant documents shall be surrendered to the company. If one of the original policies has been accomplished, the others to be void. 中国人民财产保险股份有限公司（签章） （13）赔款偿付地点　　　　　保险人 Claim Payable at: ____________________　Underwriter: ________________ （14）签单日期 Issuing Date: ____________________

（1）发票号/提单号/合同号/信用证号（Invoice No.，B/L No.，Contract No.，L/C No.）。

分别填写本批货物的发票编号、提单编号、合同编号和信用证编号。

（2）被保险人（Insured）。

此栏填写被保险人的名称。采用托收方式付款时，填写出口商的名称。采用信用证付款时，如无特别规定，一般填写信用证的受益人名称；如有特别规定，则按信用证的规定填写。若 L/C 规定“Insurance Policy made out to the order of ××× Bank”，则此栏应填为“To the order of ××× Bank”，否则就会构成单证不符。

（3）标记与号码（Marks & Nos.）。

与发票中的唛头一致。

（4）包装及数量（Package & Quantity）。

按装箱单的总量如实填写。

（5）保险货物项目（Goods）。

填写本批货物的英文名称。

（6）保险金额（Amount Insured）。

保险金额=发票总金额×（1+投保加成率）。如果计算得出的保险金额的小数点后有数字，无论多少都进一位取整数。例如，299 986.1 应进位取 299 987。

（7）承保险别（Conditions）。

按合同或信用证中保险规定填写。

（8）总保险金额（Total Amount Insured）。

用文字（大写）书写总金额。

（9）保费（Premium）。

一般不列出，填写“As arranged”。

（10）装载运输工具（Per Conveyance）。

填写本批货物的船名与航次。

（11）启运日期（Date of Commencement）。

按实际填写。

（12）启运自/经/至（From/Via/To）。

填写具体港口名称，如“From Guangzhou to New York”。

（13）赔款偿付地点（Claim Payable at）。

填写具体的地点。一般为方便买方索赔，此栏填写保险公司在买方所在地的办事机构或代理公司所在地。

（14）签单日期（Issuing Date）。

此栏为保险公司签发本保险单的日期。

本章小结

国际货物运输保险是以运输途中的货物作为保险标的，保险人对由自然灾害和意外事故造成的货物损失承担赔偿责任的保险。常见的国际货物运输保险条款包括中国保险条款 C.I.C.和伦敦货物保险条款 I.C.C.，这两种保险条款有各自的承保险别。从国际货物运输保险操作流程上看，国际货物运输保险流程包括选择投保险别，确定保险金额，填写国际货物运输保险投保单，计算并支付保险费、取得保险单，保险索赔五个环节。其中要用到投保单和保险单两个重要单据。

第7章

其他单据

学习目标

⇨ 了解汇票的概念和类型；

⇨ 了解装运通知、受益人证明及船公司证明的概念和作用；

⇨ 重点掌握出入汇票、装运通知、船公司证明、受益人证明的缮制要求及规范。

摘要

在外贸单据业务中，除商业单据、运输单据、保险单据等主要单据外，还有一些其他单据，出现在装运和结汇等业务环节，这些单据的作用和特点虽然不是特别明显，但也是外贸单据体系中不可或缺的组成部分，是对外贸易业务主要单据的补充和说明。本章介绍的其他单据包括汇票、装运通知、受益人证明和船公司证明等单据。

7.1 汇票认知

7.1.1 汇票的概念

汇票（Bill of Exchange, Draft）是国际贸易结算中非常重要的一种票据。《中华人民共和国票据法》第十九条规定了汇票的定义和种类：汇票是出票人签发的，委托付款人在见票时或者在指定日期无条件支付确定的金额给收款人或者持票人的票据。汇票分为银行汇票和商业汇票。

《英国票据法》规定，A bill of exchange is an unconditional order in writing, addressed by one person (the Drawer) to another (the Drawee), signed by the person giving it, requiring the person to whom it is addressed (the Drawee) to pay on demand or at a fixed or determinable future time a sum certain in money to or to the the order of a specified person,or to the bearer (the Payee)。即汇票是一人向另一人签发的，要求即期或定期或在将来可以确定的时间，向某人或其指定人或持票人支付一定金额的无条件书面支付命令。

一份汇票有三个当事人，即出票人（Drawer）、付款人（Drawee,Payer）和收款人（Payee）。出票人是开立汇票并交付汇票的人；付款人是由出票人在汇票中记名指定，接受票据提示并进行支付的当事人，又称“受票人”；收款人是从出票人手中获得票据并持票向付款人收款的当事人。

在国际贸易结算中，汇票通常由出口方开立，以进口方或受进口方委托的银行为付款人，并指定与其有往来业务的银行为收款人。

7.1.2　汇票的类型

1. 按照出票人的不同，汇票分为银行汇票和商业汇票

（1）银行汇票（Banker’s Draft）。

银行汇票是指出票人和付款人均为银行的汇票，一般用于汇付业务，即汇票。

（2）商业汇票（Commercial Draft）。

商业汇票是指出票人为企业、商号或个人，付款人为其他企业、商号、个人或银行的汇票，一般用于信用证和托收业务。

在国际贸易中，出口商开立的汇票就是商业汇票。若采用托收方式，则该汇票的付款人为进口商；若采用信用证方式，该汇票的付款人一般为开证行或其指定银行。

2. 按照付款期限的不同，汇票分为即期汇票和远期汇票

（1）即期汇票（Sight Bill or Demand Draft）。

即期汇票是指持票人向付款人提示后，对方立即付款，又称“见票即付”汇票。

（2）远期汇票（Time Bill or Usance Draft）。

远期汇票是指出票在一定期限或特定日期付款的汇票。

在实际业务中，远期汇票的付款日主要有以下几种规定方式：

① 见票后若干天付款（At...days after sight）；

② 出票日后若干天付款（At...days after date）；

③ 提单签发日后若干天付款（At...days after date of B/L）；

④ 某一特定日期付款（Fixed Date）。

其中，第①种方式最为常用，第③种次之，其余两种则比较少见。

3. 按照有无随附单据，汇票分为光票和跟单汇票

（1）光票（Clean Bill）。

光票是指不附带货运单据的汇票。银行汇票多是光票。

（2）跟单汇票（Documentary Bill）。

跟单汇票是附带货运单据的汇票。商业汇票一般多为跟单汇票。

4. 按照承兑人的不同，远期汇票分为银行承兑汇票和商业承兑汇票

（1）银行承兑汇票（Banker's Acceptance Bill）。

银行承兑汇票是由银行承兑的远期汇票。

（2）商业承兑汇票（Trader's Acceptance Bill）。

商业承兑汇票是由商号或个人承兑的远期汇票。

银行承兑汇票是建立在银行信用基础之上的，商业承兑汇票是建立在商业信用基础之上的。因此，银行承兑汇票的信用度高于商业承兑汇票。

5. 按照使用货币的不同，汇票分为本国货币汇票和外国货币汇票

（1）本国货币汇票（Home Money Bill）。

本国货币汇票是指票面金额为本国货币的汇票。

（2）外国货币汇票（Foreign Money Bill）。

外国货币汇票是指票面金额为外国货币，付款时一般要换算成本国货币付给收款人的汇票。

6. 按照流通地域的不同，汇票分为国内汇票和国外汇票

（1）国内汇票（Inland Bill）。

国内汇票是指出票、付款和流通均在一国之内的汇票。

（2）国外汇票（Foreign Bill）。

国外汇票是指其中一方的出票和付款地点在国外或双方均在国外，而汇票可在两国以上的范围内流通。

7.1.3 汇票的使用

1. 银行汇票的使用

银行汇票多用于票汇（D/D）业务，一般为光票，结汇方式为顺汇。一般来讲，D/D汇票业务的程序包括以下 7 个步骤（见图 7-1）：

（1）付款人（买方）向汇出行（出票人）提交票汇申请书、交款、付费；

（2）汇出行（出票人）向付款人（买方）开立银行即期汇票；

（3）汇出行（出票人）向汇入行（付款人）寄汇票通知书；

（4）付款人（买方）寄交银行即期汇票给收款人（卖方）；

（5）收款人（卖方）向汇入行（付款人）背书后交汇票；

（6）汇入行（付款人）向收款人（卖方）付款；

（7）汇入行（付款人）向汇出行（出票人）收回垫款或付讫借记通知。

2. 商业汇票的适用

商业汇票多用于信用证和托收业务，一般为跟单汇票，汇票的流向和资金的流向方向相反，结汇方式为逆汇。商业汇票业务的流程图见图 7-2。

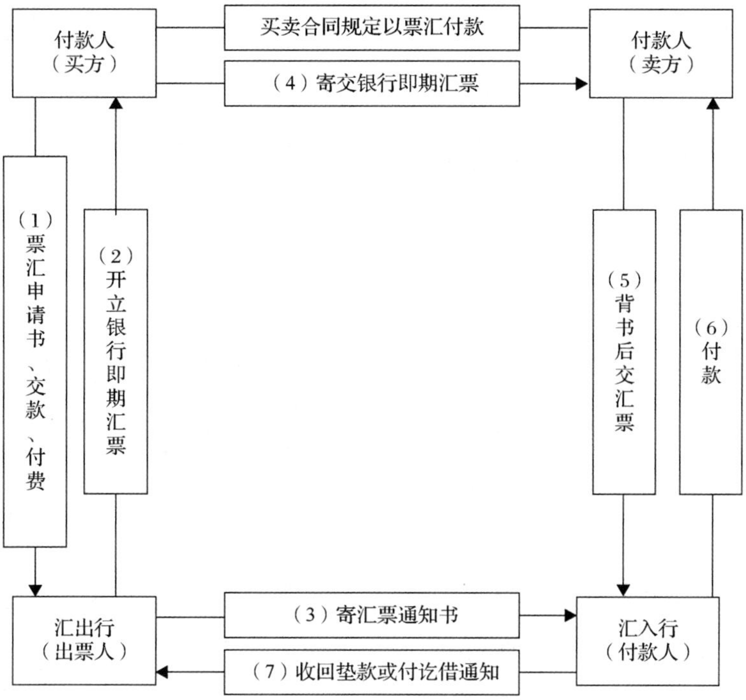

图 7-1 银行汇票业务流程图

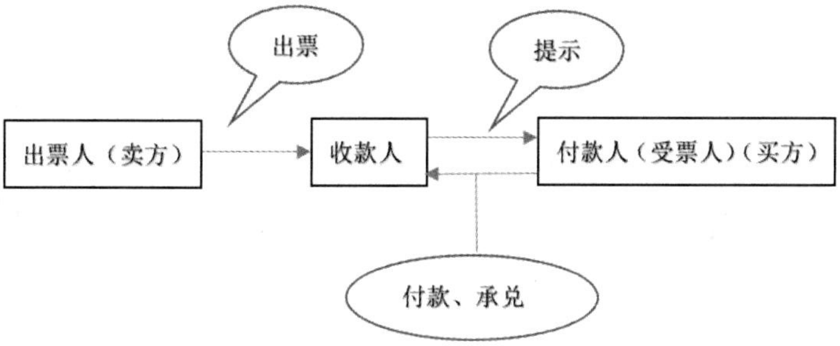

图 7-2 商业汇票的业务流程

（1）出票（Issue）。

出票人，即信用证的受益人或合同的卖方装运完毕后，备齐信用证或买方要求的全套单据，同时出具签发汇票交付给收款人（信用证项下为议付行，托收项下为托收行）的行为。通常信用证出票后，出票人即承担保证汇票得到承兑和付款的责任。如汇票遭到拒付，出票人应接受持票人的追索，清偿汇票金额、利息和有关费用。

（2）提示（Presentation）。

提示是收款人将汇票提交给付款人（通常信用证项下为开证行，托收项下为进口商）要求承兑或付款的行为，提示又分付款提示和承兑提示。

（3）承兑（Acceptance）。

承兑指付款人在持票人向其提示远期汇票时，在汇票上签名，承诺于汇票到期时付款的行为。具体做法是付款人在汇票正面写明“承兑（Accepted）”字样，注明承兑日期，于签章后交还持票人。付款人一旦对汇票作承兑，即成为承兑人，以主债务人的地位承担汇票到期时付款的法律责任。

（4）付款（Payment）。

付款人在汇票到期日，向提示汇票的合法持票人足额付款。持票人将汇票注销后交给付款人作为收款证明。汇票所代表的债务债权关系即告终止。

（5）背书（Endorsement）。

票据（包括汇票）是可流通转让的证券。根据《中华人民共和国票据法》规定，除非出票人在汇票上记载“不得转让”外，汇票的收款人可以以记名背书的方式转让汇票权利。即在汇票背面签上自己的名字，并记载被背书人的名称，然后把汇票交给被背书人即受让人，之后受让人成为持票人，是票据的债权人。受让人有权以背书方式再行转让汇票的权利。在汇票经过不止一次转让时，背书必须连续，即被背书人和背书人名字前后一致。对受让人来说，所有以前的背书人和出票人都是他的“前手”，对背书人来说，所有他转让以后的受让人都是他的“后手”，前手对后手承担汇票得到承兑和付款的责任。

在金融市场上，最常见的背书转让为汇票的贴现（Discount），即远期汇票经承兑后尚未到期，持票人背书后，由银行或贴现公司作为受让人，从票面金额中扣减按贴现率结算的贴息后，将余款付给持票人的行为。

7.1.4　汇票的缮制要求

汇票的印制并无统一格式，但是根据各国票据法的规定，汇票必须要项齐全，否则法律上不予承认，受票人有权拒付。《中华人民共和国票据法》第二十二条规定，汇票必须记载下列事项：①标明“汇票”字样；②无条件支付的委托；③确定的金额；④付款人名称；⑤收款人名称；⑥出票日期；⑦出票人签章。汇票上未记载前款规定事项之一的，汇票无效。

《中华人民共和国票据法》还规定，汇票上记载付款日期、付款地、出票地等事项的，应当清楚、明确。汇票上未记载付款日期的，为见票即付。汇票上未记载付款地的，付款人的营业场所、住所或经常居住地为付款地。汇票上未记载出票地的，出票人的营业场所、住所或经常居住地为出票地。

另外，汇票上可以记载除规定事项以外的其他出票事项，但是该记载事项不具有汇票的效力。

下面以【样单 VII-7-1】商业汇票为例，说明汇票的填制规范。

【样单 VII-7-1】商业汇票

BILL OF EXCHANGE

No.S0000001　　　　　　　　　　　Dated 2020-09-14

Exchange for USD　17171

At 30 days after　sight of this First of Exchange

(Second of exchange being unpaid)

Pay to the Order of BANK OF CHINA

续

The sum of USD SEVENTEEN THOUSAND ONE HUNDRED AND SEVENTY ONE ONLY
Drawn under L/C No.002/0000002　　Dated 2020-09-14
Issued by THE ROYAL BANK OF SCOTLAND
To THE ROYAL BANK OF SCOTLAND
42ST.ANDREW SQUARE EDINBURGH,EH2 2YE
CHINA HONGYUAN IMPORT & EXPORT COMPANY
（Authorized Signature）

1. No.

汇票号码，由出票人编号填入，此处一般填写商业发票的号码。利用这个号码可以核对发票与汇票中相同和相关的内容，例如金额、信用证号码等。如汇票号码和发票号码不一致，付款人不能因此拒付。

2. Dated

汇票的出具日期，一般也是交单日期，是指受益人把汇票交给议付行的日期，格式为：2020-09-14。在实际业务中这一栏一般由银行填写。

3. Exchange for

汇票小写金额，格式为：货币名称+金额。货币名称用三个字母简称，金额用阿拉伯数字（Amount in Figure）填写。汇票金额一般不超过信用证规定的金额。应注意在填写这一栏时，金额不包含佣金，应填写净价。

4. At Sight

付款期限，分为即期付款和远期付款。

（1）即期汇票（Sight Draft）。

在汇票的出票人按要求向银行提交单据和即期汇票时，银行应立即付款。期限这一栏的填写较简单，只需使用“×××”或“———”或“＊＊＊”等符号或者直接将“AT SIGHT”字样填在这一栏目中，但该栏不得空白。

（2）远期汇票（Time Draft）。

远期汇票，表明在将来的某个时间付款。以表明“远期”起算时间的根据不同，分为不同的远期汇票。远期付款时，则根据信用证或出口合同规定填写，通常分四种情况。

① “at ×× days after sight”（见票日期后若干天付款），在空白处填写“××days after”；

② “at ×× days after date”（出票日期后若干天付款），在空白处填写“×× days after date”，划掉“sight”；

③ “at ×× days after date of B/L”（提单日期后若干天付款），在空白处填写“×× days after date of B/L”，划掉“sight”；

④ 在某指定××年××月××日付款，但出口企业通常较少涉及。

5. Pay to the Order of

受款人，即收款人，也称为“抬头”。汇票的抬头一般有以下三种写法。

（1）限制性抬头（Restrictive Order）。如“付××公司”（Pay Co. only）或有“不准转让”（Not Transferable）字样。这种抬头的汇票不能流通转让，只有指定公司才有权收取票款。

（2）指示性抬头（Demonstrative Order）。如“付××公司或其指定人”（Pay ×× Co. or order，或 Pay to order of ×× Co.），做成这种抬头的汇票可以经过持票人背书后转让给第三人。

（3）持票人或来人抬头（Payable to Bearer）。如“付给来人”（Pay to Bearer）或“付给持票人”（Pay to Holder），做成这种抬头的汇票，无须由持票人背书，仅凭交付即可转让。按照我国《票据法》规定，签发持票人或来人抬头的汇票无效。

常用单据的“抬头人”的含义见表 7-1。

表 7-1　常用单据的“抬头人”的含义

序号	单　　据	“抬头人”的含义
1	商业发票	买方，在信用证项下叫“开证申请人”
2	汇票	受款人，即接受付款人所支付的款项的人，通常为指定银行
3	提单	收货人
4	保险单	被保险人

在我国的外贸业务中，指示性抬头使用较多。在信用证业务中，在填写汇票时根据信用证的具体规定填写，应将选择的银行名称直接填入抬头。如来证规定“由中国银行指定”，此应填上：“Pay to the order of Bank of China”（由中国银行指定）；如来证规定“由开证行指定”，此栏应填上“Pay to the order of ××× Bank”（开证行名称）。

6. the Sum of

汇票大写金额。大写金额用文字大写（Amount in Words），要求顶格，不留任何空隙，以防有人故意在汇票金额上做手脚，且须与汇票的小写金额一致。大写金额由货币名称和金额组成，先填写货币全称，再填写金额的数目文字，句尾加“only”相当于中文的“整”字。

7. Drawn Under

出票根据。信用证业务中签发汇票的根据通常包括三项内容：信用证编号（L/C No.）、开证日期（Dated）和付款人（Issued by）。但有时来证要求不填这一栏目，出口商在制单过程中也可以接受。

（1）信用证编号（L/C No.）。

填写信用证的准确号码。非信用证业务则不填。

（2）开证日期（Dated）。

区别出具汇票的日期，此处应填写信用证的准确开证日期。非信用证业务则不填。

（3）开证行（Issued by）。

此处填写开证行名称。如为托收支付方式，通常填“买卖合同号码”“订单号码”或“商业发票号码”，或者在出票条款栏内或其他位置填上“For Collection”。

8. To

受票人（Drawee），即被出票人，也是付款人（Payee）。在信用证业务中，汇票的付款人和合同的付款人不完全相同，按照国际商会《跟单信用证统一惯例》（UCP600）的相关规定，信用证不应凭以申请人为付款人的汇票支付，但如信用证要求以申请人为付款人的汇票，银行将视此种汇票为一项额外的单据。据此，如信用证要求以申请人为付款人的汇票，仍应照办，但这只能作为一种额外的单据。因此，填写汇票时应根据信用证“draw on ××”“draft on ××”或“drawee”来填写，如“...available by draft(s) drawn on us”条款表明，以开证行为付款人；又如“drawn on yourselves/you”条款表明以通知行为付款人。信用证未明确付款人名称者，应以开证行为付款人。非信用证方式，则填进口商公司英文名称和地址。

9. Authorized Signature

出票人，出具汇票的人，在贸易结汇使用汇票的情况下，一般都由出口商即受益人填写，主要包括出口商的全称和经办人的名字。出票人，即出口商在右下方空白栏“（Authorized Signature）”处签字，填写出口商公司英文名称。出口商必须在汇票上签章才能生效，签章要求常见的有“signed”“duly signed”和“manually signed”三种，前两种可以盖章或签字，而后一种必须手签，同时签章须与其出具的商业发票等其他单据的签章保持一致。

汇票在没有特殊规定时，都打两张，一式两份。汇票一般都在醒目的位置上印着“1”“2”字样，或“original”“copy”，表示第一联和第二联。汇票的第一联和第二联在法律上无区别。第一联生效则第二联自动作废（Second of exchange being unpaid），第二联生效则第一联也自动作废（First of exchange being unpaid）。

7.2　装运通知认知

7.2.1　装运通知的概念与作用

1. 装运通知的概念

装运通知（Shipping Advice）是出口商在货物装运后发给进口方关于货物装运情况的书面文件。有时，进口方为了督促出口方履行通知的义务，以防止出现装运和投保在时间上的脱节，就在信用证中要求受益人在交单时提交装运通知的副本作为议付的单据之一。因此，装运通知必须及时签发。

2. 装运通知的作用

装运通知是出口商在货物装船后给进口方的通知，其目的是让进口商了解货物已经装船发运，以便准备付款接货。在 FOB、CFR 等条件下成交的合同，进口方自行办理货物保险，装运通知书应在装船后立即发出，以便进口商办理投保手续。在 CIF、CIP 价格条件下，装运通知也可使买方了解货物装运情况，以便准备接货或筹措资金。买方为了避免因卖方疏忽未及时发出通知，所以一般在信用证中明确规定，卖方必须按时发出装运通知，同时规定装运通知的内容，并规定在议付时必须提供该装运通知的副本，与其他单据一起向银行议付。在这种情况下，装运通知也是提交银行结汇的单据之一。

概括起来，装运通知的作用主要有两项：一是，让收货人及时了解货物装运的情况；二是，在以 FOB、CFR 等价格条件成交的出口贸易合同下，便于买方及时办理保险。有关国家法律规定，如货物的丢失、损害是由于发货人在货物装船完毕后没有向收货人发出装船通知，致使收货人未能及时投保所致，则该货物的丢失、损害由发货人负责赔偿。

知识链接

Shipping Advice（装运通知）是由出口商（受益人）发给进口商（申请人）的。

Shipping Instructions（装运须知）一般是进口商发给出口商的。

Shipping Note/Bill 指装货通知单或船货清单。

Shipping Order（S/O，装货单/关单/下货纸）是海关放行和命令船方将单据上载明的货物装船的文件。

7.2.2 装运通知的缮制要求

在实际业务中，装运通知无固定格式，各公司可以根据信用证的具体要求进行缮制，通常包括以下内容。具体见【样单 VII-7-2】装运通知。

【样单 VII-7-2】装运通知

Exporter's name and address（出口商名称和地址）			
Name of Document（单据名称）			
To:		INVOICE NO.:	
		DATE:	
		L/C NO.:	
		POLICY NO.:	
Dear Sir or Madam:			
We are please to advice you that the following mentioned goods has been Shipped out,Full detail were shown as follows:			
Bill of loading Number:			
Ocean Vessel:			

续

Port of Loading:	
Date of shipment:	
Port of Destination:	
Description of goods:	
Shipping Marks:	
Quantity:	
Exporter's name and address（出口商名称和地址）	
Gross Weight:	
Net Weight:	
Thank you for your patronage.We look forward to the pleasure of receiving your valuable repeat orders.	

1. Exporter's name and address

出口商中英文全称、地址。本栏应注明出口企业全称和地址以及联系电话号码等信息，一般公司该栏都是打印好的格式。

2. Name of Document

单据名称。本栏常用"SHIPPING ADVICE"（装运通知）或"SHIPPING STATEMENT"（装运声明）等表示。如果信用证中有具体的规定，应采用信用证中规定的名称。

3. Place and Date

编号及日期。按信用证的要求，填于通知右上角，一般包括：①信用证编号；②发票编号、日期；③预约保险单的号码（在预约保险的情况下）；④出单日期。

4. To

抬头人，即接受该通知的人，按信用证要求填写，通常有以下两种情况。

（1）填写信用证申请人名称和地址。

（2）按信用证条款指定的保险公司或申请人的代理人的名称和地址。

5. 货物内容

一般包括 description of goods、shipping marks、quantity、weight 等项目，应严格按商业发票、提单等单据内容填写。

6. Shipment

装运。这一栏内容主要包括：装运港名称（Port of Loading）、目的港名称（Port of Destination）、装运日期（Date of shipment）、装运船名（Vessel name）和提单号码（B/L No.）等。

7. 特殊条款

特殊条款指信用证规定的以上固定栏目以外的内容，可以另外设置栏目补充填写。

8. Signature

签署。填写出口公司的名称和法人代表或经办人的签字。要求与“Shipping advice”上方填写的出口公司名称完全相同，填写内容的区别仅在于，上方填写出口公司的名称与地址，而此栏只需填写名称。

在信用证业务中，要求出现装船通知的表示条款并不统一。可能出现要求提供“Shipping advice”（装船通知）；也可能出现要求提供“Insurance Declaration”（保险申明）；还可能只表示要求告知“Shipment Details”（装运详情）。对于以上各类或类似以上内容的条款，都可以以“装船通知”的名称和格式，或以“保险申明”的名称和“装船通知”的格式填写作为向银行提交的单据。

7.3 受益人证明认知

7.3.1 受益人证明的概念

受益人证明（BENEFICIARY’S CERTIFICATE）是信用证收益人根据信用证的有关规定缮制的一种格式比较简单的单据，以便证明自己履行了信用证规定的任务或证明自己按信用证的要求办事，如证明所交货物的品质、证明运输包装的处理、证明按要求寄单等。

7.3.2 受益人证明的缮制要求

在实际业务中，受益人证明无固定格式，各公司可以根据信用证的具体要求进行缮制。具体见【样单 VII-7-3】受益人证明。

【样单 VII-7-3】受益人证明

<table>
<tr><td colspan="4" align="center">Beneficiary’s name and address（受益人名称和地址）</td></tr>
<tr><td colspan="4">Name of Document</td></tr>
<tr><td rowspan="2">To:</td><td rowspan="2"></td><td>Invoice No.:</td><td></td></tr>
<tr><td>Issue Date:</td><td></td></tr>
<tr><td colspan="4"></td></tr>
</table>

1. 受益人证明的基本内容和缮制方法

（1）Beneficiary’s name and address.

受益人中英文全称、地址。本栏应注明出口企业全称和地址以及联系电话号码等信息，一般公司都是打印好的格式，在单据顶部固定印就。

（2）Name of Document.

单据名称。本栏常用“BENEFICARY'S CERTIFICATE”（收益人证明）或“BENEFICARY'S STATEMENT”（收益人证明）等表示。如果信用证中有具体的规定，应采用信用证中规定的名称。

（3）Issue Date.

出证日期。日期应按照实际签发日期填写。收益人证明的日期应与证明的内容相吻合，如收益人证明的内容是：“We hereby certify that the following documents hae been sent to ABC Co. within 3 days after shipment”。假如装运日期是 6 月 5 日，则收益人证明的日期不能早于 6 月 5 日。出单地点通常是实际发货地或收益人所在地。

（4）To.

抬头人。通常填写“To Whom It May Concern”，意指“致有关人”。

（5）Certificate.

证明内容。本栏应该根据信用证规定的内容填写。

（6）Signature.

签署。填写出口公司名称及经办人签字。

2. 常见受益人证明的内容和要求

（1）寄单证明（Beneficiary's certificate for despatch of documents）。

寄单证明是最常见的一种受益人证明，通常是受益人根据规定，在货物装运前后一定时期内，邮寄/传真/快递给规定的收受人全套或部分副本单据，并将证明随其他单据交银行议付，如：CERTIFICATE FROM THE BENEFICIARY STATING THAT ONE COPY OF THE DOCUMENTS CALLED FOR UNDER THE LC HAS BEEN DESPATCHED BY COURIER SERVICE DIRECT TO THE APPLICANT WITHIN 3 DAYS AFTER SHIPMENT.

受益人出具证明，说明信用证要求的单据副本已在装船后 3 天内通过快递直接寄给开证人。

（2）寄样证明（Beneficiary's certificate for despatch of shipment sample）。

【例】CERTIFICATE TO SHOW THAT THE REQUIRED SHIPMENT SAMPLES HAVE BEEN SENT BY DHL TO THE APPLICANT ON JULY 10,2020.

证明要求的出货样品已于 2020 年 7 月 10 日通过 DHL 寄给申请人。

（3）包装和标签证明。

【例】① A CERTIFICATE FROM THE BENEFICIARY TO THE EFFECT THAT ONE SET OF INVOICE AND PACKING LIST HAS BEEN PLACED ON THE INNER SIDE OF THE DOOR OF EACH CONTAINER IN CASE OF FCL CARGO OR ATTACHED TO THE GOODS OR PACKAGES AT AN OBVIOUS PLACE IN CASE OF LCL CARGO.

受益人应证明已把一套发票和箱单贴在集装箱箱门内侧（整箱货）或拼箱货的显眼的地方。

② BENEFICIARY CERTIFICATE IN TRIPLICATE STATING THE SHIPMENT DOES

NOT INCLUDE NON-MANUFACTURED WOOD DUNNAGE, PALLETS, CRATING OR OTHER PACKAGING MATERIALS；THE SHIPMENT IS COMPLETELY FREE OF WOOD-BARK,VISIBLE PESTS AND SIGNS OF LIVING PESTS.

要求三份单据，证明货物未再加工、非木制包装、无树皮、无肉眼可见虫害、无活虫。

3. 缮制注意事项

缮制受益人证明的注意事项如下。

（1）单据名称应合适恰当，根据信用证的要求来加列。

（2）一般的行文规则是以信用证所提要求为准直接照搬照抄，但有时也应做必要的修改。如信用证规定“BENEFICIARY'S CERTIFICATE EVIDENCING THAT TWO COPIES OF NON-NEGOTIABLE B/L WILL BE DESPATCHED TO APPLICANT WITHIN TWO DAYS AFTER SHIPMENT”，在具体制作单据时应将要求里的“WILL BE DESPATCHED”改为“HAVE BEEN DESPATCHED”；再比如对“BENEFICIARY’S CERTIFICATE STATING THAT CERTIFICATE OF MANUFACTURING PROCESS AND OF INGREDIENTS ISSUED BY ABC CO. SHOULD BE SENT TO SUMITOMO CORP.”的要求，“SHOULD BE SENT”最好改为“HAD/HAS BEEN SENT”。

（3）证明文句通常以“THIS IS TO CERTIFY”（或 DECLARE, STATE 等）或“WE HEREBY CERTIFY”等作为引导句式。

7.4 船公司证明认知

7.4.1 船公司证明的概念

船公司证明（Shipping Company's Certificate）是进口方要求受益人提供的，由船公司或其代理人出具的，用以说明载货船舶的船籍、船龄、船程等内容的一类证明文件，其作用是供进口方满足其政府要求或了解运输情况。

7.4.2 船公司证明的类型

船公司证明根据说明内容的不同可以分为：船籍证明与船程证明（Ship's Nationality Certificate & Itinerary Certificate）、船龄证明（Ship's Age Certificate）、班轮公会船只证明（Certificate of Conference Line Vessel）、船级证明（Confirmation of Vessel's Class）、集装箱船只证明（Certificate of Container Vessel）、黑名单证明（Black List Certificate）等。

1. 船籍证明与船程证明

船籍证明与船程证明主要说明航程中船舶停靠的港口、船籍、船名等内容。在国际贸易中，一些阿拉伯国家开来的信用证中，往往要求在提单中随附声明一份，明确船籍、船名、船东及途中所经港口的顺序，出口方须按要求签发此类证明并按证明中所述行驶、操作船舶。

【例】A CERTIFICATE FROM THE SHPPING COMPANY OR THEIR AGENT STATING THAT THE GOODS ARE SHIPPED ON VESSELS THAT ARE ALLOWED BY THE ARAB AUTHORITIES TO CALL AT ARABIAN PORTS AND NOT SCHEDULED TO CALL AT ANY ISRAELI PORT DURING ITS VOYAGE TO THE UAE.

船公司或其代理人出具证明，说明货物所装载的船只经阿拉伯当局允许停靠阿拉伯港口，在前往阿联酋的航程中不计划停靠任何以色列港口。

2. 船龄证明

船龄证明是对船舶使用年限进行说明的证明文件。在国际贸易中，有些国家/地区在信用证中规定装载货物的船舶的船龄不得超过 15 年，受益人必须要求船代或船公司出具载货船只的船龄证明书。这样要求的目的在于禁止使用老龄船，保护货物运输安全。

【例】SHIPMENT TO BE MADE BY A VESSEL NOT MORE THAN 15 YEARS OLD, AND CERTIFICATE TO THE EFFECT SHOULD ACCOMPANY ORIGINAL DOCUMENTS.

货物应由船龄不超过 15 年的船只装运，为此出具的证明应随附正本单据。

3. 班轮公会船只证明

班轮公会船只证明也叫班轮公会证明，是证明货物装载在属于班轮公会船只上的证明书。在国际贸易中，有些客户与班轮公会订有协议，凡客户所有货物均装载班轮公会船只，公会会付给客户运费回扣，所以客户有时就提出货物需要装班轮公会船只，并要求出具班轮公会证明作为结汇单证之一。

【例】A CERTIFICATE ISSUED BY THE VESSEL OWNERS/AGENTS/CAPTAIN STATING THAT THE CARRYING VESSEL IS CONFERENCE LINE VESSEL AND/OR SAILING ON REGULAR LINER SERVICES AND COVERED BY INSTITUTE CLASSIFICATION CLAUSE.

由船东/代理/船长出具的证明，说明该船为公会船只或班轮公会船只，并受协会船级条款的保护。

知识链接

什么是班轮公会

班轮公会（Freight Conference），是指在国际海上货物运输中，一些经营班轮运输的航运公司（船公司）为保护和协调彼此间的权益而组成的超国家的航运垄断组织。

班轮公会产生于 19 世纪末，目前全世界已有 360 多个班轮公会，遍布各主要班轮航线，基本由海运发达国家的航运公司所控制。

班轮公会的作用如下。

（1）规定共同遵守的最低运价。

（2）通过对船舶发航次数、船舶吨位和挂靠港口的限制，控制会员公司之间的竞争。
（3）采用折扣、回扣、延期回扣和合同优惠等办法给货主一定优惠，以控制货源，排挤会外航运公司和垄断航线上的班轮业务。

4. 船级证明

船级证明是船级社（Classification Society）出具的说明载货船舶符合一定船级标准的证明。

按照国际惯例，船级证明一般由船级社出具。船级社是从事船舶检验的机构，世界上的船级社通常为民间组织，但是在我国，中国船级社（China Classification Society）是交通部直属的事业单位。国际上的船级社有英国劳合社（Lloyd's）、德国劳氏船级社（Germanischer Lloyd，GL）、挪威船级社（Det Norske Veritas，DNV）、法国船级社（Bureau Veritas，BV）、日本海事协会（Nippon Kaiji Kyokai，NK）、美国船级社（American Bureau of Shipping，ABS）等。

船级（Vessel's Class）是国际航运界评定船舶技术状况的指标。从某种意义上说，船级可以反映一艘船舶的适航能力，因此违反船级的规定，即可视为违约。

有的信用证规定提供英国劳合社船级证明，劳合社的船级符号为LR，标志为100A1，100A 表示该船的船体和机器设备是根据劳氏规范和规定建造的，I 表示船舶的装备如船锚、锚链和绳索等处于良好和有效的状态。

【例】CLASS CERTIFICATE CERTIFYING THAT THE SHIPMENT IS MADE BY A SEAWORTHY VESSEL WHICH ARE CLASSIFIED 100A1 ISSUED BY LLOYDS OR EQUIVALENT CLASSIFICATION SOCIETY.

船级社证书证明货物是由劳合社或同等船级社发布的100AI级适航船舶装运的。

5. 集装箱船只证明

集装箱船只证明是指出运货物已装载集装箱船只的证明文件。

进口商或银行在合同/信用证中规定货物须装集装箱船并出具相应证明的，可由受益人自行制作并加盖有关签发人的图章，也可在运输单据上加以注明。

如果信用证仅规定货物须装载集装箱船只，则只要提单上能表示出货物系集装箱运输即可。如果信用证不仅规定货物须装载集装箱船只且要求单独递交证明文本，但未特别指定由谁出具，则无论由受益人、承运人或提单的签发人出具，开证行均应予接受，通常由提单的签发人出具居多；如果信用证中指定出具方，则开证行只接受由其签发的证明。

在我国对外贸易操作中，常常会碰到进口商在信用证中提出要求船公司证明（船证）的情形，尤其来自中东和非洲的客户，所以单证人员必须对此有所了解和掌握。

【例】SHIPMENT TO BE MADE BY CONTAINER VESSEL AND CERTIFICATE TO CERTIFY THIS EFFECT.

由集装箱船只装运并出具证明以证明此效力。

6. 黑名单证明

黑名单证明是阿拉伯针对与以色列国家有业务往来的船公司列出的名单，如果那些船公司被列上黑名单，阿拉伯国家将不与他们发生业务联系。其常常规定为：The vessel carrying the goods is not Israeli and will not call on any Israeli ports while carrying the goods and that the vessel is not banned entry to the port of the Arab States for any reasons whatever under law and the laws and regulations of such Sates allowed.（船上所装产品为非以色列原产，船不经停任何以色列口岸，船只可依法自由进入阿拉伯国家法律和规则所允许进出的口岸。）

7.4.3　船公司证明的缮制要求

一般来讲，船公司证明没有统一的格式，不同船公司出具的证明格式不一致，但是，船公司证明的内容基本一致，包括出单人、受单人、出单日期、参考信息及证明内容等。具体见样单【样单 VII-7-4】船公司证明。

【样单 VII-7-4】船公司证明

Shipping company's name and address（受益人名称和地址）			
Name of Document			
To:		Issue Date:	
		Vessel name:	

1. Issuer

出单人。船公司或其代理人，同提单的签发人。本栏填写船公司或其代理人的全称和地址以及联系电话号码等信息，一般都是船公司打印好的格式。

2. To

受单人。本栏一般填写“To whom it may concern（致有关人）”。

3. Issue date

出单日期。本栏填写出具证明的日期，该日期不得早于提单的签发日期，往往在装运期之前。

4. Vessel name

参考信息。本栏一般填写船名。

5. Certificate

证明内容。此栏是船公司证明最重要的部分，应严格按信用证的要求填制。

本章小结

其他单据是对商业单据、运输单据、保险单据等主要外贸单据的补充，包括汇票、装运通知、受益人证明和船公司证明。其中，汇票是出票人签发的，委托付款人在见票时或者在指定日期无条件支付确定的金额给收款人或者持票人的票据。汇票在国际结算中起着非常重要的作用。装运通知是出口商在货物装运后发给进口方关于货物装运情况的书面文件。装运通知的作用主要有两项：一是，让收货人及时了解货物装运的情况；二是，在以FOB、CFR等价格条件成交的出口贸易合同下，便于买方及时办理保险。受益人证明是信用证收益人根据信用证的有关规定缮制的一种格式比较简单的单据，以便证明自己履行了信用证规定的任务或证明自己按信用证的要求办事，如证明所交货物的品质、证明运输包装的处理、证明按要求寄单等。船公司证明是进口方要求受益人提供的，由船公司或其代理人出具的，用以说明载货船舶的船籍、船龄、船程等内容的一类证明文件，其作用是供进口方满足其政府要求或了解运输情况。

第8章

外贸单证业务中的计算

学习目标

⇨ 了解佣金、折扣的含义、类型及计算方法；
⇨ 掌握国际货物运输费用及保险费用的计算方法；
⇨ 重点掌握进出口货物价格的计算及预算表的填写。

摘要

在外贸单证的填制过程中，涉及一些费用的核算，包括国际货物运输费用、国际货物保险费用、进出口货物价格等，这些费用的计算关系着整个外贸单证业务的成功与否。本章首先介绍了佣金、折扣的含义及计算方法，然后分别介绍了国际货物运输费用及保险费用的计算步骤和方法，最后对整个货物进出口价格核算过程做了详细介绍。

8.1 佣金和折扣认知

8.1.1 佣金的含义和类型

1. 佣金的含义

佣金（Commission）是指在国际贸易中，代理人或经纪人为委托人服务而收取的报酬，或者是中间商、代理商在介绍交易成交后而取得的收入。

在洽商交易和签订合同时，佣金率须明确规定，佣金率是指按照一定的含佣价给予中间商佣金的百分比。在国际贸易中，佣金一般用文字表示。例如，“每吨 200 英镑 CIF 伦敦包括 2%佣金”（£200 per M/T CIF London including 2% commission），也可以在贸易术语后加注英文字母“C”和佣金率来表示，如“每吨 100 英镑 CIFC2%伦敦”。商品价格中的佣金率除用百分比表示外，也可用绝对数表示，例如，“每吨付佣金 10 美元”。但有时中间商要求佣金不在价格中表明，由买卖双方另行约定并按协议支付。

2. 佣金的类型

按照支付方式的不同，佣金可以分为以下三种类型。

（1）明佣。

明佣是指在买卖合同、信用证或发票等相关单证上公开表明的金额。在单证中，通常表示在贸易术语后面，如“CIFC5% HONGKONG”。这个 C 就是 COMMISSION，即佣金。明佣由国外客户在支付出口货物时直接扣除，因而出口企业无须另付。

（2）暗佣。

暗佣是指在出口合同中定有佣金，但在价格条件、出口发票上未列明的佣金。暗佣的金额应对真正的买主保密，因此它的数额一般不在发票等相关单据上显示，等到卖方（出口商）货款收妥之后，再暗中支付给中间商。

根据支付方式的不同，暗佣又分为两种。

① 议付佣金。议付佣金是指在出口货物结汇时，由银行从货款总额中扣留佣金并付给国外中间商的一种佣金支付方式。在该方式下，出口企业收到的结汇款为扣除佣金后的货款净额。

② 汇付佣金。汇付佣金是指在出口结汇时，按货款总额收汇，结汇后另行到银行购买外汇，汇付给国外中间商的佣金支付方式。

（3）累计佣金。

累计佣金是指出口企业按一定时期的累计销售额给国外包销商、代理商的推销报酬。累计佣金对销售商具有一定的刺激作用，因累计销售额越大，佣金额也就越高。

8.1.2 佣金的计算

根据计算基础选取的不同，佣金有所差异。一般来讲，佣金有以下几种计算方法。

1. 按成交价格计算

按成交价格计算佣金，也就是按发票金额计算，我国目前大多采用此法，但因我国出口交易绝大多数按 CIF 或 CFR 价格条款成交，从而连运费甚至连保险费都进入了佣金的计算基础之内，导致佣金支付偏多。

佣金的计算公式为：佣金=成交价格×佣金率。如：某公司出口货物一批，报价为每公吨 1000 美元，现客户改报 CIFC5% MONTREAL,则佣金为每公吨 50 美元（1000×5%）。

2. 按 FOB 价格计算

按 FOB 价格计算，则运费（*F*）和保险费（*I*）均无须计算佣金。如果该商品是以 CIF 或 CFR 成交的话，则必须从中减去运费、保险费推算出 FOB。公式如下：

佣金 ＝（CIF−运费−保险费）×佣金率＝ CIF×（1−运费率−保费率）×佣金率

佣金 ＝（CFR−运费）×佣金率＝ CFR×（1−保费率）×佣金率

仍以上边提到的业务为例，若运费为发票金额的 20%，保险费为发票金额的 3%，则每公吨佣金为：1000×（1−20%−3%）×5%=38.5（美元），比按成交价格计算的佣金数减少 11.5 美元（50−38.5）。

3. 累计佣金的计算

（1）全额累计佣金的计算。

全额累计佣金是指按一定时期内推销金额所达到的佣金等级全额计算佣金。

例如，某代理协议，佣金一年累计结付，按全额累计方法结算，推销额和佣金率如表 8-1。

表 8-1 全额累计佣金计算资料

等　级	A 级	B 级	C 级
推　销　额	100 万以下	100～200 万元	200 万元以上
佣　金　率	1%	1.5%	2%

假如年末结算时，某销售商实际推销额为 240 万元，则应按 C 级，即 2%的佣金率计算佣金，该销售商应得佣金 4.8 万元（240×2%）。

（2）超额累计佣金的计算。

超额累计佣金是指各等级的超额部分，各按适用等级的佣金来计算，然后，再将各级佣金额累加起来，求得累计佣金的总额。以上述的业务为例，若表 8-1 所示为超额累计佣金的计算资料，则该销售商应得佣金：100×1%+（200−100）×1.5%+（240−200）×2%=3.3（万元），比全额累计佣金计算方法低了 1.5 万元（4.8−3.3）。

知识链接

佣金在使用过程中应注意的几个问题

1．佣金支付的额度问题

我国外贸出口佣金带有自由佣金和法定佣金的双重性质。一方面佣金的高低由出口企业与中间商协商确定，另一方面我国外汇管理条例规定，出口项下凡超过合同总金额 2%的暗佣和 5%的明佣且超过等值 1 万美元的出口佣金支付“需由外汇局审核售汇真实性”。审批时须提交出口项下超比例、超金额佣金，持正本出口合同、结汇单据、佣金协议、形式发票、银行汇款凭证和外汇局售汇通知单办理。因此企业在佣金支付度上应尽量控制在外汇管理局规定的额度之内。

2．佣金计算的基数问题

根据上文佣金计算中所举业务，以 FOB 价为基数的佣金明显低于以 CIF（或 CFR）价为计算基数的佣金，因此在出口贸易中，企业应尽量以 FOB 价为计算基数，即便在 CIF 合同的情况下，而且这种做法有绝对的依据。

根据 INCOTERMS 2000 的规定，CIF 贸易术语项下买卖双方的货物风险划分点在装运港的船舷，因而卖方在此后的运输与保险是为了买方的利益而行事，即 CIF 价中的运输与保险费成本并非卖方的既得利益，是为了买方的利益而分别支付给船公司和保险公司的，所以卖方不应就运输与保险费部分抽取佣金给买方，而应从 CIF 价中扣除运输与保险费用后，以货物的 FOB 价作为计算支付对方佣金的基数。为此，在佣金操作中我们应尽量采用以 FOB 价计佣，并在买卖合同当中，订明“佣金按 FOB 价计算”的条款。同样在采用累计佣金时也应尽量采用超额累计而非全额累计并在合同中订明。

3．佣金支付的时间问题

外贸企业在佣金支付的时间上必须贯彻先收货款，后付佣金，即应坚持在买卖合同履行完后才能支付佣金给中间商。坚持这一做法的目的在于将中间商的利益与该合同的履行状况融为一体，从而使中间商会努力地促使交易各方更好地履约，以得到他欲得到的那一部分利益。特别是当买卖双方初次交易出现误解和纠纷时，中间商的沟通及调解作用显得尤为重要。试想卖方在还未安全收到买方的全部货款之前就将佣金支付给了中间商，当合同履行出现问题时，中间商可能会因为缺乏相应的激励而缺少必要的积极性去促成交易的顺利进行。

8.1.3　折扣的含义与类型

1. 折扣的含义

折扣（Discount）是指卖方按原价给予买方一定百分比的减让，即在价格上给予适当的优惠。

折扣直接关系到商品的价格，货价中是否包括折扣和折扣率的大小，都影响商品价格，折扣率越高，则商品价格越低。折扣如同佣金一样，都是市场经济的必然产物，正确运用折扣，有利于调动采购商的积极性、扩大销路。在国际贸易中，折扣是加强对外竞销的一种手段。

折扣通常在合同价格条款中用文字明确表示出来。例如：“CIF 伦敦每公吨 200 美元，折扣 3%”（US$200 per Metric ton CIF London including 3% discount）。此例也可这样表示：“CIF 伦敦每公吨 200 美元，减 3%折扣”（US$200 per metric ton CIF London Less 3% discount）。此外，折扣也可以用绝对数来表示。例如：“每公吨折扣 6 美元”（A discount of US$6 per Metric ton）。在实际业务中，也有用“CIFD”或“CIFR”来表示 CIF 价格中包含折扣。这里的“D”和“R”是“Discount”和“Rebate”的缩写。鉴于在贸易往来中加注的“D”或“R”含义不清，可能引起误解，故最好不使用此缩写语。

2. 折扣的类型

国际贸易中使用的折扣，名目很多，除一般折扣外，还有为扩大销售而使用的数量折扣（Quantity Discount），为实现某种特殊目的而给予的特别折扣（Special Discount），以及年终回扣（Turnover Bonus）等。

凡在价格条款中明确规定折扣率的，叫“明扣”；凡交易双方就折扣问题已达成协议，而在价格条款中却不明示折扣率的，叫“暗扣”。交易双方采取暗扣的做法时，则在合同价格中不予规定。有关折扣的问题，按交易双方暗中达成的协议处理。当然，这种做法属于不公平竞争，同时，公职人员或企业雇佣人员拿“暗扣“，应属贪污受贿行为。

8.1.4　折扣的计算

折扣通常是以成交额或发票金额为基础计算出来的。例如，CIF 伦敦，每公吨 2000 美元，折扣 2%，卖方的实际净收入为每公吨 1960 美元。其计算方法如下：

单位货物折扣额=原价（或含折扣价）×折扣率

卖方实际净收入=原价-单位货物折扣额

折扣一般是在买方支付货款时预先予以扣除。也有的折扣金额不直接从货价中扣除，而按暗中达成的协议另行支付给买方，这种做法通常在给“暗扣”或“回扣”时采用。

知识链接

折扣与佣金的区别

佣金与折扣都直接影响到商品价格，但二者概念不同。首先，付给的对象不同。佣金是卖方或买方给予中间商的报酬，而折扣是卖方给予买方的价格减让。其次，如果卖方将中间商的佣金包括在货价内，如出口使用 CIF 价，卖方投保时应将佣金计算在保险金额内；而买方在付款时就已将折扣扣除，因此不包括在保险金额内。上述的佣金和折扣，一般应在合同中订明。凡货价中不含佣金或折扣的，往往在贸易术语后加注“净价”字样。

8.2　运费的计算

8.2.1　海运费的计算

海洋运输是指利用商船在国内外港口之间通过一定的航区和航线运输货物的方式。与其他运输方式相比，海洋运输不受轨道、道路限制，通航能力大、运力大、运费低，因此，其运量在国际贸易总量中占 2/3 以上，是国际贸易中最重要的运输方式。

海洋运输按照船舶经营方式可以分为班轮运输（Liner Shipping）和租船运输（Charter Transport）两种。本节分别介绍班轮运输方式下运费的计算、租船运输方式下运费的计算和集装箱海运的运费计算。

1. 班轮运输方式下运费的计算

（1）班轮运输的含义。

班轮运输又称定期船运输，是指班轮公司将船舶按事先制定的船期表（Liner Schedule），在特定航线的各既定挂靠港口之间，经常地为非特定的众多货主提供规则的、反复的货物运输服务，并按运价本或协议运价的规定计收运费的一种运输方式。

（2）班轮运输的特点。

① “四固定”即固定航线、固定港口、固定船期和相对固定的运费率。这是班轮运输的最基本特征。

② 班轮运费中已包括装卸费用，即承运人负责货物的配载装卸，并支付装卸费用；承托双方不计算滞期费和速遣费，也不规定装卸时间，而是按照港口习惯快速装卸（Customary Quick Despatch，CQD）。

③ 在杂货班轮运输中，承运人对货物的责任期间是从货物装上船起，到货物卸下船止，即“船舷至船舷”（Rail to Rail）或“钩至钩”（Tackle to Tackle）；在集装箱班轮运输中，承运人对货物的责任期间是从装货港接受货物起至卸货港交付货物止，通常班轮公司对集装箱的交接方式是 CY/CY。

④ 承托双方的权利、义务和责任豁免以承运人签发的班轮提单背面条款为依据，并受到国际公约的制约。

（3）班轮运费。

① 班轮运价表（Liner’s Freight Tariff），也称费率本或运价本，是船公司根据承运货物向托运人收取运费的费率表的汇总，运价本主要由条款和规定、商品分类、费率三部分组成。各班轮公司或班轮公会都有自己的运价表。运价表按制定主体的不同，可分为班轮公会运价表、班轮公司运价表、双边运价表、协议运价表；按费率形式的不同，可分为等级费率运价表和商品费率运价表。我国目前广泛使用的外运 3 号本、中运 6 号本就属等级费率运价表。在该表中，商品分 20 个等级，1 级费率最低，20 级费率最高。

② 班轮运费的构成。班轮运费由基本运费（Basic Freight）和附加费用（Surcharge or Additional）两部分构成，即

$$\text{班轮运费} = \text{基本运费} + \sum_{i=1}^{n}\text{附加费用}i(i = 1,2,3\cdots,n)$$

基本运费是班轮运费的主体，根据基本费率和计费吨算出。

附加费用是班轮公司在基本运费之外加收的费用，一般是班轮公司根据不同情况，为抵补运输中额外增加的费用开支或在遭受一定损失时而收取的费用。班轮附加费用名目繁多，主要有燃油附加费（Bunker Adjustment Factor,B.A.F.）、港口附加费（Port Surcharge）、转船附加费（Transhipment Surcharge）、绕航附加费（Deviation Surcharge）、超重附加费（Heavy Lift Additional）、超长附加费（Long Length Additional）、直航附加费（Direct Additional）等。

③ 班轮运费的计算标准。

a. 按货物的毛重计收。如以公吨、长吨或短吨为计算单位，统称重量吨（Weight Ton），运价表中以“W”表示。

b. 按货物的体积计收。如以 1 立方米或 40 立方英尺为计算单位，统称尺码吨（Measurement Ton），运价表中以“M”表示。

c. 按货物的毛重或体积，选择其中较高者计收，运价表中以“W/M”表示。

d. 按货物的 FOB 价格总值的一定百分比计收，又称从价运费。运价表中以“A.V.”

或“Ad.Val.”表示。

e. 按货物的重量、体积或总价值三者中最高的一种计收。运价表中以“W/M or Ad.Val.”表示。

f. 按货物重量或体积中较高者计收，再加上从价运费。运价表中以“W/M plus Ad.Val.”表示。

g. 按货物的件数计收。如车辆按“每辆”、牲畜按“每头”等计收。

h. 由货主和船公司临时议定运价，以“Open Rate”表示。

在运价表中，计算单位为运费吨（Freight Ton），包括重量吨和尺码吨。在实际业务中，以“W”“M”“W/M”方式计收运费的较多，贵重商品多以“Ad.Val.”方式从价计收。

关于附加费的计算有两种方式：一种是以基本运费的一定百分比计收；另一种是以每运费吨若干金额计收。

④ 班轮运费的计算方法。

班轮的基本运费和各种附加费均按班轮运价表计算。班轮运价表包括在不同航线上运输不同货物的单位费率以及计算运费的规定和方法，如运价的适用范围、货物的分类分级、计费标准、币种及各种附加费的计算方法等。运价表根据其制定人不同，可分为班轮公会运价表、班轮公司运价表、货方运价表和船方运价表四种，其收费标准是有差异的。一般来说，前两种的收费费率较高，而货方运价表的运费费率一般较低。托运人应根据实际情况，在进口和出口贸易中分别选择不同的运价表；在对外报价和核算成本时，也应注意运费的核算。

在计算班轮运费时，首先，根据货物的英文名称，从运价表的货物分级表中查出货物所属等级和计收运费的标准；其次，从航线划分的等级费率表中查出有关货物的基本运费费率，再加上各项附加费用，其总和即为某种货物运往指定目的港的单位运费。

在计算基本运费时，应注意以下三种情况。

a. 若不同商品混装在同一包装内，则全部运费按其中较高者收取。

b. 同一票货物若包装不同，其计费等级和标准也不同。除非货运人按不同包装分列毛重和体积，否则全部货物均按较高者计收运费。

c. 若同一提单内有两种以上的货名，如果托运人未列明不同货名的毛重和体积，则全部货物也均按较高者计收运费。

⑤ 班轮运费的计算举例。

例 1 从我国到欧洲汉堡港运送罐头一批，共 10 尺码吨，查运费表得知，罐头为 M8 级，欧洲航线每尺码吨的基本运费率为人民币 91 元，燃油附加费率 13%，请计算其运费。

解析： 班轮运费=基本运费+燃油附加费=10×91+10×91×0.13=1028.3（元）

例 2 深圳粮油进出口公司向英国客商交运食品罐头 10000 箱，每箱体积为 49cm×32cm×19cm，毛重 28kg，目的港为伦敦，经香港转船。查运费表罐头为 M8 级，深圳至香港的运费率为人民币 22 元，附加费率 17%；香港至伦敦的运费率为 237 港元，附加费率 13%。请计算分别应付多少运费。

解析： 商品体积=0.49×0.32×0.19×10 000=297.92（立方米）

因为商品的体积重量>商品的毛重，所以按尺码吨计算运费。

第一程运费=297.92×22×（1+17%）=7668.46（元）

第二程运费=297.92×237×（1+13%）=79 785.96（港元）

2. 租船运输方式下运费的计算

（1）租船运输的含义。

租船运输又称不定期船运输（Tramp Shipping），是指租船人向船东租赁船舶用以运输货物的一种运输方式。租船有租赁整船和租赁部分舱位两种方式。实际业务中以租赁整船为多。

（2）租船运输的特点。

① 租船运输属于不定期船（Tramp），无固定的航线、挂靠港和船期，一切由租船双方在装运前协商确定。

② 运价不固定，受市场供求的约束，随租船市场行情的变化而变化。

③ 租船运输中的港口使用费、装卸费及船期延误等责任费用的划分由双方议定。

④ 租船运输主要适用于大宗货物的运输，如粮食、矿砂、石油、木材等。

⑤ 租船人和出租人双方之间的权利、义务和责任以签订的租船合同为准。

（3）租船运输的形式。

① 定程租船（Voyage Charter），简称程租，又称航次租船，是指以航次为基础的租船方式。这是最基本的一种租船经营方式，在国际租船业务中被广泛采用。在定程租船中，根据承租人对货物运输的需要，采取不同的航次数来约定航次租船合同。据此，航次租船又可分为单航次租船、来回程租船、连续单航次租船、连续往返航次租船等形式。

② 定期租船（Time Charter），又称期租船或期租，是指由船舶所有人将特定的船舶，按照租船合同的约定，在约定的期限内租给承租人使用的一种租船方式。在租期内，承租人利用租赁的船舶既可以进行不定期船货物运输，也可以投入班轮运输，还可以在租期内将船舶转租，以取得运费收入或谋取租金差额。

③ 光船租船（Bar-Boat Charter），又称船壳租船，实质上是一种财产租赁方式，船东不具有承揽运输的责任。在租期内，船东只提供一艘空船给承租人使用，船舶的船员配备、营运管理及一切固定或变动的营运费用都由承租人承担。船东在租期内除收取租金外，对船舶及其经营不再承担任何责任和费用。

④ 包运租船（Contract of Affreightment，COA）是指船东向承租人提供一定吨位的运力，在确定的港口之间，按事先约定的时间、航次周期和每航次较为均等的运量，完成合同规定的全部货运量的租船方式。以包运租船方式所签订的合同称为“运量合同”（Quantity Contract/Volume Contract）。

（4）租船运输费用。

① 基本运费。程租船基本运费是指从装运港到目的港的海上运费。其计算方式有两种：一种是按运费率计算，但要注明是按装船重量（In Taken Quantity）还是按卸船重量（Delivered Quantity）计算；另一种是整船包价（Lump Sum Freight），即对于特定载货重量和容积的船舶，规定一个包船价格，不管租方实际装货多少，一律按包价支付。

② 装卸费。在程租船运输中，关于货物的装卸费用，程租合同中有明确规定。

③ 滞期费和速遣费。在程租运输中，由于装卸货时间的长短影响到船舶的使用周期和在港费用，这直接关系到船方的经营效益，因而为了节省船期，在程租合同中一般都规定有租船人在一定时间内完成装卸作业的条款，即许可装卸时间条款，或称装卸期限条款。如果租船人未能在许可装卸时间内完成装卸作业，自许可装卸时间终止到实际装卸完毕时的这段时间称为滞期，为此，租船人须向船方支付一定的罚款，以补偿船方的损失。这种罚款称为滞期费（Demurrage）。速遣是指租船人在许可装卸时间终止前，提前完成装卸作业，由于节省了船期，船方要向租船人支付一定的奖金，这称为“速遣费”（Despatch money）。速遣费通常规定为滞期费的一半。

3. 集装箱海运的运费计算

目前，集装箱货物海上运价体系较内陆运价成熟，基本上可分为两个大类：一类是用杂货运费计算方法，即以每运费吨为单位（俗称散货价）；另一类是以每个集装箱为计费单位（包箱价）。在进出口交易中，集装箱类型的选用，货物的装箱方法对于减少运费开支起着很大的作用。集装箱的尺码、重量，货物在集装箱内的配装、排放以及堆栈都有一定的讲究，需要在实践中摸索。

（1）集装箱海运运费计算的基础。

集装箱海运运费计算的基础一般称为运费单位（Freight Unit），是指船公司用以计算运费的基本单位。由于货物种类繁多，打包情况不同，装运方式有别，因此计算运费标准不一。集装箱海运通常有两种类型：整箱装和拼箱装。

① 整箱装。以集装箱为运费的单位，在国际贸易实务中常见的有 20 英尺集装箱与 40 英尺集装箱两种。20 英尺集装箱的有效容积为 33CBM，限重 25TNE，40 英尺集装箱的有效容积为 67CBM，限重 29TNE，其中 1TNE＝1000KGS。

② 拼箱装。由船方以能收取较高运价为准，运价表上常注记 M/W 或 R/T，表示船公司将就货品的重量吨或体积吨二者中择其运费较高者计算。拼箱装时计算运费的单位如下：

a. 重量吨：按货物总毛重，以一公吨（1 TNE=1000KGM）为一个运费吨；

b. 体积吨：按货物总毛体积，以一立方公尺（1 Cubic Meter；简称 1MTQ 或 1CBM 或 1CUM；又称一体积吨）为一个运费吨。

在核算海运运费时，出口商首先要根据报价数量算出产品体积，然后查询对应该批货物目的港的运价。如果报价数量正好够装整箱（20 英尺集装箱或 40 英尺集装箱），则直接取其运价为基本运费；如果不够装整箱，则用“产品总体积（或总重量，取运费较多者）×拼箱的价格”来算出海运费。

（2）集装箱海运运费分类计算方法。

① 整箱装。首先选择好集装箱类型、规格和数量（不同规格集装箱不可混选），然后查询此航线对应所选集装箱的运费，再计算总的海运费。

② 拼箱装：拼箱装有按体积与按重量计算两种方式。

a. 按体积计算，海运费为：单位基本运费（MTQ）×总体积。

b. 按重量计算，海运费为：单位基本运费（TNE）×总毛重。

取二者中较大的一个作海运费。

（3）集装箱海运运费计算举例。

例 从上海出口 02003 女式套头衫 9110 件至纽约，销售单位是 PC（件），包装单位是 CARTON（箱），每箱 20 件，每箱毛重 13KGS，每箱净重 11KGS，每箱体积 0.143 08CBM。假设经查询查得上海至纽约海运费为：20 英尺集装箱 USD3702，40 英尺集装箱 USD4674，普通拼箱按体积（MTQ）算的运费为 USD47，按重量（TNE）算的运费为 USD59。试分别计算用 2 个 20 英尺集装箱装、1 个 40 英尺集装箱装、拼箱装的海运费分别是多少。

解析：

① 整箱装海运费：

2 个 20 英尺集装箱，海运费为 3702×2=7404，即 USD7407。

1 个 40 英尺集装箱，海运费为 USD4674。

② 拼箱装海运费：

a. 毛重的计算：

包装箱数=9110÷20=455.5，进位取整 456 箱

箱子重量=13−11=2KGS

单件的净重=11÷20=0.55KGS

总净重=0.55×9110=5010.5KGS

总毛重=总净重+箱子总重量=5010.5+2×456=5922.5KGS=5.9225TNE

b. 体积的计算：

总体积=每箱体积×箱数=0.143 08×456=65.244 48CBM

c. 计算拼箱海运费：

按体积算：海运费 A=65.244 48×47=3066.49

按重量算：海运费 B=5.9225×59=349.43

因为 A>B，所以，如果选择拼箱装，海运费为 USD3066.49。

8.2.2 航空运费的计算

1. 航空运费的基础知识

（1）航空运输的含义及类型。

航空运输（Air Transport）作为一种现代化的运输方式，具有速度快、准确方便、节省费用且不受地面限制等优点。对于一些体积小、贵重、量小而急需的商品（如电脑、电子产品和药品等）以及易腐、鲜活和季节性强的商品尤其适宜于航空运输。航空运输主要有以下类型。

① 班机运输。班机运输（Airliner Transport）是指在固定航线上，按固定时间以及固定始发站、目的站和途经站进行货物运输的方式，一般为客货混载，因而舱位有限。

② 包机运输。包机运输（Chartered Carrier Transport）是指租机人租用整架飞机或若干租机人合租一架飞机运送货物的方式。它分为整架包机和部分包机两种形式。整架包机

适用于大宗货物的运送；部分包机适用于多个客户，且货物到站是同一地点的货物运输。运费相对班机较低。

③ 集中托运。集中托运（Consolidation Transport）是指航空代理公司把若干批单独发运的货物，按照到达的同一目的地，组成一整批向航空公司办理托运，用一份总运单将货物发送到同一目的站，由预定的代理人负责收货、报关、分批后交给实际收货人的一种运输方式。集中托运可以使用较合理的运价，节省了运费。

④ 航空快运。航空快运（Air Express）是指由专门经营快递业务的公司与航空公司合作，派专人以最快的速度在发货人、机场、收货人之间传递货物的方式，比较适合于急需的药品、贵重物品、合同资料及各种票据单证的传递。

（2）航空运价与航空运费的含义。

航空运价（Rate）又称航空费率，是指承运人对所运输的每一重量单位（KG 或 LB）的货物所收取的自始发地机场至目的地机场的航空费用。航空运价一般采用始发地货币表示，并且为制单日的有效运价。

航空运费是指航空承运人将一票货物自始发地机场运至目的地机场所收取的航空运输费用，其公式为：航空运费=航空运价×计费重量。

其他费用是指除航空运费外，与航空货物运输有关的费用，包括地面运输、仓储、制单、清关等费用。

（3）计费重量。

计费重量是指用以计算货物航空运费的重量。航空货物的计费重量可能是货物的实际毛重，也可能是货物的体积重量，抑或是较高重量分界点的重量。

① 实际毛重（Actual Gross Weight）。货物按照其密度可划分为重货与轻货。重货是指每 6000 立方厘米重量超过 1kg 的货物。重货的计费重量就是它的实际毛重。重货的计算方法是：a.量出含货物包装在内的货物重量，以 kg 为单位，重量不足 1kg 的尾数四舍五入；b.贵重物品的实际毛重以 0.1kg 为单位，0.1kg 以下四舍五入。

② 体积重量（Volume Weight）。轻货是指每 6000 立方厘米重量不足 1kg 的货物。轻货（泡货）是以它的体积重量作为计费重量。轻货的计算方法是：a.量出货物的最长、最宽、最高的厘米数，尾数四舍五入；b.将货物的长、宽、高相乘得出货物的最大立方体积；c.以货物的体积除以 6000 立方厘米折合成重量，单位为 kg。

航空货物的计费重量取实际毛重和体积重量较高者计费，同时要注意考虑较高重量分界点的重量。航空货物计费重量以 0.5kg 为最小单位，尾数不足 0.5kg 的，按 0.5kg 计算；尾数在 0.5kg 以上、不足 1kg 的，按 1kg 计算。例如：103.003kg 记为 103.5kgs；103.502kg 记为 104.0kgs；103.500kg 记为 103.5kgs。

（4）最低运费。

最低运费（Minimum Charge）是指一票货物航空运费的最低限额。所计算的运费低于最低运费，按最低运费计收。

2. 航空运费的计算方法

（1）航空运费的计算公式及原则。

从公式上讲，航空运费=货物计费重量×对应的货物运价，其中货物的计费重量根据货物的具体情况，选择实际毛重和体积重量中较高者，对应的货物运价可以查询国际航空运价体系。

从原则上讲，航空运费遵循“从低原则”，当货物计费重量接近某个重量分界点的重量时，将计费重量和对应的货物运价所乘出的航空运费与该重量分界点的重量和对应的货物运价航空运费相比较，取其低者。

知识链接

国际航空运价体系简介

按照制定的途径划分，国际航空运价分为协议运价和国际航协运价（IATA 运价）两类。协议运价是航空公司与托运人通过签订协议而制定的。国际航协运价是指 IATA 在 TACT 运价手册上公布的运价，其又分为公布直达运价（Published through Rates）和非公布直达运价两种。公布直达运价，包括普通货物运价（General Cargo Rate，GCR）、指定商品运价（Specific Commodity Rate，SCR）、等级货物运价（Commodity Classification Rate，CCR）和集中货物运价（Unit Load Device Rate）。GCR 与 SCR 同时公布在运价手册中，CCR 计算规则在运价规则中公布，需结合运价手册一起使用。非公布直达运价分为比例运价和分段相加运价。

公布直达运价的运价结构见表 8-2。

表 8-2　公布直达运价结构表（部分）

Date/type	Note	Item	Min.wight	Local curr.
BEIJING	CN			BJS
Y.RENMINBI	CNY			KGS
TOKYO	JP		M	230.00
			N	37.51
			45	28.13
		0008	300	18.80
		0300	500	20.61
		1093	100	18.43
		2195	500	18.80

注释：①第一栏，Date/type—公布运价的生效或失效日期以及集装箱运价代号；

②第二栏，Note—相对应运价的注释；

③第三栏，Item—指定商品运价的品名编号；

④第四栏，Min.Wight—使用相对应运价的最低重量限额；

⑤第五栏，Local Curr.—用运输始发地货币表示的运价或最低运费。

（2）航空运费的计算步骤。

一般来讲，航空运费的计算步骤分为以下 6 步：

① 计算货物体积-Volume，得出立方厘米，同时注意取整，四舍五入；

② 计算货物的体积重量-Volume Weight，用体积除以 6000 立方厘米，得到 kg，同时注意以 0.5kg 为最小单位，尾数不足 0.5kg 的，按 0.5kg 计算；尾数在 0.5kg 以上、不足 1kg 的，按 1kg 计算；

③ 计算货物的毛重-Gross Weight；

④ 确定计费重量-Chargeable Weight；

⑤ 确定货物适用运价-Applicable Rate；

⑥ 求得航空运费-Weight Charge，同时注意和最低运费以及重量分界点相比较。

（3）航空运费的计算举例。

例 1 Routing:BEIJING,CHINA(BJS) to TOKYO,JAPAN(TYO)

Commodity:Garments

Gross Weight:25.2kgs

Dimensions:82cm×48cm×32cm

计算该票货物的航空运费。

公布运价如表 8-3 所示。

表 8-3　公布直达运价结构表（示例 1）

Date/type	Note	Item	Min.wight	Local curr.
BEIJING	CN			BJS
Y.RENMINBI	CNY			KGS
TOKYO	JP		M	230.00
			N	37.51
			45	28.13

解析：

① Volume:82×48×32=125 952cm³

② Volume Weight:125 952÷6000=20.992kgs，即 21.0kgs

③ Gross Weight:25.2kgs

④ Chargeable Weight:（毛重大于体积重量）25.5kgs

⑤ Applicable Rate:GCR N 37.51 CNY/kg

⑥ Weight Charge:25.5×37.51=CNY 956.51

大于 M；小于按 Q45 计算的运费：45×28.13=CNY1265.85

因此，该票货物的航空运费应为 CNY 956.51。

例 2 Routing:BEIJING,CHINA(BJS) to AMSTERDAM,HOLLAND(AMS)

Commodity:Tools

Gross Weight:38.6kgs

Dimensions:101cm×58cm×32cm

计算该票货物的航空运费。

公布运价如表 8-4 所示。

表 8-4　公布直达运价结构表（示例 2）

Date/type	Note	Item	Min.wight	Local curr.
BEIJING	CN			BJS
Y.RENMINBI	CNY			KGS
AMSTERDAM	NL		M	320.00
			N	50.22
			45	41.53
			300	37.52

解析：

① 按实际重量计算：

Volume:101×58×32=187 456cm^3

Volume Weight:187 456÷6000 =31.24kgs，即 31.5kgs

Gross Weight: 38.6kgs

Chargeable Weight:（毛重大于体积重量）39.0kgs

Applicable Rate: GCR N 50.22 CNY/kg

Weight Charge: 39.0×50.22=CNY 1958.58

② 采用较高重量分界点的较低运价计算：

Chargeable Weight:45.0kgs

Applicable Rate:GCR Q 41.53 CNY/KG

Weight charge:45.0 × 41.53=CNY 1868.85

①与②相比较，取运费较低者，即航空运费应为 CNY 1868.85。

例 3 Routing:SHANGHAI,CHINA(SHA) to PARIS,FRANCE(PAR)

Commodity:TOY

Gross Weight:5.6kgs

Dimensions:40cm×28cm×22cm

计算该票货物的航空运费。

公布运价如表 8-5 所示。

表 8-5　公布直达运价结构表（示例 3）

Date/type	Note	Item	Min.wight	Local curr.
SHANGHAI	CN			BJS
Y.RENMINBI	CNY			KGS
PARIS	FR		M	320.00
			N	50.37
			45	41.43
			300	37.90

解析：

① Volume:40×28×22=24 640cm^3

② Volume Weight:24 640÷6000 =4.11kgs，即 4.5kgs

③ Gross Weight:5.6kgs

④ Chargeable Weight:（毛重大于体积重量）6.0kgs

⑤ Applicable Rate:GCR N 50.37 CNY/kg

⑥ Weight Charge:6.0×50.37=CNY 302.22

Minimum Charge:CNY 320.00

因此，该票货物的航空运费应为 CNY 320.00。

8.3　保险费的计算

8.3.1　国际货物运输保险的相关概念

1. 国际货物运输保险的含义

国际货物运输保险是以运输途中的货物作为保险标的，保险人对由自然灾害和意外事故造成的货物损失承担赔偿责任的保险。

国际货物运输路途长、环节多，运输过程中会遇到各种风险而造成货物损失。进出口商人通过投保货物运输险，将不定的损失变为固定的费用，投保后，万一货物在运输过程中发生约定范围内的损失，可向保险公司索赔，从保险公司得到经济上的补偿。货物在运输过程中可能遭受的风险和损失是多种多样的，为了明确责任，保险公司在其保险险别条款中，对不同险别所承保的风险和损失都做了规定。

外贸货物的运送有海运、陆运、空运以及通过邮政送递等多种途径。国际货物运输保险的种类以其保险标的的运输工具种类相应分为四类：海洋运输货物保险、陆上运输货物保险、航空运输货物保险、邮包保险。

2. 保险金额的含义

保险金额是被保险人对保险标的实际投保金额，是保险人承担责任的标准和计收保险费的基础。在保险货物发生保险责任范围内的损失时，保险金额就是保险人赔偿的最高限额。投保人在投保货物运输保险时，应向保险人申报保险金额。保险金额是根据保险价值确定的。保险价值是保险责任开始时货物在起运地的发票价格或者非贸易商品在起运地实际价格以及运费和保险费的总和，即相当于 CIF 价格，不包括预期利润。国际上一般以 CIF 或 CIP 货价为计算保险金额的基础。这表明不仅是货物本身，而且连运费和保险费也作为保险标的一起加成投保。

保险金额计算公式为：保险金额=CIF（或 CIP）货价×（1+投保加成率）。

3. 投保加成的含义

投保加成是指被保险人一般把货值、运费、保险费以及转售该笔货物的预期利润和费用的总和作为保险金额，即习惯上按 CIF 总值的 110%投保，超出的 10%为投保加成率。

在国际贸易买卖中，凡按照 CIF、CIP 等由卖方负责投保的贸易术语达成的合同，一般买卖双方会约定保险金额，而且保险金额通常是在发票金额的基础上增加一定的百分率，即所谓的“投保加成率”，这部分增加的金额就是买方进行这笔交易所支付的费用和预期利润。如果合同未作约定，根据《2010 年国际贸易术语解释通则》，最低保险金额须为合同规定的价款加 10%（即 110%），并以合同货币投保。

从公式上讲，投保加成=1+投保加成率。

4. 货物运输保险费率的含义

货物运输保险费率是指各种运输工具载运货物的保险费率，决定于所保货物在有效期间可能遭受毁损的危险程度。

货物运输保险费率的构成及确定因素要分国内和国际情形分别考虑。

国内货运险的费率构成：① 陆运、水运、空运和联运的费率都是基本费率。因为国内货物运输保险不像国际货运险分险别，它只有一种基本责任，故只有一种费率。② 对于特约的经保险公司同意加保的责任，另行加费。③ 陆运费率，分为火车和驿运、汽车两类。④ 水运费率，分为江河、沿海两类。江河类又分为两档，一档为轮船、轮拖铁驳，另一档为木船、水泥船、机帆船、轮拖木驳。⑤ 空运费率不分类，统一一个费率标准。

国际货运险的费率构成：① 海运险——一般货物费率分为平安险、水渍险和一切险三种。附加险能单独承保，必须在平安险或水渍险的基础上加保。加保一项附加险除费率表另有规定外，都照一切险费率收。同一险别，不同洲、国和港口的费率均不同。② 陆运、空运和邮包险费率分为本身险（即陆运、航空运输和邮包险）和一切险两种。附加险的费率标准同海运险一样。③ 战争险的费率分为海、陆、空、邮四种。④ “指明货物加费费率表”是按货物大类分类的，如粮油、土畜、轻工类等。对需要加费的货物在商品栏内明确，同时在备注栏里注明免赔率、附加条款等有关规定。凡属于指明货物费率表所列的货物，在计算费率时，应算出一般货物费率，然后再加上这项附加费。

5. 保险费的含义

保险费是指被保险人参加保险时，根据其投保时所定的保险费率，向保险人交付的费用。当保险财产遭受灾害和意外事故造成全部或部分损失，或人身保险中人身发生意外时，保险人均要付给保险金。保险费由保险金额、保险费率和保险期限构成。保险费的数额同保险金额的大小、保险费率的高低和保险期限的长短成正比，即保险金额越大，保险费率越高，保险期限越长，则保险费也就越多。

8.3.2 国际货物运输保险费的计算

1. 国际货物运输保险费的计算公式

一般来讲，在国际贸易实务中，国际货物运输保险费的计算按照以下公式进行：

保险费=保险金额×保险费率

保险金额=CIF 或 CIP 货价×（1+投保加成率）

保险金额以货物的 CIF 或 CIP 价格为准，若要加成投保，加成 10%～30%为宜。

在实际业务中，如果出口方选择的贸易术语为 CIF 或 CIP，则保险费的计算公式直接为：

保险费=CIF 或 CIP 货价×（1+投保加成率）×保险费率

在实际业务中，如果进口方选择的贸易术语为 CFR 或 CPT，则进口方在计算保险费时，其公式要进行相应的转化，具体步骤如下。

令保险费为 I，保险费率为 r，投保加成［即（1+投保加成率）］为 k，则有：

① $I=\text{CIF（或CIP）}\times k\times r$

② $I=\left[\text{CFR（或CPT）}+I\right]\times k\times r$

③ $I=\text{CFR（或CPT）}\times k\times r+I\times k\times r$

④ $I-I\times k\times r=\text{CFR（或CPT）}\times k\times r$

⑤ $I\times(1-k\times r)=\text{CFR（或CPT）}\times k\times r$

⑥ $I=\text{CFR（或CPT）}\times\left(\dfrac{k\times r}{1-k\times r}\right)$

即按照 CFR 或 CPT 进口时，有：

$$\text{保险费}=\text{CFR（或CPT）}\times\left(\frac{k\times r}{1-k\times r}\right)$$

同理，在实际业务中，如果进口方选择的贸易术语为 FOB 或 FCA 时，有：

$$\text{保险费}=\left[\text{FOB（或FCA）}+\text{运费}\right]\times\left(\frac{k\times r}{1-k\times r}\right)$$

2. 国际货物运输保险费的计算举例

例 1 商品 03001 的 CIF 总价为 8937.6 美元，进口商要求出口商按成交价格的 110%投保协会货物保险条款（A）（保险费率 0.8%）和战争险（保险费率 0.08%），试计算出口商应付给保险公司的保险费用（假设出口商的本币为美元）。

解析：

保险金额＝8937.6×110%＝9831.36（美元）

保险费＝9831.36×（0.8%＋0.08%）＝86.52（美元）

例 2 商品 03001 的 CFR 价格为 8846.4 美元，要按成交价格的 110%投保协会货物保险条款（A）（保险费率 0.8%）和战争险（保险费率 0.08%），试计算进口商应付给保险公司的保险费用（假设进口商的本币为美元）。

解析：

保险费＝8846.4×1.1×（0.8%+0.08%）÷［1−1.1×（0.8%+0.08%）］=85.6332÷0.990 32＝86.47（美元）

例 3 商品 03001 的 FOB 价格为 7296 美元，海运费 1550 美元，要按成交价格的 110%投保协会货物保险条款（A）（保险费率 0.8%）和战争险（保险费率 0.08%），试计算进口商应付给保险公司的保险费用（假设进口商的本币为美元）。

解析：

保险费=（7296+1550）×1.1×（0.8%+0.08%）÷［1−1.1×（0.8%+0.08%）］=85.6293÷0.990 32 =86.47（美元）

例 4 商品 33002 的 FOB 价格为 20 000 美元，空运费 550 美元，要按成交价格的 110%投保航空运输一切险（保险费率 0.35%）和战争险、罢工险（保险费率 0.08%），试计算进口商应付给保险公司的保险费用（假设进口商的本币为美元）。基本险只能选择一种投保，特殊附加险则在基本险的基础上加保，如果同时加保特殊附加险中的战争险和罢工险，费率只按其中一项计算，不累加（即同时投保战争险和罢工险，费率仍是 0.08%，而不是 0.16%）。

解析：

保险费=（20 000+550）×1.1×（0.35%+0.08%）÷［1−1.1×（0.35%+0.08%）］=97.2÷0.995 27=97.66（美元）

8.4 进出口货物价格的计算

8.4.1 进出口货物的作价原则及方法

在国际货物买卖中，如何确定进出口商品价格和规定合同中的价格条款，是交易双方最为关心的一个重要问题。进出口商品的价格是指单价。在国际贸易中，单价包括四项必不可少的内容，即计价货币名称、单价金额、计量单位、贸易术语。例如，每公吨 100 美元 CIF 伦敦（USD100 per metric ton CIF London），其中“USD”为计价货币，“100”为单价金额，“per metric ton”是计量单位，“CIF London”是贸易术语。而在国际贸易合同中，价格条款一般包括商品单价（Unit Price）和总值（Total Value）两项基本内容。单价是指单位商品的价格，总值是单价与成交商品数量的乘积，即成交总金额或合同总金额。

1. 进出口货物的作价原则

我国进出口商品的作价原则是：在贯彻平等互利的原则下，根据国际市场价格水平，结合国别（地区）政策，并按照购销意图确定适当的价格。具体来讲，进出口货物的作价原则包括以下几个方面。

（1）参考国际市场价格水平作价。

国际市场即大宗商品或主要商品在国际贸易中主要的集散地或交易场所，国际市场价格是以国际市场供求关系为基础，在市场竞争中形成并为交易双方所接受的价格。因此，国际货物买卖应按照国际市场价格水平作价。

（2）要贯彻国际市场经营战略。

企业开展国际贸易应有长期的经营发展规划，并随着环境的变化而相应调整。例如，企业进入国际市场，其产品应有明确的定位，产品形象、产品价格和产品档次都要与之相匹配。当面临竞争时，又需要制定灵活的价格策略。

（3）要考虑商品的质量。

国际市场按质论价，高质高价，低质低价。因此，在一定的销售数量下，价格的制定与出口商品的质量有着紧密的关系。

（4）要与商品的成交数量相联系。

国际市场上的交易数量大，生产达到规模经济后，能降低单位商品的成本，提高效益，从而使价格的折扣也越大。因而，买卖双方都可以利用数量条件作为谈判的筹码。

（5）要结合支付条件。

支付条件中包括支付方式和支付货币，价格的制定应考虑两者的结合。对于出口方来说，如果支付方式为赊销、托收等，则价格可以制定得更高些；而如果支付方式为信用证或预付款等，则价格可以相应低些。对于进口方来说，采用的原则则相反。另外，价格还应与使用的支付货币相结合。如果汇率波动频繁，进出口商就会面临汇率风险。因此，汇率风险的承担方应在价格上得到更多的利益。

（6）要明确不同的贸易术语。

不同的贸易术语对于贸易双方的义务有着不同的规定。以 FOB、CFR 和 CIF 为例，在贸易双方承担的义务上，不同之处在于办理运输和支付运费，以及办理保险和支付保险费两个方面。虽然运费和保险费最终的承担者都是买方，但由哪一方向承运人支付的规定则是不同的，因而价格的金额也是不同的。因此，在制定价格时，CIF 的价格金额最高，CFR 的价格次之，FOB 的价格最低。所以，价格制定要明确贸易术语的使用。

此外，交货期的远近、市场销售习惯和消费者爱好的不同、产品所处生命周期的不同阶段、国际市场经营策略的选择等，均对价格的确定有不同程度的影响。

2. 进出口货物的作价方法

一般说来，买卖双方应事先确定价格。但是，在实际业务中，有些买卖双方认为应以将来某个时间的市场价格作为具体的成交价格，或者根据实际情况调整价格，于是，买卖双方事先不确定价格或仅确定一个基础价格，具体的成交价格待以后确定。总体来说，价格制定的方法有以下几种。

（1）固定价格。

固定价格是指明确规定的货物价格。合同订立后，即使市场价格发生很大变化，该价格也不再变动，买卖双方必须按该价格进行货款结算。如果合同中没有其他特殊约定，一般应理解为固定价格。在有的合同中，也有对此做出明确规定的，如“合同一经生效，价格不得因市场变化而调整”。

（2）非固定价格。

非固定价格即通常所说的“活价”，适用于行情频繁变动、价格涨落不定且交货期较长的合同，可以使买卖双方避免承担市价变动的风险。具体来说，我国进出口合同的实际做法主要有以下几种。

① 具体价格待定。具体价格待定是指在价格条款中不规定具体价格，而是规定作价

时间和作价方法，或只规定作价时间而不规定作价方法。例如，在合同中规定，以某月某日某地的有关商品交易所该商品的收盘价为准或以此为基础再加或减若干美元。待定价格的使用，主要是由于某些货物的国际市场价格变动频繁，幅度较大，或者交货期较远，买卖双方对市场趋势难以预测，但又有订约的意向，于是约定价格待定。

② 暂定价格。暂定价格是指在合同中先确定一个价格，之后在某个时间由双方按照当时的国际市场价格商定最后价格。在我国的出口业务中，有时在与信用可靠、业务关系密切的客户洽商大宗货物的远期交易时，偶尔采用这种暂定价格的做法。

③ 滑动价格。滑动价格是在某些货物贸易中，如成套设备、大型机械等，从合同订立到履行交货所需要的时间较长，为避免原材料和工资的变动带来的风险，先在合同中规定一个基础价格，在交货时或交货前一定时间，按原材料和工资变动的指数做出相应调整，以确定应实际支付的价格。

（3）部分固定价格，部分非固定价格。

为了照顾买卖双方的利益，解决作价方法上可能存在的分歧，可以采用部分固定价格、部分非固定价格的方法。尤其是分期交货的合同，可以在订约时将交货期近的货物价格定下来，其余的货物则在交货前一定期限内由双方议定价格。

知识链接

采用固定价格或非固定价格时的注意事项

1．采用固定价格时的注意事项

（1）必须对影响商品供求的各种因素进行细致研究，并在此基础上对价格的走势做出判断，以此作为决定合同价格的依据。

（2）要通过各种途径了解客户的资信情况，慎重选择订约对象。

2．采用非固定价格时的注意事项

（1）明确规定作价标准。合同中明确订立了作价标准，有利于将来双方协商价格时取得一致意见，从而保证合同的执行。

（2）谨慎选择作价时间。为了使出口方安全收汇，保证合同顺利履行，应谨慎选择作价时间，尽量在装船前或装船时作价。

（3）充分考虑采用非固定价格时对合同成立的影响。由于按有关国际公约或有关国家法律规定，在采用非固定价格时，合同有效成立的条件是要规定作价办法或原则，因此，在采用非固定价格时，应尽可能将作价方法表述得明确具体。

3. 进出口货物计价货币的选择

国际贸易买卖的周期通常都比较长，从订约到履行合同，往往有一个过程。在此期间，计价货币的市值很可能发生变化，甚至或出现大幅度的起伏，其结果必然直接影响进出口双方的经济利益。因此，如何选择合同的计价货币就具有重大的经济意义。

计价货币的选择一般来说有三种情况：使用卖方国家货币，使用买方国家货币，以及使用第三国货币。对任何一方来说，使用本国货币承担的风险较小。但如果使用外币则可能承担外汇汇率变动所带来的风险，任何一方都有可能因汇率浮动造成损失。

（1）使用可自由兑换的货币。

除非双方国家订有贸易协定或支付协定，交易本身又属于上述协定的交易，必须按规定的货币进行清算外，一般进出口合同都采用可兑换的、国际上通用的或双方同意的货币进行计价和支付。

（2）把握“软进硬出”的原则。

在出口贸易中，出口方应尽量选择硬币或具有上浮趋势的货币作为计价货币；在进口贸易中，进口方应选择软币或具有下浮趋势的货币作为计价货币，以减缓外汇汇率的变化可能带来的损失。在实际业务中，计价货币的选择还应考虑双方的交易习惯、经营意图及价格等因素。

（3）多种货币组合。

多种货币组合亦称一揽子货币计价，是指在进出口合同中使用两种以上的货币来计价，以消除外汇汇率波动的风险。假如其中一种货币发生升值或贬值，而其他货币的价值不变，则该货币价值的改变不会给该交易带来很大的外汇风险，或者说风险因分散而减低；若计价货币中几种货币升值，另外几种货币贬值，则升值的货币所带来的收益可以抵消贬值的货币所带来的损失，从而减轻或消除外汇风险。如果为达成交易而不得不采用对我方不利的货币时，则可以采用这种方法。

（4）利用外汇保值条款以避免计价货币汇率变动的风险。

在出口贸易中，可以用外汇保值条款来减少汇率风险。外汇保值条款有三种类型，可根据业务具体情况选择一种使用。

① 计价用硬币，支付用软币。支付时按计价货币与支付货币的现行牌价进行支付，以保证收入不致减少。

② 计价与支付使用软币，但签订合同时明确该货币与另一硬币的比价，如果支付时这一比价发生变化，则原比价按这一比价的变动幅度进行调整。

③ 确定一个软币与硬币的“商定汇率”。如果在支付时软币与硬币的比价超过“商定汇率”一定幅度，才对原比价进行调整。

8.4.2　出口货物价格的计算

1. 出口货物价格的构成

出口货物价格的构成包括成本、费用、利润三大要素。不同贸易术语包括的费用不同，因此费用部分可以分成两大部分：一是国内费用；二是国际运费及保险费。

（1）实际成本（Cost）。

成本一般包括生产成本、加工成本和采购成本三种类型。

① 生产成本：制造商生产某一产品所需的投入。

② 加工成本：加工商对成品或半成品进行加工所需的成本。

③ 采购成本：贸易商向供应商采购商品的价格，亦称进货成本。

在出口业务中，从事加工贸易的出口企业，应重点掌握商品的加工成本，而对于大多数不进行商品生产、仅从事商品流通的贸易型出口企业来说，则主要掌握采购成本。本文以贸易型出口企业的采购成本作为研究对象。在出口报价中，采购成本所占的比重最大，是出口报价的重要组成部分。一般而言，国内供货价格除货物价值外，还会包括增值税，所以采购成本又常称为“含税采购成本”。增值税是以商品进入流通环节所发生的增值额为课税对象的一种流转税。出口商品通常进入国外的流通领域，按照目前世界上大多数国家“奖出限入”的政策规定，本国出口企业出口某些商品后，在规定期限内结汇，政府会给予企业一定比例的出口退税，以降低出口商品的成本，提高企业竞争力。在实施出口退税制度的情况下，出口商在核算价格时，应该将含税的采购成本中的税收部分根据出口退税比率予以扣除，从而得出实际成本。

在我国外贸实践中，采购成本中包括了17%的增值税，而增值税的征收及退还均应根据货物本身的价格（即不含税的价格）而不是采购成本，因此：

① 采购成本＝货价＋增值税额
＝货价＋货价×增值税率
＝货价×(1＋增值税率)

② 增值税额＝货价×增值税率

③ 货价＝采购成本÷(1＋增值税率)

④ 出口退税额＝货价×出口退税率

⑤ 实际成本＝采购成本－出口退税额
＝货价×(1＋增值税率)－货价×出口退税率
＝货价×(1＋增值税率－出口退税率)
＝采购成本÷(1＋增值税率)×(1＋增值税率－出口退税率)

⑥ 采购成本＝实际成本÷(1＋增值税率－出口退税率)×(1＋增值税率)

由此，得出如下公式：

采购成本＝实际成本÷(1＋增值税率－出口退税率)×(1＋增值税率)
实际成本＝采购成本×(1＋增值税率－出口退税率)÷(1＋增值税率)
出口退税额＝采购成本÷(1＋增值税率)×出口退税率

例 “永久牌”自行车每辆的采购成本是165元人民币，其中包括17%的增值税，若自行车出口可以有15%的退税，那么，每辆自行车的实际成本是多少？

解析：

每辆“永久牌”自行车的实际成本为：

采购成本×（1+增值税率—出口退税率）÷（1+增值税率）
=165×（1+17%−15%）÷（1+17%）
=143.85（元/辆）

（2）国内费用（Expenses/Charges）。

国内费用是指商品在国内流通的费用。其种类繁多，且计算方法也不尽相同，因此是价格中较为复杂的因素。经常出现的国内费用包括商检费、报关费、出口税、银行费用及其他费用。

① 商检费。检验检疫机构对出口商申请的出口商品进行检验、检疫、鉴定后收取的相关费用。

② 报关费。报关费是指报关代理企业为客户提供报关服务后，向客户收取的服务费用及代垫费用。

③ 出口税。为更好地鼓励本国产品的出口，许多国家只对关系国计民生、本国稀有储备或高科技产品等征收出口关税。我国依据《中华人民共和国进出口关税条例》和《中华人民共和国海关进出口税则》，对于出口商品从价征收出口关税。其计算公式如下：

出口商品应纳关税=出口商品完税价×出口关税税率

出口商品完税价与出口合同中所选择的贸易术语有关。

a．以 FOB/FCA 价成交：

出口商品完税价=FOB/FCA 价÷（1+出口关税税率）

b．以 CFR/CPT 价成交：

出口商品完税价=（CFR/CPT 价−运费）÷（1+出口关税税率）

c．以 CIF/CIP 价成交：

出口商品完税价=（CIF/CIP 价−运费−保险费）÷（1+出口关税税率）

④ 银行费用。在不同结算方式下，银行收取的费用不同，即使是同一结算方式，不同银行收取的费用也是不尽相同的。一般来说，信用证开证费率大概为 0.15%（不包括修改费用、不符点处理费及承兑费用），托收和电汇费率低一些，为 0.1%左右。银行费用的计算公式为：

银行费用=报价总金额×银行费率

有时，出口企业由于周转资金短缺而无法向国内供应商采购货物时，可向银行提出融资申请，银行通过审核出口企业的资信状况以及交易的真实性等，给予企业相应的贷款，企业向银行支付的这部分贷款利息是因为本笔出口交易产生的，因而贷款利息应计入成本。

⑤ 其他费用。其他费用包括出口商品的加工整理费、包装费用、保管费用、证件费用、产地证费用、申请鉴定费用、T/T 方式下的 DHL 寄单费以及场地费等。

其中，证件费用是指报检时申请“品质证书”“健康证书”“数量/重量证书”“植物检疫证书”等证书时商品检验检疫机构收取的费用。

在出口报价中，国内费用所占的比重虽然不大，但因其内容繁多，且计算方法又不尽相同，因而成为价格核算中较为复杂的一个方面，在实务中往往采用定额费用的方法。

（3）国际运费和保险费（Freight and Insurance Premium）。

出口报价中是否包括国际运费和保险费主要取决于合同中使用的贸易术语，如选用 FOB 或 FCA，则不必考虑这两项费用；如选用 CFR 或 CPT，则需加上国际运费；如选用 CIF 或 CIP，就需要在报价上把这两项费用都加上。

关于国际运费以及国际货物运输保险费的计算在前面章节中已经做了详细介绍，这里不再赘述。

（4）预期利润（Expected Profit）。

利润是企业的收入，其核算的方法由企业自行决定。企业可以以某一固定的数额作为单位商品的利润额，也可以用一定的百分比作为利润率来核算利润额，其计算基数可以是生产成本或是采购成本或是出口成本或是销售价格。实际中往往采用后一种方法。

① 以成本利润率核算价格。成本利润是以实际成本作为利润的计算基础，即

$$利润=成本\times利润率$$

$$价格=成本+利润=成本+成本\times利润率=成本\times(1+利润率)$$

② 以销售利润率核算价格。销售利润率是以出口商品的销售价格作为利润的计算基础，即

$$利润=价格\times利润率$$

$$价格=成本+利润=成本+价格\times利润率$$

$$成本=价格-价格\times利润率=价格\times(1-利润率)$$

$$价格=成本\div(1-利润率)$$

（5）出口报价。

出口报价是将核算的成本、费用及利润累加起来，对外报出 FOB/FAC、CFR/CPT 和 CIF/CIP 价格。

FOB/FAC 价=实际成本+国内费用+预期利润

CFR/CPT 价=实际成本+国内费用+出口运费（F）+预期利润

CIF/CIP 价=实际成本+国内费用+出口运费（F）+出口保险费（I）+预期利润

在外贸实践中，为了调动中间商或进口商推销和经营出口商品的积极性，增强相关商品在国际市场的竞争力，从而扩大销售，出口企业会使用佣金和折扣。佣金是卖方或买方付给中间商为其对货物的销售或购买提供中介服务的酬金。折扣是卖方按照原价给买方一定百分比的价格减让，即在价格上给予适当的优惠。如果存在佣金或折扣，就需要相应调整出口报价。佣金与折扣的计算见本章第 1 节。

2. 出口货物盈亏的核算

出口企业为了实现经济效益，在对外成交前，应对每笔出口交易进行盈亏核算，应依据所报价格将出口总成本、出口外汇净收入、出口方人民币净收入等数据进行盈亏核算。

出口总成本是指出口企业为出口商品支付的国内总成本，包括进货成本（或生产成本）和国内费用（出口前的一切费用和税金），但要扣除出口退税。

出口外汇净收入是指出口外汇总收入中扣除劳务费用（如国外运费、保险费、佣金等非贸易外汇）后的外汇收入，即以 FOB 价成交所得的外汇收入。如果是以 CFR 或 CIF 术语成交，价格中去除国外运费或国外运费加保险费后才为出口外汇净收入；以含佣价成交的，还要去除佣金。

出口方人民币净收入是指出口外汇净收入按当时外汇牌价买入价折算的人民币数额。

根据这些数据，可以计算出口商品盈亏率、出口换汇成本等指标，用以衡量出口商品经济效益的高低。

（1）出口换汇成本。

出口商品换汇成本是用来反映出口商品盈亏的一项重要指标，它是指某种商品的出口总成本与出口所得的外汇净收入之比，得出用多少人民币换回一美元。出口商品换汇成本如高于银行的外汇买入价，则出口为亏损；反之，则说明出口有盈利。其计算公式如下：

$$\text{出口换汇成本}=\frac{\text{出口总成本（退税后）（元人民币）}}{\text{出口销售外汇净收入（美元）}}$$

出口总成本（退税后）=采购成本+定额费用-出口退税收入

定额费用=采购成本×费用定额率

费用定额率由各个企业自主决定，通常情况下为 5%～10%。定额费用即前面所述的国内费用，构成较为复杂。

出口退税收入=采购成本÷（1+增值税率）×出口退税率

出口销售外汇净收入是指出口商品按 FOB 价出售所得的外汇净收入。

（2）出口盈亏率。

出口盈亏率是指出口商品盈亏额与出口总成本的比率。出口盈亏额是指出口销售人民币净收入与出口总成本的差额，前者大于后者为盈利；反之为亏损。其计算公式如下：

$$\text{出口盈亏率}=\frac{\text{出口销售人民币净收入}-\text{出口总成本}}{\text{出口总成本}}\times 100\%$$

出口销售人民币净收入是指出口商品以 FOB 价所获得的外汇收入按当时现汇买入价折算成人民币的数额。

3. 出口货物价格计算步骤及公式

（1）出口货物价格计算步骤。

出口货物价格计算步骤如图 8-1 所示。

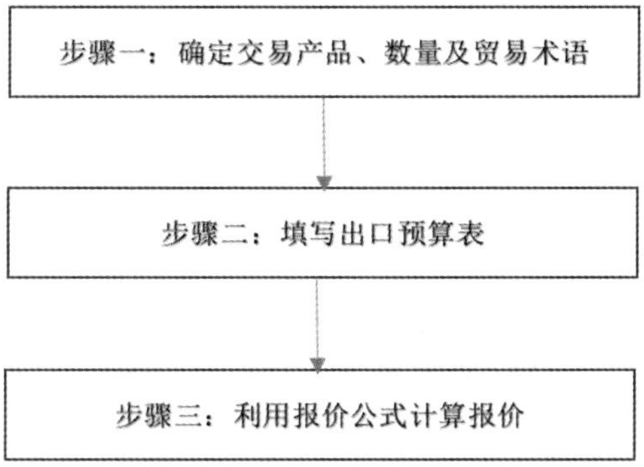

图 8-1　出口货物价格计算步骤

出口报价核算关系到此笔交易是否能盈利及盈利多少，因此出口企业非常重视。在交易磋商阶段，进出口双方应首先确定交易产品、数量和贸易术语，出口商再根据工厂的采购成本填写出口预算表来计算报价，最终出口预算表上所填报价金额，在实务中作为出口企业最终报价的主要依据。

计算报价之前出口企业先要明确相关的国内费用并将其填入预算表中，如表 8-6 所示，包括收购价（含税进货价款）、商检费、报关费、银行费用等相关费用（如前所述，在实践中，国内费用包含内容较多，计算较为烦琐，因此往往确定费用定额率，简化计算），同时预计此笔交易的盈利率（也就是期望的盈利率），然后利用报价公式计算报价。

表 8-6　出口成本预算表

有 关 项 目	预 算 费 用
汇率	RMB 1=USD ________ RMB 1=合同币别________
成本栏	收购价（含税进货价款）RMB________ 出口退税收入：RMB________ 实际采购成本 A：RMB________
费用	商检费：RMB________ 报关费：RMB________ 出口税：RMB________ 银行费用：RMB________ 其他：RMB________ 国内费用 B：RMB________
	出口总成本 C（FOB/FCA 成本）：RMB________ C=A+B　　USD________
	出口运费 F：USD________ RMB________ CFR/CPT 成本：（=C+F）RMB________ USD________
	出口保费 I：RMB________ 总保费率：________‰ 投保加成：________% 投保金额：USD________ CIF/CIP 成本：（=C+F+I）RMB________ USD________
报价栏	预期盈亏率：________% 预期盈利额或亏损额 P：USD________ 对外报价（FOB/FCA）：（=C+P）USD________ 对外报价（CFR/CPT）：（=C+F+P）USD________ 对外报价（CIF/CIP）：（=C+F+I+P）USD________

注：本表以人民币作为本币，当本币为其他币种时可将 RMB 换为其他币种。

（2）出口货物价格计算公式。

在实际业务中，计算出口货物价格之前要确定贸易术语，不同的贸易术语，出口价格的计算公式有所不同。本节介绍常见的 6 种贸易术语：FOB/FCA、CFR/CPT、CIF/CIP 的出口报价公式。

① FOB/FCA 出口报价公式。

$$\text{FOB/FCA报价}=\frac{(\text{实际采购成本}+\text{报关费}+\text{其他})\times(1+\text{预期盈亏率})}{1-(1+\text{预期盈亏率})\times(\text{报检手续费率}+\text{银行手续费率})}$$

考虑银行最低手续费的情况下，公式为：

$$\text{FOB/FCA报价}=\frac{(\text{实际采购成本}+\text{报关费}+\text{其他})\times(1+\text{预期盈亏率})}{1-(1+\text{预期盈亏率})\times\text{报检手续费率}}$$

公式的具体推导过程如下：

FOB/FCA 报价= FOB/FCA 成本+预期盈利额
= 实际采购成本+国内费用+预期盈利额
= 实际采购成本+（商检费+报关费+出口税+银行费用
+其他）+ FOB/FCA 成本×预期盈亏率

其中，预期盈亏率指期望达到的盈亏率，是一个假设的值，比如出口商希望该笔合同盈利 10%，则这里的预期盈亏率就是 10%，即 0.1；商检费=FOB/FCA 报价×报检手续费率；在没有押汇的情况下，银行费用=FOB/FCA 报价×银行手续费率；一般产品没有出口税，我们先忽略；其他费用包括报检时申请的证书费用（品质证书、健康证书、数量/重量证书、植物检疫证书等），产地证费用（包括一般原产地证书、普惠制产地证），申请鉴定费用（包括货物运输条件鉴定书），以及 T/T 方式下的 DHL 寄单费；实际采购成本、报关费、其他这几项费用的计算不涉及 FOB/FCA 报价，因此我们将这些费用的和设为 D。

代入上述公式得：

FOB/FCA 报价= FOB/FCA 成本+预期盈利额
=FOB/FCA 成本+ FOB/FCA 成本×预期盈亏率
=（D+报检手续费+银行费用）+（D+报检手续费+银行费用）×预期盈亏率

设 FOB/FCA 报价为 x，报检手续费率为 k，银行手续费率为 m（不考虑最低费用），预期盈亏率为 n，代入上述公式得：

$$x = D + kx + mx + n(D + kx + mx)$$

解得：

$$x = D(1+n)/\left[1-(1+n)(k+m)\right]$$

所以：

$$\text{FOB/FCA报价}=\frac{(\text{实际采购成本}+\text{报关费}+\text{其他})\times(1+\text{预期盈亏率})}{1-(1+\text{预期盈亏率})\times(\text{报检手续费率}+\text{银行手续费率})}$$

一般来讲，银行手续费都有一个最低费用，当计算得出的银行费用<最低手续费时，银行费用取最低手续费：把银行最低手续费设为 F，银行手续费率为 m，x 为计算后所得的 FOB/FCA 报价。

如果 $mx<F$，则银行费用为最低手续费 F，那么：

$$x = D + kx + F + n(D + kx + F)$$

解得：

$$x = \left[D + F(1+n)\right]/\left[1-k(1+n)\right]$$

所以：

$$\text{FOB/FCA报价}=\frac{(\text{实际采购成本}+\text{报关费}+\text{其他})\times(1+\text{预期盈亏率})}{1-(1+\text{预期盈亏率})\times\text{报检手续费率}}$$

② CFR/CPT 出口报价公式。

$$\text{CFR/CPT报价}=\frac{(\text{实际采购成本}+\text{报关费}+\text{其他}+\text{出口运费})\times(1+\text{预期盈亏率})}{1-(1+\text{预期盈亏率})\times(\text{报检手续费率}+\text{银行手续费率})}$$

考虑银行最低手续费的情况下，则 CFR/CPT 出口报价公式为：

$$\text{CFR/CPT报价}=\frac{(\text{实际采购成本}+\text{报关费}+\text{其他}+\text{出口运费})\times(1+\text{预期盈亏率})}{1-(1+\text{预期盈亏率})\times\text{报检手续费率}}$$

具体推导过程省略。

③ CIF/CIP 出口报价公式。

$$\text{CIF/CIP报价}=\frac{(\text{实际采购成本}+\text{报关费}+\text{其他}+\text{出口运费})\times(1+\text{预期盈亏率})}{1-(1+\text{预期盈亏率})\times(\text{报检手续费率}+\text{银行手续费率}+\text{保险费率}\times\text{投保加成})}$$

考虑银行最低手续费的情况下，则 CIF/CIP 出口报价公式为：

$$\text{CIF/CIP报价}=\frac{(\text{实际采购成本}+\text{报关费}+\text{其他}+\text{出口运费})\times(1+\text{预期盈亏率})}{1-(1+\text{预期盈亏率})\times(\text{报检手续费率}+\text{保险费率}\times\text{投保加成})}$$

具体推导过程省略。

4. 出口货物价格计算举例

例 1 FOB/FCA 出口报价举例

背景资料：

出口商（古巴）：古巴科伊巴贸易有限公司

进口商（俄罗斯）：俄罗斯加琳娜贸易有限公司

双方磋商确定交易详情如下：

（1）Product NO.:24001；

（2）Commodity: RECORDATIVE EDITION CIGARS （纪念版雪茄）；

（3）Quantity: 800BOXS；

（4）Payment: T/T 100% IN ADVANCE；

（5）Price Term: FCA Santiago,Cuba；

（6）Transport: From Santiago To St.Petersburg By Air；

（7）国内工厂单价：119.11 CUP；

（8）在相关机构网站查得：该商品的增值税率为 13%，进口优惠关税税率为 25%，消费税率为 36%，出口退税率为 0，报检手续费率为 0.25%，报关费为 CUP 14，其他为 CUP23（包括双方约定申请的“品质证书”一份 CUP10、普惠制产地证一份 CUP7 以及 T/T 方式下的寄单费用 CUP6）；

（9）T/T 方式下出口地银行入账手续费率为 0.1%（最低 CUP28）；

（10）古巴比索与美元汇率为 CUP 1=USD 1；

（11）出口商暂定的预期盈亏率为 30%。

根据以上资料，进行出口货物价格计算。

出口报价数据及过程解析如下。出口成本预算表（示例 1）如表 8-7 所示。

表 8-7　出口成本预算表（示例 1）

有关项目	预算费用
汇率	CUP 1=USD 1 CUP 1=USD 1
成本栏	收购价（含税进货价款）CUP 95288 出口退税收入：CUP 0 实际采购成本 A：CUP 95288
费用	商检费：CUP 312 报关费：CUP 14 出口税：CUP 0 银行费用：CUP 124.8 其他：CUP 23 国内费用 B：CUP 473.8
	出口总成本 C（FOB/FCA 成本）：CUP 95761.8 $C=A+B$　USD 95761.8
	出口运费 F：USD________ CUP________ CFR/CPT 成本：（$=C+F$）CUP________ USD________
	出口保费 I：CUP________ 总保费率：________‰ 投保加成：________% 投保金额：USD________ CIF/CIP 成本：（$=C+F+I$）CUP________ USD________
报价栏	预期盈亏率：30 % 预期盈利额或亏损额 P：USD 29038.2 对外报价（FOB/FCA）：（$=C+P$）USD 124800 对外报价（CFR/CPT）：（$=C+F+P$）USD________ 对外报价（CIF/CIP）：（$=C+F+I+P$）USD________

a. 第一步：在出口成本预算表中将汇率栏按照以下内容填写。

本币与美元：填写古巴比索与美元汇率 CUP 1=USD 1

本币与合同币别：选择合同币别为 USD，CUP 1=USD 1

b. 第二步：计算收购价、出口退税收入及实际采购成本，并填入在出口成本预算表中。

收购价=国内工厂商品单价×交易数量=119.11×800=CUP 95 288

出口退税收入：0。

实际采购成本=收购价−出口退税收入=95 288−0=CUP 95 288

c. 第三步：利用 FOB/FCA 出口报价公式计算报价。

$$\text{FOB/FCA报价}=\frac{(\text{实际采购成本}+\text{报关费}+\text{其他})\times(1+\text{预期盈亏率})}{1-(1+\text{预期盈亏率})\times(\text{报检手续费率}+\text{银行手续费率})}$$

将实际采购成本 CUP 95 288、报关费 CUP 14、其他 CUP23、预期盈亏率 30%、报检手续费率 0.25%、T/T 方式下出口地银行入账手续费率为 0.1%（最低 CUP28），代入公式得：

$$\text{FCA报价}=\frac{(95\,288+14+23)\times(1+30\%)}{1-(1+30\%)\times(0.25\%+0.1\%)}\approx \text{CUP}124\,488.93$$

计算出的 FCA 报价即为合同金额，在这个报价下的银行费用=合同金额×T/T 入账手续费率=124 488.93×0.1%≈ CUP 124.488>CUP28。

商品的单价还需要用计算出的报价即合同金额除以数量：

124 488.93/800 ≈CUP 155.6（USD 155.6）

d. 第四步：出口商将商品单价定为 USD 156，合同金额即 FCA 报价也随之变动为 124 800（合同金额=商品单价×数量=156×800=USD 124 800），这时所有与合同金额相关的费用就可以计算出来了，包括：

商检费=合同金额×报检手续费率=124 800×0.25%= CUP 312

银行费用=合同金额×T/T 入账手续费率=124 800×0.1%= CUP 124.8

这几项费用计算出来之后，出口预算表里的其他费用也相应可以计算出来了：

国内费用=商检费+报关费+出口税+银行费用+其他=312+14+0+124.8+23= CUP 473.8

出口总成本（FCA 成本）=实际采购成本+国内费用=95 288+473.8=CUP 95 761.8= USD 95 761.8

e. 第五步：以上我们是根据假设的 30%的预期盈亏率来反推出合同报价的，最后我们通过计算“报价栏”里的盈亏额和盈亏率，来验证这个价格是否合理：

对外报价（FCA）=CUP 124 800=USD 124 800

预期盈亏额=FCA 报价−FCA 成本=124 800−95 761.8=USD 29 038.2

预期盈亏率=预期盈亏额/FCA 成本=29 038.2/95 761.8≈30.32%

计算证明，最后的盈亏率符合预期要求，即当商品 24001 的单价为 USD 156 时，出口商的盈利为 30%左右。此时，出口商可以把这个价格通过邮件发给进口商，给进口商报价。

例 2 CFR /CPT 出口报价举例

背景资料：

出口商（南非）：南非赛尔贸易有限公司

进口商（巴西）：巴西巨宏进出口公司

双方磋商确定交易详情如下：

（1）Product NO.:04003；

（2）Commodity: WOODCARVING-DOLLS （木雕-娃娃）；

（3）Quantity: 10 000PCS；

（4）Payment: L/C；

（5）Price Term: CFR Rio de Janeiro；

（6）Transport: From Capetown To Rio de Janeiro By Sea；

（7）国内工厂单价：164.64 ZAR；

（8）在相关机构网站查得：该商品的增值税率为 13%，进口优惠关税税率为 0，消费税率为 0，出口退税率为 13%，报检手续费率为 0.25%，报关费为 ZAR 92，其他为 ZAR40（双方磋商确定申请一份普惠制产地证，不需要申请商检证书）；

（9）L/C 方式下的出口地银行信用证入账手续费率为 0.13%（最低 ZAR 180）；

（10）南非兰特与美元汇率为 ZAR 1=USD 0.1294；

（11）出口商暂定的预期盈亏率为 23%；

（12）海运费：开普敦至里约热内卢一个普通 20 尺集装箱需要 USD925，所以海运费为 USD1850（ZAR 14 296.75）。

出口报价数据及过程解析如下。出口成本预算表（示例 2）如表 8-8 所示。

a．第一步：在出口成本预算表中将汇率栏按照以下内容填写。

本币与美元：填写南非兰特与美元汇率 ZAR 1=USD 0.1294

本币与合同币别：选择合同币别为 USD，ZAR 1=USD 0.1294

b．第二步：计算收购价、出口退税收入及实际采购成本，并填入在出口成本预算表中。

收购价=国内工厂商品单价×交易数量=164.64×10 000=ZAR1 646 400

出口退税收入=采购成本/(1+增值税率)×出口退税率=1 646 400/(1+13%)×13%=ZAR 189 408.85

实际采购成本=收购价−出口退税收入=1 646 400−189 408.85=ZAR 1 456 991.15

c．第三步：利用 CFR/CPT 出口报价公式计算报价。

$$\text{CFR/CPT报价}=\frac{(\text{实际采购成本}+\text{报关费}+\text{其他}+\text{出口运费})\times(1+\text{预期盈亏率})}{1-(1+\text{预期盈亏率})\times(\text{报检手续费率}+\text{银行手续费率})}$$

将实际采购成本 ZAR 1 456 991.15、报关费 ZAR 92、其他 ZAR40、预期盈亏率 23%、报检手续费率 0.25%、L/C 方式下的出口地银行信用证入账手续费率为 0.13%（最低 ZAR 180）、海运费（ZAR 14 296.75），代入公式得：

$$\text{CFR 报价}=\frac{(1\,456\,991.15+92+40+14\,296.75)\times(1+23\%)}{1-(1+23\%)\times(0.25\%+0.13\%)}\approx \text{ZAR}1\,818\,345.43$$

计算出的 CFR 报价即为合同金额，在这个报价下的银行费用=合同金额×L/C 入账手续费率=1 818 345.43×0.13% = ZAR 2363.85，大于银行最低手续费 ZAR 180，所以这个报价可用。

商品的单价还需要用计算出的报价即合同金额除以数量，即 1 818 345.43/10 000≈ZAR 181.83（按汇率折算为 USD 23.53）。

d．第四步：出口商将商品单价定为 USD 23.53，合同金额即 CFR 报价也随之变动为 USD 235 300（合同金额=商品单价×数量=23.53×10 000=USD 235 300），这时所有与合同金额相关的费用就可以计算出来了，包括：

商检费=合同金额×报检手续费率=235 300×0.25%=USD 588.25=ZAR 4545.98

银行费用=合同金额×L/C 入账手续费率=235 300×0.13%=USD 305.89=ZAR 2363.91

这几项费用计算出来之后，出口成本预算表里的其他费用也相应可以计算出来了：

国内费用=商检费+报关费+出口税+银行费用+其他=4545.98+92+0+2363.91+40=ZAR

7041.89

出口总成本（FOB 成本）=实际采购成本+国内费用=1 456 991.15+7041.89=ZAR 1 464 033.04= USD 189 445.88

CFR 成本=FOB 成本+出口运费=1 464 033.04+14 296.75=ZAR 1 478 329.79 = USD 191 295.88

e．第五步：以上我们是根据假设的 23%的预期盈亏率来反推出合同报价的，最后我们通过计算“报价栏”里的盈亏额和盈亏率，来验证这个价格是否合理：

对外报价（CFR）=USD 235 300

预期盈亏额=CFR 报价−CFR 成本=235 300−191 295.88=USD 44 004.12

预期盈亏率=预期盈亏额/CFR 成本=44 004.12/191 295.88=23%

计算证明，最后的盈亏率符合预期要求，即当商品 04003 的单价为 USD 23.53 时，出口商的盈利为 23%左右。（注：此价格略低于工厂采购单价，这种情况在现实中也是存在的，这是因为商品的出口退税可抵消部分成本。）此时，出口商可以把这个价格通过邮件发给进口商，给进口商报价。

表 8-8　出口成本预算表（示例 2）

有关项目	预算费用
汇率	ZAR 1=USD__0.1294__ ZAR 1=USD__0.1294__
成本栏	收购价（含税进货价款）ZAR__1646400__ 出口退税收入：ZAR__189408.85__ 实际采购成本 *A*：ZAR__1456991.15__
费用	商检费：ZAR__4545.98__ 报关费：ZAR__92__ 出口税：ZAR__0__ 银行费用：ZAR__2363.91__ 其他：ZAR__40__ 国内费用 *B*：ZAR__7041.89__
	出口总成本 *C*（FOB/FCA 成本）：ZAR__1464033.04__ *C*=*A*+*B*　USD__189445.88__
	出口运费 *F*：USD__1850__ ZAR__14296.75__ CFR/CPT 成本：（=*C*+*F*）ZAR1478329.79 USD__191295.88__
	出口保费 *I*：ZAR____ 总保费率：____‰ 投保加成：____% 投保金额：USD____ CIF/CIP 成本：（=*C*+*F*+*I*）ZAR____ USD____

续表

有 关 项 目	预 算 费 用
报价栏	预期盈亏率：＿23＿% 预期盈利额或亏损额 P：USD＿44004.12＿ 对外报价（FOB/FCA）：（$=C+P$）USD＿＿＿ 对外报价（CFR/CPT）：（$=C+F+P$）USD＿235300＿ 对外报价（CIF/CIP）：（$=C+F+I+P$）USD＿＿＿

8.4.3　进口货物价格的计算

出口商报价后，进口商需进行进口价格核算，如果利润合理就可以接受报价，如果利润很少甚至亏损的话可以向出口商还盘。进口商品价格核算是指外贸公司对进口商品的合同价格、进口关税以及各项费用的核算，以确定合理的利润留成，制定正确的销售价格。进口价格核算在国际运费、保险费和其他费用的核算与出口报价核算基本相似，但在进口关税核算和进口环节代征税的计算方面存在差异。

1. 进口货物价格的构成

进口商品价格的构成包括进口合同价格、费用、利润三大要素。不同贸易术语包括的费用不同，与出口价格核算一样，费用可以分成两大部分：一是国内费用；二是国际运费及保险费，其中国际运费及保险费与出口报价核算中一样。

（1）进口合同价格。

进口合同价格在进口合同成立之前是一种估价，是买卖双方通过磋商可以取得一致意见的合同价格，有时也是进口方争取以此为基础交易的价格。在合同成立后，就是合同写明的商品价格。

（2）国内费用。

进口商品的国内费用包括商检费、报关费、进口关税、进口环节代征的商品流转税及其他相关费用。需要注意的是，不同于出口报价核算中的国内费用，进口商品须交纳进口关税和海关代征的商品流转税，如增值税、消费税等。下面对进口关税和进口环节代征税的计算进行说明。

① 进口关税。

进口关税税额的计算可分为从价关税计算和从量关税计算，从价关税税额=完税价格×适用的进口关税税率，从量关税税额=进口货物数量×适用的单位税额。另外还有采用复合关税的做法。目前进口关税大都是从价计征的。

海关在征收关税的工作中，要做到依率计征。除要对进出口货物进行税则归类，确定应按哪个税号的适用税率征税外，还要正确审定计征关税的计税价格。计税价格即海关完税价格，是海关计征关税的依据。

进口完税价格由海关以进口货物的成交价格为基础审核确定。我国进口商品完税价格一般是以 CIF 价作为完税价格，因此若是以 CFR 价或 FOB 价成交时，需要将其折算为 CIF 价。

a．以 CIF/CIP 价格成交：成交价格即完税价格。

b．以 CFR/CPT 价格成交：

$$完税价格=\frac{\text{CFR（或CPT）}}{1-保险费率}$$

c．以 FOB/FCA 价格成交：

$$完税价格=\frac{\text{FOB或FCA}+运费}{1-保险费率}$$

由此，可以计算进口应纳关税额：

$$应纳关税额=关税完税价格\times适用关税税率$$

② 进口环节代征税的计算。

根据《中华人民共和国海关法》（以下简称《海关法》）的规定，在进口环节，海关代征的国内税主要涉及消费税和增值税。增值税的计征采用从价税，而消费税的征税标准包括从价标准、从量标准和复合标准。

a．消费税。

消费税是针对进口烟、酒、化妆品、护肤护发品、贵重首饰等商品征收的。我国消费税采用价内税，即计税价格组成中包括消费税税额。因此有：

$$消费税=计税价格\times适用消费税税率$$

$$计税价格=关税完税价格+关税+消费税$$

其中，关税完税价格即上述进口货物完税价格。故公式可整理为：

$$计税价格=\left[关税完税价格\times(1+适用关税税率)\right]\div(1-适用消费税税率)$$

实行从量定额征收应税消费税，以海关核定的应税消费进口数量为计税依据，计算公式为：

$$应纳消费税额=应纳税进口数量\times适用定额税率$$

b．增值税。

增值税属于价外税，由组成应纳增值税价格与适用的增值税税率计算所得，即

$$应纳增值税额=组成计税价格\times适用税率\times应税进口数量$$

$$组成计税价格=关税完税价格+关税+消费税$$

其他相关费用的核定与出口报价中类似，此处不再赘述。

2. 进口货物盈亏的核算

进口商最终的目的是为了盈利，通过进口商品盈亏核算可以得出一笔交易的盈利或亏损率，从而决定是否成交或为以后的交易计划提供参考。进口商品盈亏率是指进口盈亏额和进口总成本之间的比率，即

$$进口盈亏率=进口盈亏额\div进口总成本$$

$$进口盈亏额=进口销售收入-进口总成本$$

进口总成本是指除进口商利润以外进口商品进入进口国市场销售之前的所有成本和费用之和。

进口总成本＝进口合同价格＋各种费用
＝FOB或FCA价＋海运运费
＋保险费＋关税＋消费税＋增值税＋杂费

3. 进口货物价格的计算步骤及公式

进口货物价格计算步骤如图 8-2 所示。

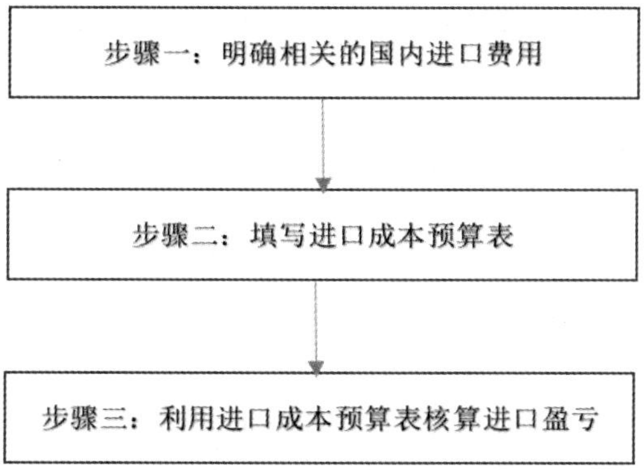

图 8-2　进口货物价格计算步骤

同出口商的出口报价核算一样，进口商在做出接受出口商发盘或还盘决定之前先要明确相关的国内费用并将其填入预算表中，如表 8-9 所示，包括进口合同价格、进口关税及进口环节代征税、报关费、商检费、银行费用等相关费用（同出口报价核算一样，在实践中，国内费用包含内容较多，计算较为烦琐，因此往往确定费用定额率，简化计算），然后利用成本公式计算不同贸易术语下的进口商品成本。成本公式具体如下：

FOB/FCA进口商品成本＝FOB/FCA进口合同价
＋进口国内费用＋进口税费

CFR/CPT进口商品成本＝CFR/CPT进口合同价＋进口国内费用＋进口税费＋国外运费

CIF/CIP进口商品成本＝CIF/CIP进口合同价＋进口国内费用
＋进口税费＋国外运费＋国外保费

最后，根据国内市场销货收入及进口商品成本，核算进口盈亏。

表 8-9　进口成本预算表

有 关 项 目	预 算 费 用
汇率	RMB 1=USD ________ RMB 1=合同币别________
1	FOB/FCA 成交价：USD_________ RMB_________
2	国外运费：USD_________ RMB_________
3	CFR/CPT 成交价：USD_________ RMB_________

续表

有关项目	预算费用
4	国外保费：RMB_________ 总保费率：_________‰ 投保加成：_________% 投保金额：USD_________
5	CIF/CIP 成交价：（=3+4）USD_________ RMB_________
6	进口关税：RMB_________
7	完税成本：（=5+6）RMB_________
8	商检费：RMB_________ 报关费：RMB_________ 消费税：RMB_________ 增值税：RMB_________ 其他：RMB_________ 国内费用：RMB_________
9	银行费用：RMB_________ 信用证费用：RMB_________ 信用证付款手续费：RMB_________ D/A、D/P 付款手续费：RMB_________ T/T 付款手续费：RMB_________
10	总成本：（=7+8+9）RMB_________ USD_________
11	国内市场销货收入：RMB_________
12	（预期）盈亏额：（=11−10）RMB_________ 预期盈亏率：_________%

注：本表以人民币作为本币，当本币为其他币种时，可将 RMB 换为其他币种。

4. 进口货物价格计算举例

例 1 FOB/FCA 进口成本核算举例

背景资料：

出口商（古巴）：古巴科伊巴贸易有限公司

进口商（俄罗斯）：俄罗斯加琳娜贸易有限公司

双方磋商确定交易详情如下：

（1）Product NO.:24001；

（2）Commodity: RECORDATIVE EDITION CIGARS（纪念版雪茄）；

（3）Quantity: 800BOXS；

（4）Payment: T/T 100% IN ADVANCE；

（5）Price Term: FCA Santiago,Cuba；

（6）Transport: From Santiago To St.Petersburg By Air；

（7）出口商报价邮件的报价为：USD 156/BOX；

（8）国外航空运费为：USD 58 880.48（RUB 1 726 700.29）；

（9）航空保险费率为："航空运输一切险+战争险+罢工险"的总保费率为 4.3‰；投保加成 110%；

（10）在相关机构查得，进口报检费率为 0.25%、报关费为 RUB340、消费税率为 36%、增值税率为 13%、其他为 0、T/T 付款手续费率为 0.1%、进口关税税率为 25%；

（11）进口商品国内市场售价为：单价 RUB 19 544.96；

（12）俄罗斯卢布与美元的汇率：RUB 1=USD 0.0341。

进口成本数据及核算过程解析如下。进口成本预算表（示例 1）如表 8-10 所示。

表 8-10　进口成本预算表（示例 1）

有关项目	预算费用
汇率	RUB 1=USD 0.0341 RUB 1=USD 0.0341
1	FOB/FCA 成交价：USD 124800 RUB 3659824.05
2	国外运费：USD 58880.48 RUB 1726700.29
3	CFR/CPT 成交价：USD 183680.48 RUB 5386524.34
4	国外保费：RUB 25599.35 总保费率：4.3‰ 投保加成：110% 投保金额：USD203008.76
5	CIF/CIP 成交价：（=3+4）USD 184553.42 RUB 5412123.75
6	进口关税：RUB 1353030.94
7	完税成本：（=5+6）RUB 6765154.69
8	商检费：RUB 9149.56 报关费：RUB 340 消费税：RUB 3805399.51 增值税：RUB 1374172.05
	其他：RUB 0 国内费用：RUB 5189061.12
9	银行费用：RUB 3659.82 信用证费用：RUB 信用证付款手续费：RUB D/A、D/P 付款手续费：RUB T/T 付款手续费：RUB 3659.82
10	总成本：（=7+8+9）RUB 11957875.63 USD
11	国内市场销货收入：RUB 15635968
12	（预期）盈亏额：（=11-10）RUB 3678092.37 预期盈亏率：30.76%

a．第一步：在进口成本预算表中将汇率栏按照以下内容填写。

本币与美元：填写俄罗斯卢布与美元的汇率 RUB 1=USD 0.0341

本币与合同币别：选择合同币别为 USD，RUB 1=USD 0.0341

b．第二步：根据出口商的报价，可以得出：

合同金额（FCA 总价）=商品单价×数量=156×800=USD 124 800（RUB 3 659 824.05）

c．第三步：填写进口成本预算表。

• 第 1 项：

FCA 成交价：USD 124 800（RUB 3 659 824.05）

• 第 2 项：

国外运费：USD 58 880.48（RUB 1 726 700.29）

• 第 3 项：

CPT 成交价=FCA 成交价+国外运费=124 800+58 880.48=USD 183 680.48（RUB 5 386 524.34）

• 第 4 项：

总保费率：4.3‰

投保加成：110%

投保金额=（FCA 货价+海运费）×110%/（1−110%×总保费率）=（124 800+58 880.48）×110%/（1−110%×4.3‰）=USD 203 008.76=RUB 5 953 336.05

国外保费=投保金额×总保费率=5 953 336.05×4.3‰=RUB 25 599.35（USD 872.94）

• 第 5 项：

CIP 成交价=CPT 成交价+国外保费=183 680.48+872.94=USD 184 553.42（RUB 5 412 123.75）

• 第 6 项：

进口关税=CIP 总价×进口关税税率=5 412 123.75×25%=RUB 1 353 030.94

• 第 7 项：

完税成本=CIP 总价+进口关税=5 412 123.75+1 353 030.94=RUB 6 765 154.69

• 第 8 项：

商检费=进口报检手续费=FCA 总价×报检手续费率=3 659 824.05×0.25%= RUB 9149.56

报关费：RUB 340

消费税=（CIP 成交价+进口关税税额）×消费税税率/（1−消费税税率）=（5 412 123.75+1 353 030.94）×36%/（1−36%）=RUB 3 805 399.51

增值税=（完税成本+消费税税额）×增值税税率=（6 765 154.69+3 805 399.51）×13%=RUB 1 374 172.05

其他：0

国内费用=商检费+报关费+消费税+增值税+其他=9149.56+340+3 805 399.51+1 374 172.05= RUB 5 189 061.12

• 第 9 项：

银行费用=FCA 总价×T/T 付款手续费率=3 659 824.05×0.1%=RUB 3659.82

• 第 10 项：

总成本=完税成本+国内费用+银行费用=6 765 154.69+5 189 061.12+3659.82= RUB

11 957 875.63

• 第 11 项：

进口商品的销售单价为 RUB 19 544.96，则：

国内市场销货收入：19 544.96×800=RUB 15 635 968

• 第 12 项：

（预期）盈亏额=国内市场销货收入−总成本=15 635 968−11 957 875.63=RUB 3 678 092.37

预期盈亏率=（预期）盈亏额/总成本=3 678 092.37/11 957 875.63=30.76%

通过以上计算过程得出，该笔贸易的盈亏率为 30%左右，即如果进口商接受出口商发来的报价（USD156/BOX），大约可以盈利 30.76%。

当然，如果进口商觉得盈利率没有达到预期，可以发邮件给出口商进行还盘，降低出口商的报价。经过进口商还盘，如果出口商重新报价，那么，进口商要再一次针对报价进行进口核算，直至双方达成一致位置，具体核算步骤同上。

例 2 CFR/CPT 进口成本核算举例

背景资料：

出口商（南非）：南非赛尔贸易有限公司

进口商（巴西）：巴西巨宏进出口公司

双方磋商确定交易详情如下：

（1）Product NO.:04003；

（2）Commodity: WOODCARVING-DOLLS （木雕-娃娃）；

（3）Quantity: 10 000PCS；

（4）Payment: L/C；

（5）Price Term: CFR Rio de Janeiro；

（6）Transport: From Capetown To Rio de Janeiro By Sea；

（7）出口商报价邮件的报价为：USD 23.53/PC；

（8）航空保险费率为："海运一切险+战争险" 的总保费率为 8.8‰；投保加成 110%；

（9）在相关机构查得，进口报检费率为 0.25%、报关费为 BRL 27、消费税率 0、增值税率为 13%、其他为 0、L/C 付款手续费率为 0.13%、信用证开证费用为 BRL 82、进口关税为 0；

（10）进口商品国内市场售价为：单价 BRL 63.70；

（11）巴西雷亚尔与美元的汇率：BRL 1=USD 0.5243。

进口成本数据及核算过程解析如下。进口成本预算表（示例 2）如表 8-11 所示。

表 8-11　进口成本预算表（示例 2）

有关项目	预算费用
汇率	BRL 1=USD__0.5243__ BRL 1=USD__0.5243__
1	FOB/FCA 成交价：USD________ BRL________

续表

有关项目	预算费用
2	国外运费：USD__________ BRL__________
3	CFR/CPT 成交价：USD 235300 BRL 448788.86
4	国外保费：BRL 4809.87 总保费率：8.8 ‰ 投保加成：110 % 投保金额：USD 286569.98
5	CIF/CIP 成交价：（=3+4）USD 237821.81 BRL 453598.73
6	进口关税：BRL 0
7	完税成本：（=5+6）BRL 453598.73
8	商检费：BRL 1121.97 报关费：BRL 27 消费税：BRL 0 增值税：BRL 58967.83 其他：BRL 0 国内费用：BRL 60116.8
9	银行费用：BRL 665.43 信用证费用：BRL 82 信用证付款手续费：BRL 583.43 D/A、D/P 付款手续费：BRL__________ T/T 付款手续费：BRL__________
10	总成本：（=7+8+9）BRL 514380.96 USD__________
11	国内市场销货收入：BRL 637000
12	（预期）盈亏额：（=11-10）BRL 122619.04 预期盈亏率：23.84 %

a．第一步：在进口成本预算表中将汇率栏按照以下内容填写。

本币与美元：填写巴西雷亚尔与美元的汇率 BRL 1=USD 0.5243

本币与合同币别：选择合同币别为 USD，BRL 1=USD 0.5243

b．第二步：根据出口商的报价，可以得出：

合同金额（CFR 总价）=商品单价×数量=23.53×10 000=USD 235 300（BRL 448 788.86）

c．第三步：填写进口成本预算表。

• 在 CFR 术语下，进口预算表的 1—2 项无须填写，我们从第 3 项开始计算该笔贸易的所有成本。

• 第 3 项：

CFR 成交价=USD 235 300（BRL 448 788.86）

• 第 4 项：

总保费率：8.8‰

投保加成：110%

投保金额=CFR 货价×110%/（1−110%×总保费率）=448 788.86×110%/（1−110%×8.8‰）=BRL 546 576.34（USD 286 569.98）

国外保费=投保金额×总保费率=546 576.34×8.8‰= BRL 4809.87（USD 2521.81）

• 第 5 项：

CIF 成交价=CFR 成交价+国外保费=448 788.86+4809.87=BRL 453 598.73（USD 237 821.81）

• 第 6 项：

进口关税为 0

• 第 7 项：

完税成本=CIF 总价+进口关税=453 598.73+0=BRL 453 598.73

• 第 8 项：

商检费=进口报检手续费=CFR 总价×报检手续费率=448 788.86×0.25%=BRL 1121.97

报关费：BRL 27

消费税为 0

增值税=（完税成本+消费税税额）×增值税税率=（453 598.73+0）×13%=BRL 58 967.83

其他为 0

国内费用=商检费+报关费+消费税+增值税+其他=1121.97+27+0+58 967.83+0=BRL 60 116.8

• 第 9 项：

信用证费用=BRL 82

信用证付款手续费=合同金额×信用证付款手续费率=448 788.86×0.13%=BRL 583.43

银行费用=信用证费用+信用证付款手续费=82+583.43=BRL 665.43

• 第 10 项：

总成本=完税成本+国内费用+银行费用=453 598.73+60 116.8+665.43=BRL 514 380.96

• 第 11 项：

进口商品的销售单价为 BRL 63.70，则：

国内市场销货收入：63.70×10 000=BRL 637 000

• 第 12 项：

（预期）盈亏额=国内市场销货收入−总成本=637 000−514 380.96=BRL 122 619.04

预期盈亏率=（预期）盈亏额/总成本=122 619.04/514 380.96=23.84%

通过以上计算过程得出，该笔贸易的盈亏率为 23%左右，即如果进口商接受出口商发来的报价（USD23.53/PC），大约可以盈利 23%。

当然，如果进口商觉得盈利率没有达到预期，可以发邮件给出口商进行还盘，降低出口商的报价。经过进口商还盘，如果出口商重新报价，那么，进口商要再一次针对报价进行进口核算，直至双方达成一致位置，具体核算步骤同上。

8.5 常用价格术语之间的换算

在国际贸易中，不同的贸易术语表示其价格构成的因素。因此，在对外洽谈中，如果一方按某一术语报价，对方要求改其他术语表示的价格，就涉及价格的换算问题。在实际业务中，表示货物价格的方式一般有两种：一种是以净价表示；另一种是以含佣价或含折扣价表示。

1. 常见贸易术语的价格构成

在国际贸易实务中，常见的贸易术语主要有：FOB/FCA、CFR/CPT、CIF/CIP 六种，不同的贸易术语的价格构成不同。具体如下：

$$\text{FOB/FCA价} = \text{实际成本} + \text{国内费用} + \text{预期利润}$$

$$\text{CFR/CPT价} = \text{实际成本} + \text{国内费用} + \text{预期利润} + \text{国外运费}$$

$$\text{CIF/CIP价} = \text{实际成本} + \text{国内费用} + \text{预期利润} + \text{国外运费} + \text{国外保险费}$$

2. 净价之间的换算

净价（Net Price）是在表示货物价格时，不包含佣金或折扣。例如，“每吨 500 美元 CIF 伦敦”（US$500 per M/T CIF London）。各种不同术语下价格的换算，不仅术语形式上改变，也涉及买卖双方各自承担责任、费用和计价金额的改变。下面是三种最常用术语下价格的换算方法。

（1）以 FOB 价换算为其他价格。

FOB 的构成包括进货成本、货物包装费（另计的部分）、货物仓储保管费用（包括火险费和货物损耗）、加工整理费、国内运输费和装卸搬运费用、商品检验费、出口关税及各种捐税，还包括领取有关出口证件及办理托运、报关和结汇等手续费以及各种杂费（业务通信费、港口费和码头费等）。

以 FOB 价换算为其他价格的公式：

$$\text{CFR价} = \text{FOB价} + \text{国外运费}$$

$$\text{CIF价} = \frac{\text{FOB价} + \text{国外运费}}{1 - \text{投保加成} \times \text{保险费率}}$$

（2）以 CFR 价换算为其他价格。

CFR 价包括 FOB 价及单位货物的海运运费。

$$\text{FOB价} = \text{CFR价} - \text{国外运费}$$

$$\text{CIF价} = \frac{\text{CFR价}}{1 - \text{投保加成} \times \text{保险费率}}$$

（3）以 CIF 价换算为其他价格。

CIF 价的构成包括 FOB 价、海运保险费及扩展责任保险费（简称保险费）和海运运费。

$$\text{FOB价}=\text{CIF价}\times(1-\text{投保加成}\times\text{保险费率})-\text{国外运费}$$

$$\text{CFR价}=\text{CIF价}-\text{保险费}=\text{CIF价}\times(1-\text{投保加成}\times\text{保险费率})$$

3. 净价与含佣价之间的换算

（1）以 FOBC 价换算为其他价格。

$$\text{FOB净价}=\text{FOB含佣价}\times(1-\text{佣金率})$$

$$\text{CFR净价}=\text{FOB含佣价}\times(1-\text{佣金率})+\text{运费}$$

$$\text{CIF净价}=\frac{\text{FOB含佣价}\times(1-\text{佣金率})+\text{运费}}{1-\text{投保加成}\times\text{保险费率}}$$

（2）以 CFRC 价换算为其他价格。

$$\text{FOB净价}=\text{CFR含佣价}\times(1-\text{佣金率})-\text{运费}$$

$$\text{CFR净价}=\text{CFR含佣价}\times(1-\text{佣金率})$$

$$\text{CIF净价}=\frac{\text{CFR含佣价}\times(1-\text{佣金率})}{1-\text{投保加成}\times\text{保险费率}}$$

（3）以 CIFC 价换算为其他价格。

$$\text{FOB净价}=\text{CIFC}\times(1-\text{投保加成}\times\text{保险费率}-\text{佣金率})-\text{运费}$$

$$\text{CFR净价}=\text{CIFC}\times(1-\text{投保加成}\times\text{保险费率}-\text{佣金率})$$

$$\text{CIF净价}=\text{CIFC}\times(1-\text{佣金率})$$

本章小结

佣金是指国际贸易中，代理人或经纪人为委托人服务收取的报酬，或者是中间商、代理商介绍交易成交后取得的收入。折扣是指卖方按原价给予买方一定百分比的减让，即价格上给予适当的优惠。运费是在国际货物运输过程中发生的费用。保险费是指被保险人参加保险时，根据其投保时所定的保险费率，向保险人交付的费用。这些费用都是国际贸易中常见的费用，是构成进出口商品价格的重要部分。进出口货物的价格计算关系着进出口商整个贸易的盈亏，必须经过详细核算。本章重点介绍了国际贸易中常见费用的计算方法以及进出口货物价格的计算过程。

参考文献

[1] 杨玉真．外贸单证实务与实训[M]．北京：电子工业出版社，2020．

[2] 苏杨柳，喻媛．外贸单证实务[M]．成都：西南交通大学出版社，2020．

[3] 姬文桂，林继玲．外贸单证实务[M]．北京：机械工业出版社，2019．

[4] 张晓武，周照兴，王淑华．新编外贸单证实务[M]．成都：四川大学出版社，2017．

[5] 竺杏月，华树春，陈健．国际贸易实务实训教程[M]．北京：中国商务出版社，2017．

[6] 全国国际商务单证专业培训考试办公室．国际商务单证理论与实务[M]．北京：中国商务出版社，2016．

[7] 黎孝先，石玉川．国际贸易实务[M]．上海：对外经贸大学出版社，2016．

[8] 余世明．国际商务单证实务[M]．广州：暨南大学出版社，2014．

[9] 许晓冬．国际贸易单证[M]．武汉：武汉理工大学出版社，2013．

[10] 孟祥年．外贸单证实务[M]．北京：中国财政经济出版社，2012．

[11] 孙在福．国际贸易理论与实务[M]．北京：北京邮电大学出版社，2012．